本书受西南大学中央高校基本科研业务费创新团队项目『西南地区社会治理多维度研究』（SWU1509103）资助，为中央高校基本科研业务费专项资金博士启动项目『知识经济下美国高等教育投资回报问题研究』（SWU1509531）、中央高校基本科研业务费专项资金重点项目『全球治理体系变革与中国扶贫模式的国际扩散研究』（SWU1609134）、中央高校基本科研业务费专项资金重点项目『农业转移人口的家庭市民化困境与公共政策创新研究』（SWU1809116）以及重庆市教育科学规划课题『重庆市政府购买教育公共服务的绩效评价体系建构研究』（2016-GX-087）的阶段性成果。

■ 社会治理多维度研究丛书

社会治理视阈下美国高等教育回报研究

■ 吴 玲 著 ■

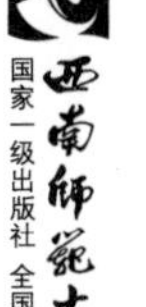

西南师范大学出版社
国家一级出版社 全国百佳图书出版单位

图书在版编目（CIP）数据

社会治理视阈下美国高等教育回报研究 / 吴玲著
. -- 重庆：西南师范大学出版社, 2017.12
（社会治理多维度研究丛书）
ISBN 978-7-5621-9124-7

Ⅰ. ①社… Ⅱ. ①吴… Ⅲ. ①高等教育 - 研究 - 美国
Ⅳ. ①G649.712

中国版本图书馆CIP数据核字（2017）第316147号

社会治理视阈下美国高等教育回报研究
SHEHUI ZHILI SHIYU XIA MEIGUO GAODENG JIAOYU HUIBAO YANJIU
吴玲 著

责任编辑：段小佳 王 丹
装帧设计：闰江文化
照 排：重庆大雅数码印刷有限公司·夏洁
出版发行：西南师范大学出版社
地址：重庆市北碚区天生路1号
邮编：400715
网址：http://www.xscbs.com
市场营销电话：023-68868624
印 刷 者：重庆市国丰印务有限责任公司
幅面尺寸：160mm × 235mm
印 张：16
字 数：236千字
版 次：2018年10月 第1版
印 次：2018年10月 第1次印刷
书 号：ISBN 978-7-5621-9124-7

定 价：56.00元

前　言

PREFACE

社会治理创新是我国“五位一体”战略布局和全面建成小康社会目标的重要组成部分。我国的社会治理创新是处在大变动、大进步、大流动中的社会治理。社会治理创新从一定意义上来说，是建立在社会流动合理化、社会结构稳定化与社会秩序规范化基础之上的。经济发展和社会治理新常态下，合理的社会流动是中国摆脱“中等收入陷阱”，激发社会治理创新和推动经济发展的关键，对于保障人民安居乐业、社会安定有序、国家长治久安具有重要意义。高等教育向来被认为是重要的社会地位筛选机制，特别是在知识经济社会和高等教育大众化时代，高等教育更是被普遍认为是促进社会合理流动的阶梯，是中产阶层的“梦工厂”，也是塑造橄榄型社会结构和维护社会公平、和谐的重要平衡器。然而近些年来，由大学生就业难问题、“寒门难出贵子”“富二代”“拼爹”“贫富差距”等社会话题引发的关于社会流动性减弱和阶层固化趋势问题的讨论不绝于耳，使得高等教育与社会流动成为当前我国社会治理创新领域的热点。

美国也有类似的与高等教育密切相关的社会治理问题。知识青年主导的“占领华尔街运动”和“特朗普主义”崛起的背后都有着深刻的高等教育与美国社会流动和阶层结构变化的社会根源。接受高等教育、努力获得好工作、购房置业以及事业成功，这是人们所熟知的“美国梦”。然而在过去25年间，美国梦的这一核心信条似乎变得不再那么令人信服了。正如美国著名政治学家罗伯特·帕特南(Robert D. Putnam)在《我们的孩子：处于危机中的美国梦》一书中揭示的美国社会生活的一个“最大丑闻”，即美国社会各阶层已经相对固化，对于那些处于社会底层的人而言，想要进入上层社会已变得相当艰难。高等教育是美国梦逻辑链条上至关重要的组成部分，因而美国梦的危机和美国社会的治理困境实际上与高等教育回报问题密不可分。

第二次世界大战之后，为适应经济发展的需要，高等教育在美国得到了迅速发展。随之而来的美国经济大繁荣，使拥有高等教育文凭的人获得丰厚收入的同时，又获得了较高的社会地位。一时间，高等教育在个人工资收入提升、社会发展和经济增长中的重要作用引起了人们的关注。20世纪50年代末60年代初形成的人力资本理论更是对这一现象进行了理论解释。该理论认为人在社会生产中是比土地、资本等物质要素更重要的一种生产要素，人能通过劳动参与社会生产，把凝结在其身上的知识、技术及能力转化为对生产力的贡献。也就是说，人力资本理论把人力当成一种资本，对人力资本的投资比对物质资本的投资所获得的回报更高。教育作为人力资本投资的主要方式，受教育程度越高，人力资本存量越大。那么在当代社会，高等教育无论是对个人还是对整个社会来说，都是最好的即回报率最高的投资。

二战后资本主义的大繁荣似乎为人力资本理论提供了有力的证明。在该理论的指导下，美国及其他西方国家都瞄准了高等教育，在二战之后的二三十年间，高等教育规模扩张成了西方各国的主旋律。然而，进入20世纪70年代后，随着资本主义发展黄金时代的结束，人力资本理论也受到挑战，高等教育大扩张也随之降温。不过，进入20世纪80年代后，随着第三次科技革命的兴起，美国率先进入了知识经济时代。随着知识在生产过程中、从而在整个社会生活中地位的日益加强，人力资本理论再度活跃。该理论预测：在知识经济时代，随着知识逐渐成为整个社会生产的基础和中心，高等教育不仅将给个人带来好工作和高工资收入，还将实现社会公平正义、促进社会流动，进而实现整个国家经济增长和国家竞争优势提升。在这一理论的引导下，一度降温的高等教育再次成为个人和国家关注的焦点。个人寄希望通过上大学来为未来谋得一份体面职业、得到一笔像样收入。国家也把发展高等教育当成经济增长、社会发展的一项基本国策。不管是个人还是国家,大笔大笔的资金被投到高等教育中。老的大学不断扩张规模,一所所新的大学雨后春笋般地创立。高等教育不仅成为个人进入社会的一道重要关口,而且也日益被世界上许多国家的政府宣布为最重要的工作。高等教育真有那么神奇?真的既能实现个人富贵,又能促进社会进步和国家繁荣?

然而,问题并没有那么简单。因为,在知识经济条件下,接受高等教育只是人们找一份好工作、得到一份高收入的必要条件,而不是充分条件。事实上,随着大学的扩张和高等教育的普及,越来越多的大学毕业生发现他们很难在劳动力市场中找到与其所受教育相匹配的工作,毕业就等于失业已经成为残酷的现实。这不仅对青年人造成了巨大的压力,也势必引发严重的社会紧张。2012年爆发的"占领华尔街运动"在一定程度上就是这种社会紧张的反映,而"特朗普主义"的崛起在一定程度上反映了失落的美国人所积攒的对社会的不满。

本书从社会治理的视角深入剖析美国高等教育回报问题,力图解释高等教育事实上产生的回报与人力资本理论预期之间的落差,分析这一落差对美国社会流动和社会治理产生了哪些影响,进而对美国高等教育和社会治理的逻辑链条上所出现的问题进行理论解释,最终思考我国的高等教育回报问题,寻找高等教育回报合理化的实现路径,推动我国的社会发展和社会治理创新。

CONTENTS

目 录

第一章 Chapter One

绪论

第一节

YANJIU BEIJING JI YIYI

研究背景及意义

为适应经济发展的需要和迎合人们对高等教育的需求,第二次世界大战之后美国高等教育实现了迅速发展,并在世界上率先实现了从精英教育到大众教育的转变。这期间美国高等教育的大发展不仅使美国经济出现了大繁荣景象,而且大量拥有高等教育文凭的人也获得了相当丰厚的收入和较高的社会地位。一时间,高等教育对个人收入、社会发展、经济增长的积极作用引起了人们的广泛关注。20世纪50年代末60年代初形成的人力资本理论也对这一现象进行了系统的解释。该理论把人看成一种资本,认为人在社会生产中是一种重要的生产要素,人通过劳动参与到社会生产之中,并把凝结在身上的知识、技术及能力转化为对生产力的贡献,从而对经济起着生产性的作用。人力资本理论强调人作为生产要素比自然资源、资本积累等对经济增长和经济发展有着更加重要的作用,对人力资本的投资也比对物质资本的投资所获得的回报要高。而教育可以提高人的知识、技术等多方面的生产能力,教育投资被认为是人力资本形成和发展的最重要途径。个人受教育程度越高,人力资本存量越大,其所获得的回报就会越高。不仅如此,教育在有助于个人找到好工作和实现工资收入提高的基础上,还可以促进社会流动和推动经济增长。

可以看出,人力资本理论认为,人力是最重要的资本,而教育尤其是高等教育,无论对个人、社会还是整个国家来说,都是回报率最高的投资。因此,在该理论的指导下,美国及其他西方国家都瞄准高等教育,将高等教育扩张作为一种发展战略。然而,进入20世纪70年代后,随着资本主义发展黄金时代的结束,美国经济出现滞胀,大学生失业率迅速上升,工资收入下降,社会冲突加剧。这时期的人力资本理论也受到了较大挑战,高等教育的大扩张也随之降温。然而，经过短暂的调整，进入20世纪80年代后，随着第三次科技革命的兴起，传统的人力资本理论开始重新焕发青春。1983年，美国加州大学教授保罗·罗默(Paul M. Romer)提出了“新经济增长理论”。他认为，知识在社会生产中将起着日益重要的作用，知识产业将会成为未来经济增长的龙头，整个世界经济将进入知识经济时代。那样的经济时代将是一个“聪明人”的世界，是一个“聪明”人以“聪明”的方式来做“聪明”事情的世界。在这个“聪明人”的世界中，个人凭借自身所拥有的知识和技能，决定着自己和家庭的经济命运和社会命运。另一位美国学者丹尼尔·贝尔(Daniel Bell)也认为，在后工业社会，“技术技能作为权力和地位的基础，以教育作为获取权力的必要途径”。[1]

经过新时期人力资本理论的丰富和发展，面对知识经济时代的到来，特别是随着与知识相关的活动日益成为社会生产的中心，人力资本理论进一步提出，高等教育将成为人们获得社会生产所需知识、技术等生产能力的主要阵地。同时，高等教育赋予个人的高生产能力将是其获得好工作、高工资收入的保障，也将是其改变个人和家庭命运的唯一法宝。不仅如此，高等教育还被看成是确保社会公平正义、促进社会流动、实现国家经济增长和国家竞争力增强的有效途径。因此，在这一理论的引导下，一度降温了的高等教育再次回到个人、社会和国家关注的中心。高等教育被世界各国人民和历届政府当成“信条”。个人寄希望通过上大学来为未来谋得一份体面职业、得到一笔可观收入。国家也把发展高等教育当成经济增长、社会发展的一项基本国策。不管是个人还是国家，大量的资金被投入到了高等教育。高等教育在知识经济时代迎来了大发展。

然而，接受高等教育只是人们找到一份好工作、得到一份高收入的必要条件，而不是充分条件。事实上，随着大学的扩张和高等教育的普及，越来越多的大学毕业生发现他们很难在劳动力市场中找到与其所受教育相匹配的工作，毕业就等于失业已经成为日益残酷的现实。这不仅对拥有大学学历的青年人造成了巨大的压力，也势必引发严重的社会紧张。2012年爆发

① [美]丹尼尔·贝尔. 后工业社会: 简明本[M]. 彭强，译. 北京：科学普及出版社, 1985:107.

的“占领华尔街运动”在一定程度上反映了这种社会紧张。那么,到底是什么原因使知识经济下的人力资本理论受到现实的挑战?具体说,高等教育事实上产生的回报与人力资本理论的预期之间为什么会出现如此之大的落差?这会给美国社会带来哪些影响?美国的经验对我国有哪些启示?这就是本书试图探讨的问题。

高等教育回报不仅涉及千千万万个人的命运,而且也事关一个国家和民族的兴旺发达,因此,它不仅仅是一个教育学或经济学学科领域的研究问题,更是一个政治问题。高等教育作为人力资本投资的一条途径,它是否也有一个边际回报率递减的问题?它还能否改变个人和家庭的经济命运?它还能否促进弱势群体的向上流动?它还能否促进国家经济的增长和竞争力的提升?

高等教育与社会生产之间的联系很早就被人们认识,但把高等教育看成是一项投资,而不仅仅是一项消费的研究开始于第二次世界大战之后的人力资本理论。人力资本理论也因此成为研究高等教育回报问题最早的系统理论,并成为世界各国兴办大学、成千上万的人拼命也要上大学的主要理论根据。但是目前对人力资本理论的理解仍然局限于二战后西奥多·舒尔茨(Thodore W. Schultz)和加里·贝克尔(Garys Becker)的人力资本思想。本书通过对人力资本思想和观点的梳理,系统地描述了人力资本理论形成及发展的历程,并对人力资本理论的教育回报观做了详细的归纳和阐释,形成了系统的高等教育回报理论。目前,在高等教育最发达的美国,这一主流理论遇到了挑战。通过对这一挑战的分析,显然将会促进这一理论增添新的内容。这是本书的理论意义所在。

除此之外,本书还基于对美国高等教育回报的现实分析,通过对比人力资本理论对高等教育回报的预期与现实之间的差距,分析产生差距的原因,在归纳、提炼的基础上形成职位冲突理论,也从理论层面进一步解释高等教育回报落差出现的原因,并希望以此来丰富冲突理论。

在现实意义上,本书将有助于人们更全面、更理性地看待高等教育。近30年来,世界各国都把大量资源投到了高等教育,不管是政府还是个人都愈加坚信高等教育投资将带来高额的回报。从国家层面来看，英国工党政府可谓典型。布莱尔在1997年赢得大选后曾经把他的施政纲领归纳为：教育、教育、教育。从个人层面来看，我国的许多家长更是倾家荡产也要供子女上大学。这是否理智？国家到底应该怎样规划自己的发展？个人到底应该怎样规划自己的前程？本书虽然不能为这些问题提供直接的答案，但将有助于厘清这些问题。

本书之所以选择美国，是因为美国不仅是当今世界第一大经济体，是最发达的国家，有着最发达的高等教育体系，而且在高等教育扩张上也扮演着带头羊的角色。此外，人力资本理论发端于二战后的美国，近几年来它在美国遇到的挑战也最为严峻。而长期以来，在国家发展问题上，美国一直被许多国家当作榜样。本书将指出：任何事情都有两面性，美国在发展高等教育上固然有许多可以借鉴的经验，但也有一些值得我们吸取的教训。

10%。[1]根据经济合作与发展组织(OECD)2002年的数据显示,美国男、女大学毕业生的工资收入比非大学毕业生分别高18%和15%。[2]正如比尔·克林顿(Bill Clinton)对高等教育回报的经典论述:当今社会,美国经济增长的关键在于生产力的发展,自20世纪90年代以来,高等教育大众化和信息通信技术的应用意味着我们所学的东西及我们如何把所学的东西运用到工作中决定着我们的收入水平。这就是为什么在初次进入工作时,大学毕业生一年的工资收入比高中毕业生高70%。[3]

除此之外,在高等教育与技能、个人收入回报关系的研究中,贝克尔(2006)认为个体劳动技能的获得,主要是通过接受教育,特别是在当今社会,高等教育能赋予个体更高的劳动技能,这是提高其生产能力的关键。[4]维尼奥莱斯(Vignoles)(2012)认为个人生产力是个人特质和自身拥有的技能(人力资本)的结合,而工资收入在很大程度上是对生产力的反映。获得新的技能是个体提高工资收入和生活标准的重要手段。[5]卡内瓦尔(Carnevale)和斯罗切斯(Desrochers)(2003)认为技能,特别是高等教育层次的技能将给个体带来更多的经济机会。[6]罗德里格斯(Rodriguez-Pose)和特塞罗斯(Tselios)(2009)认为,受过高等教育的个体将拥有更高的劳动力技能从而具有更高的生产能力,这些人也更容易获得好的就业机会、高收入和高工资回报。[7]

(二)美国高等教育对社会回报的研究

美国学者普遍认为,高等教育能够有效促进社会流动,从而有利于实现

① Card, D. (1999). The Causal Effect of Education on Earnings. In Ashenfelter, O. & Card,D. (Eds.), *Handbook of Laboreconomics*. North-Holland.

② OECD (2002). *Education at a Glance*. OECD.

③ Clinton, W. (1992). They Are All Our Children, *Delivered at East Los Angeles College, Los Angeles, 14th May*, 1992.

④ Becker, G. (2006). The Age of Human Capital. In Lauder, H., Brown, P., Dillabough, J.A. &Halsey, A.H. (Eds.), *Education, Globalization and Social Change*. Oxford University Press.

⑤ Vignoles, A. (2012). *Up-skilling the Middle*. Resolution Foundation.

⑥ Carnevale, A.P. and Desrochers, D. M. (2003). *Standard for What?—— The Economic Roots of K-16 Reform*. Educational Testing Service.

⑦ Rodriguez-Pose, A.& Tselios, V. (2009). Returns to Migration, Education, and Externalities in the European Union, *Working Paper*, 2009-15.

社会公平与正义。米尔本(Milburn)(2009)认为,高等教育是摆脱贫困、实现社会流动的重要途径。①舒尔茨(1975)指出教育具有正面的分配效应,能帮助个体改善不平等的"弱势"处境。②斯特劳德(Stroud)(2001)认为,教育不仅事关个人生存与工作,更是实现中产阶级生活方式的有效途径。③斯克鲁顿(Scruton)(1984)认为,随着越来越多的人进入到更高级的教育体系中,教育不再是精英群体的专利,那么,越来越多的人也就能进入原属于一小部分社会精英的管理型和技术型工作岗位。④

在关于高等教育与社会两极分化的研究中,基普(Keep)、梅林(Mayhew)和佩恩(Payne)(2006)认为,教育被各国政府看成是解决两极分化问题、合理分配收入、解决社会经济问题的主要手段之一。⑤赖克(Reich)(1991)更是从全球化劳动力市场来解释就业与收入两极分化的问题,他认为虽然收入不平等和失业变得越来越普遍,但具有知识和技能的高附加值工人的工资却在不断增长。低技能的工人只能从事低技能工作,获得低工资,那么通过提高其技能,就使其具有竞争优势。所以,技能既是导致两极分化的原因,也能成为解决两极分化问题的办法。而且知识工人作为资本的拥有者,可以凭借其拥有的高技能在全球自由流动,以补偿在国内市场所不能获得的收入,这样还能使国内的两极分化问题在全球市场中得以解决。⑥布朗(Brown)和劳德(Lauder)(2006)对之前的高等教育与收入两极分化的关系研究进行总结并提出,在劳动力市场中,收入不平等的问题可以通过提高教育水平和培训标准来解决。⑦

① Milburn, A. (2009). Unleashing Aspiration: The Final Report of the Panel on Fair Access to the Professions. *New Opportunities White Paper*.

② Theodore, S. (1975). The Value of the Ability to Deal with Disequilibria. *Journal of Economic Literature* 13(3).

③ Stroud, D. (2001). An Investigation of the Social Construction of Labour Markets by Students in Higher Education, *Unpublished PhD Thesis*, School of Social Sciences, Cardiff University.

④ Scruton, R. (1984). *The Meaning of Conservatism*. Macmillan.

⑤ Keep, E., Mayhew, K. and Payne, J. (2006). From Skills Revolution to Productivity Miracle: Not as Easy as It Sounds? *Oxford Review of Economic Policy*, 22(4).

⑥ Reich, R. (1991). *The Work of Nations*. Vintage Books.

⑦ Brown, P. and Lauder, H. (2006). Globalisation, Knowledge and the Myth of the Magnet Economy Globalisation. *Societies and Education*, 4 (1).

（三）美国高等教育对国家回报的研究

美国自第二次世界大战以来经济得到迅速发展，并且一跃成为世界绝对领先的超级大国。对于美国经济如此快速增长的原因，西方学者们有许多研究，形成了许多不同观点，其中之一就认为教育、特别是高等教育发挥了关键作用。

罗伯特·夏皮洛（Robert Shapiro）（1998）[①]，卡内瓦尔和斯罗切斯（2003）[②]通过他们的研究得出的结论是：美国的经济增长有三分之二是靠教育来实现的。埃伯茨（Eberts）、埃里克塞克（Erickcek）和克雷因亨茨（Kleinhenz）（2006）通过对美国教育与城市进行研究，得出的结论是：大都市经济产量和就业增长与高等教育的获得密切相关。[③]蓬卡沃（Pencavel）（1991）通过研究得出，整体上看，教育对经济增长的贡献在3%~34%这个区间。但不同教育程度对经济增长的贡献比例有所差别，高等教育在国家经济增长中的贡献比例较大。[④]克鲁格和林达尔（1999）[⑤]，斯蒂夫·道瑞克（Steve Dowrick）（2003）[⑥]也对该问题有所研究，得出国家平均受教育年限每提高一年，经济增长将上升6%~15%。而布莱克（Black）和林奇（Lynch）（1996）则通过对工人的教育水平进行研究，得出工人的教育年限每提高一年，在工业生产领域，生产力水平将提高8.5%；在非工业生产领域，生产力水平将提高12.7%。[⑦]曼丘（Mankiw）等人（1992）[⑧]直接认为，拥有高等教育学历的人是

① Shapiro, R. J. (1998). The Economic Power of Ideas. In Jasinwoski, J. J. (ed.) *The Rising Tide: The Leading Minds of Business and Education Chart a Course Toward Higher Growth and Prosperity*. John Wiley & Sons, Inc..

② Carnevale, A.P. and Desrochers, D. M. (2003). *Standard for What?—— The Economic Roots of K-16 Reform*. Educational Testing Service.

③ Eberts, R. W., Erickcek, G. A. and Kleinhenz, J. (2006). Development of a Regional Economic Dashboard. *Employment Research*, 13(3).

④ Pencavel, J. (1991). *Labor Market under Trade Unionism: Employment, Wages and Hours*, Basil Blackwell Ltd.

⑤ Krueger, A. B. and Lindahl, M. (1999). Education for Growth in Sweden and the World. *NBER Working Paper*, 7190. National Bureau for Economic Research.

⑥ Dowrick, S. (2003). Ideas and Education: Level or Growth Effects?. National Bureau of Economic Research. *NBER Working Paper*, 9709.

⑦ Black, S. E. and Lynch, L.M. (1996). Human Capital Investment and Productivity. *American Economic Review*, 2(86).

⑧ Mankiw, N. G., Romer, D. and Weil, D. N. (1992). A Contribution to the Empirics of Economic Growth. *Quarterly Journal of Economics*, 107(2).

与高劳动生产率直接相关的。

在关于高等教育促进经济增长原因的研究中，贝克尔(2006)认为，教育能提高劳动力技能，教育给个体获得劳动技能提供了机会，高等教育更赋予了个体更高的劳动技能，这才是提高经济增长的关键。[①]卡内瓦尔和斯罗切斯(2003)则从人力资本的角度来谈高等教育对经济增长的作用，他们认为教育投资是人力资本投资的主要方式之一，教育能提升人力资本，越高程度的教育投资，就能获得越多的人力资本，从而能促进国家的经济增长。[②]巴罗(Barro)和李(Lee)(2013)更是通过实证研究，把人力资本存量作为生产投入来研究教育获得与经济和社会产出的关系。[③]而赫克曼(Heckman)和马斯捷罗夫(Masterov)(2004)则从反方向来说明这个相关关系，他们认为，如果拥有大学学历的劳动力增长减缓，国家生产力发展水平将随之下降，劳动力质量的下降有一半或者更大的可能性是由于教育原因引起的生产力增长比率的下降，这将会导致一连串的反应，如限制工资增长、财政税收下降等，最终影响我们的生活水平。[④]

在关于高等教育与国家竞争优势关系的研究中，罗斯克兰斯(Rosecrance)(1999)认为国家类型分为“身体”国家和“头脑”国家，前者指以劳动密集型为主体的低技能工作类型的国家；而后者主要指以知识密集型为主体的高技能工作类型的国家。[⑤]罗森茨魏希(Rosenzweig)(2000)则认为，教育存量处于低水平的国家很难开展技术含量高的社会经济活动。[⑥]斯图尔特(Stewart)(2001)认为当制造业向低成本国家如中国、巴西等大量转移，以美国为代表的西方发达国家将更能集中于对高附加产品的生产和知识、技

① Becker, G. (2006). The Age of Human Capital. In Lauder, H., Brown, P., Dillabough, J.A. and Halsey, A. H. (Eds)., *Education, Globalization and Social Change*. Oxford University Press.

② Carnevale, A.P. and Desrochers, D. M. (2003). *Standard for What?—— The Economic Roots of K-16 Reform*. Educational Testing Service.

③ Barro, R. and Lee, J.W. (2013). A New Data Set of Educational Attainment in the World, 1950-2010, *Journal of Development Economics*,104(C).

④ Heckman, J. J. & Masterov, D. V. (2004). Skill Policies for Scotland. *Institute for the Study of Labor*. IZA Discussion Paper No.1444.

⑤ Rosecrance, R. (1999). *The Rise of the Virtual State*. Basic Books.

⑥ Rosenzweig, M. R. (2000). The Consequences of the Agricultural Productivity Growth for Rural Landless Households. *The Pakistan Development Review*, 39(4).

能的应用。而在全球竞争中,高等教育被认为是提升国家竞争优势的主要途径。[①]赖克(1991)认为,全球化竞争是国家间技能的竞争,一国拥有的高技能劳动力越多,国家的竞争力越强。[②]同样基普和梅林(2001)也认为,人力资源越来越成为国家的重要战略,代表着国家竞争力优势的主要来源,所以提高劳动力技能和教育水平是获得国家比较优势所必须的条件。[③]卡内瓦尔和斯罗切斯(2003)认为,一国生产高水平技能的能力对于国家在参加全球经济竞争中的整个经济表现起着十分重要的作用。[④]布朗、劳德和阿什顿(Ashton)(2008)认为,在全球化竞争下,英美等国家不仅把国家的经济繁荣、社会公平正义、社会流动和国家未来的发展都依赖于国家的高技能人才,而且在国家间的竞争中,也集中于通过高技能人才的培养和高技能人才的就业来取胜于其他国家。[⑤]布朗和坦诺克(Tannock)(2009)甚至提出,企业和政府在寻找最"聪明"、最"优秀"的人才时,甚至抛开了国籍、性别、种族和社会背景等条件。[⑥]

三

高等教育回报研究的新发现

目前西方学术界对高等教育回报问题的研究大都从正面论述了高等教育对个人、社会和国家的促进作用。特别是进入知识经济之后,一部分学者认为,高等教育与高回报的关系将会更加紧密。但随着社会经济环境的不断变化、大衰退和西方债务危机的出现,特别是经济全球化下的全球高技能

---

① Stewart, T.A. (2001). *The Wealth of Knowledge*. Nicholas Brealey.

② Reich, R. (1991). *The Work of Nations*. Vintage Books.

③ Keep, E. and Mayhew, K. (2001). Globalisation, Models of Competitive Advantage and Skills. *SKOPE Research Paper*, No 22.

④ Carnevale, A.P. and Desrochers, D. M. (2003). *Standard for What?—— The Economic Roots of K-16 Reform*. Educational Testing Service.

⑤ Brown, P., Lauder, H. & Ashton, D. (2008). Education, Globalisation and the Futureof the Knowledge Economy. *European Educational Research Journal*,7(2).

⑥ Brown, P. and Tannock, S. (2009). Education, Meritocracy and the GlobalWar for Talent, *Journal of Education Policy*, 24(4).

劳动力市场的形成,西方学术界基于这些新发展和新变化开始重新审视高等教育的回报问题。其中具有代表性的人物有菲利普·布朗(Phillip Brown)、休·劳德(Hugh Lauder)、A.H.哈尔西(A.H. Halsey)、彼得·卡普里(Peter Cappelli)、J. 奥门丁格(Jutta Allmendinger)、乌尔里希·泰希勒(Ulrich Teichler)等。

(一)高等教育对个人回报研究的新发现

近年来,西方研究学者开始通过大量的定性、定量研究去重新检验高等教育对个人的回报。基普、梅林和佩恩(2006)用以下这一系列的等式来表明原有高等教育回报的推理逻辑:教育参与=成绩=学历=技能=生产力获得=收入获得。[①]虽然爱德华兹和森古普塔(Sengupta)(2010)[②],格林(Green)(2009)[③]等人认为这一系列等式或者其中的因果关系有一定的道理,但是在现实中并非每一个等式都一定成立。他们认为这些等式更准确的表述应该为"在某种情况下该等式可能成立",因为可能存在比如教育参与者并未能获得相应的成绩,甚至未取得学位或者中途退学等情况。更一般地,他们认为生产力与收入间的关系相当复杂,不仅受社会关系、企业或公司生产体系等因素的影响,还需要考虑劳动力供给、劳动力结构等因素,并不像这一个方程式所反映的那么简单。

也有研究者发现,大学毕业生的收入近年来呈现下降趋势。沃克(Walker)和朱(Zhu)(2010)认为,即便大学毕业生的收入高于非大学毕业生,但是越来越多的大学毕业生正在经历不完全就业和低收入。[④]西歇尔曼(Sicherman)(1991)[⑤]、哈托格Hartog(2000)[⑥]发现,额外增加的教育不一定能

① Keep, E., Mayhew, K. and Payne, J. (2006).From Skills Revolution to Productivity Miracle: Not as Easy as It Sounds?. *Oxford Review of Economic Policy*, 22(4).

② Edwards, P. and Sengupta, S. (2010).Industrial relations and economic performance. In Colling ,T. and Terry, M. (Eds) *Industrial Relations: Theory and Practice* (*Third Edition*). John Wiley and Sons Ltd.

③ Green, F. (2009). Job Quality in Britain, *UKCES Praxis Paper* No. 1, UK Commission for Employment and Skills.

④ Walker, I., & Zhu, Y. (2010). Differences by Degree: Evidence of the Net Financial Rates of Return to Undergraduate Study for England and Wales. *Lancaster University Management School Working Paper*.

⑤ Sicherman, N. (1991). Overeducation in the Labour Market. *Journal of Labour Economics*, 9(2).

⑥ Hartog, J. (2000). Over-education and Earnings. *Economics of Education Review*, 9 (2).

提高工作效率，而且人们也不一定能获得额外的收入。奥莱利(O'Leary)和斯隆(Sloane)(2005)①，格林和朱(2008)②通过研究发现：虽然大学毕业生比非大学毕业生更具有可雇佣性，但是学历的回报率还是呈下降趋势的。布朗和萨米厄姆(Smetherham)(2005)通过对知识型部门拥有大学学历的员工与非大学学历员工的工资收入进行比较，其结果是两者的工资收入相对差距比较小。③布朗等人(2011)通过对美国教育与收入相关关系表现出来的数据进行分析得出，之前的教育回报并不能预示未来的收入。④

(二)高等教育对社会回报研究的新发现

帕斯龙(Passeron)和柯林斯(Collins)等人早在20世纪六七十年代的研究中就提到：教育机会的均等并不能带来就业机会的均等。在就业机会的竞争中，各种资本仍然参与就业竞争，阶层是影响就业市场一个很重要的因素。布朗和赫斯基思(Hesketh)(2004)通过实证调研得出的结论是：来自家庭经济背景好的学生更容易进入与管理和专业性工作相关的知识型岗位，来自家庭经济背景较弱的学生，他们的就业也将呈现"弱势性"。⑤

各种资本不仅对大学毕业生的就业产生影响，还影响大学毕业生的工资收入。弗隆(Furlong)和卡特梅尔(Cartmel)(2005)⑥，鲍尔(Power)和惠蒂(Whitty)(2008)⑦通过研究得出，高等教育对毕业生的回报受社会阶层、文化以及学术背景等因素的影响。查瓦里尔(Chevalier)和康隆(Conlon)(2003)通过对毕业于同一层次大学但来自不同阶层的学生进行调研发现，来自中

① O'Leary, N. & Sloane, P. (2005) .The Changing Wage Return to an Undergraduate Education in Great Britain Centre for the Economics of Education. Institute for the Study Labor. IZA Discussion Paper No. 1549.

② Green, F. and Zhu, Y. (2008). Overqualification, Job Dissatisfaction, and Increasing Dispersion in the Returns to Graduate Education University of Kent, *Department of Economics Discussion Paper*.

③ Brown, P. and Smetherham, C. (2005). The Changing Graduate Labour Market: A Review of the Evidence. *National Assembly of Wales*.

④ Brown, P., Lauder, H. and Ashton, D. (2011). *The Global Auction: The Broken Promises of Education, Jobs and Incomes*. Oxford University Press.

⑤ Adnett, N. and Slack, K. (2007). Are There Economic Incentives for Non-traditional Students to Enter HE? The Labour Market as a Barrier to Widening Participation. *Higher Education Quarterly*, 61(1).

⑥ Furlong, A., & Cartmel, F. (2005). Graduates from Disadvantaged Families: Early Labour Market Experiences. *Joseph Rowntree Foundation*.

⑦ Power, S., & Whitty, G. (2008). Graduating and Gradations within the Middle Class: the Legacy of an Elite Higher Education. *Cardiff University SOCSI Working Paper*,118.

产阶层的大学毕业生比来自一般阶层的大学毕业生的收入溢价高出16%。①

鉴于就业机会不公平和工资收入差距不断拉大，大量的研究关注到高等教育与社会流动的关系上。布迪厄（Bourdieu）和帕斯龙（1977）②，柯林斯（1979）③对教育的社会再生产功能进行了系统的研究。布朗等人（2011）通过研究得出，只有少数精英能获得高额的收入回报，但对于大多数人来说，他们仍然不能通过高等教育来改变收入两极分化的现实，也就无法实现社会流动。④弗兰克（Frank）和库克（Cook）（1996）更是提出了"赢者通吃"的竞争原则，高等教育有利于精英阶层在劳动力市场中获得高回报，进而实现阶层的延续，但是对于大多数投入高等教育的普通阶层来说，他们将因为在劳动力市场中失去获得高回报的机会，进而失去所有的一切。⑤

（三）高等教育对国家回报研究的新发现

关于高等教育对国家回报的最新研究主要集中在高等教育对国家竞争优势和国家竞争力的影响上。海德里克（Heidrick）和斯特拉格尔斯（Struggles）（2007）认为通过高等教育扩张来提升人力资本存量的方法不能解决国家对"精英"人才的需求问题，对国家竞争优势的提升也并不见效。⑥布朗等人（2008）认为，高等教育扩张不再限于美国等发达国家，发展中国家也开始加入高等教育扩张，全球接受高等教育的在校大学生的人数每年都在大幅度增长，美国等发达国家仍然想通过高等教育扩张来增强竞争优势已经行不通了。⑦布朗等人在对中、印等国家的企业进行实地调研和对企业高管进

① Chevalier, A. and Conlon, G. (2003). Does it pay to attend a prestigious university?. *Centre for the Economics of Education*, Discussion Paper No.33.

② Bourdieu, P. & Passeron, J. (1977). *Reproduction in Education, Society and Culture*. Sage.

③ Collins, R. (1979). *The Credential Society: An Historical Sociology of Education and stratification*. Academic Press.

④ Brown, P., Lauder, H. and Ashton,D. (2011) *The Global Auction: The Broken Promises of Education, Jobs and Incomes*. Oxford University Press.

⑤ Frank, R.H. and Cook, P.J. (1996). *The Winner-Take-All Society*. Penguin.

⑥ Heidrick & Struggles (2007). Mapping Global Talent: Essays and Insights. *Economist Intelligence Unit Ltd. and Heidrick & Struggles International Inc.*

⑦ Brown, P., Lauder, H. and Ashton,D. (2008). Education, Globalisation and the Future of theKnowledge Economy. *European Educational Research Journal*,7(2).

行结构式访谈之后得出:没有任何证据表明中国和印度等发展中国家只能完成低技能的工作,相反他们同样具有从事高技能工作的能力,发展中国家也具备了参与高技能工作竞争的条件。[①]阿什顿等人(2010)也认为,五年前高技能还由发达国家掌握着,但是现在变化非常非常快,发展中国家也完全能胜任公司的高技能的工作。[②]

更重要的是,发展中国家除了通过高等教育扩张来培养高技能工人,而且具有劳动力成本低的优势。布朗等人(2006)通过实地调研得出,美国企业为一个芯片设计工程师支付的工资是韩国的四倍,是中国或印度的十倍。[③]阿什顿等人(2010)通过对一个设在印度的美国摩托车企业进行调研所获得的数据表明,在印度的工资仅为在欧洲或美国同类企业的三分之一。所以,他们认为随着全球高等教育扩张,美国等西方国家的高等教育扩张不再具有国家竞争优势,反而是具有高技能、低成本劳动力优势的发展中国家在国家竞争中更具有竞争力。[④]

四

国内研究的主要发现

由于在计划经济时期,我国高校毕业生都是按照国家指令性计划"统包统配"的,所以,在国内学术界,高等教育回报就不成为一个问题,研究也就无从谈起了。近几年来,国内学者对高等教育、特别是对美国高等教育的研究逐渐增加,可分为以下几个方面。

① Brown, P., Lauder, H. and Ashton, D. (2011). *The Global Auction: The Broken Promises of Education, Jobs and Incomes*. Oxford University Press.

② Ashton, D., Brown, P. and Lauder, H. (2010). Skill Webs and International Human Resource Management. *The International Journal of Human Resource Managemnt*, 21(6).

③ Brown, P., Lauder,H.Ashton,D. and Tholen,G. (2006). Towards a High-skilled, Low-waged Economy?. In Porter, S. and Campbell, M (Eds). *Skills and Economic Performance*. Sector Skills DevelopmentAgency.

④ Ashton, D., Brown, P. and Lauder,H. (2010). Skill Webs and International Human Resource Management. *The International Journal of Human Resource Managemnt*, 21(6).

对美国高等教育系统内部及相关问题的研究。王春(2000)①,徐玉斌(2000)②,夏建刚(2004)③,刘向东、张伟、陈英霞(2005)④等人从美国高等教育经费来源、经费来源发生的变化、拨款模式等方面进行研究,分析了美国高等教育运行中的经费问题,并提出了相应的解决办法。从高等教育结构来看,赵婷婷、买楠楠(2004)对美国高等教育结构中的课程结构进行分析,以把握美国高等教育中工程专业的课程设置及趋势。⑤史静寰、赵可、夏华(2007)则从高等教育层次结构的视角,分析了卡内基高等教育机构分类标准与美国高等教育多样化系统形成的关系,得出美国高等教育多样化系统的形成过程及其特点。⑥从高等教育质量来看,刘凤云、刘永芳(2010)总结出美国高等教育质量理念和综合评估模式。⑦

对美国高等教育个人回报层面的研究,其中主要包括就业情况和工资收入情况研究。张良、刘子瑜(2012)将大学教育对个人回报的分析扩展到毕业后十年,进一步考察了大学教育对于学生毕业后第一个十年内失业可能性的影响。该研究还验证了不同大学质量和不同本科专业对个人回报的影响情况。⑧20世纪70年代后,已进入高等教育普及化阶段的美国在一定历史时期内遇到了高等教育投资的个人回报问题,尤其是大学生就业难问题。贺欣(2009)从这时期美国大学生就业问题的主要表现入手,分析了问题产生的深层原因,阐释了美国在解决此问题时采取的措施及取得的成效。⑨罗润东、王璐(2012)从就业市场、高等教育、社会资本、市场分割性以及就业服务体系等方面对美国大学生就业问题的研究情况进行了梳理和评述。⑩从整体来看,国内学界对美国高等教育的个人回报研究的直接研究并

① 王春. 20世纪90年代美国高等教育经费发展趋势分析[J]. 教育与经济, 2000 (1).

② 徐玉斌. 美国高等教育经费来源浅析[J]. 教育与经济, 2000 (2).

③ 夏建刚. 美国高等教育拨款模式的启示[J]. 江苏高教, 2002 (4).

④ 刘向东, 张伟, 陈英霞. 欧美高等教育机构经费来源及其启示[J]. 高等教育研究, 2005(5).

⑤ 赵婷婷, 买楠楠. 基于大工程观的美国高等工程教育课程设置特点分析——麻省理工学院与斯坦福大学工学院的比较研究[J]. 高等教育研究, 2004(6).

⑥ 史静寰, 赵可, 夏华. 卡内基高等教育机构分类与美国的研究型大学[J]. 北京大学教育评论, 2007(2).

⑦ 刘凤云, 刘永芳. 美国高等教育质量评估模式演变、特征及其借鉴价值[J]. 南京师大学报(社会科学版), 2010(4).

⑧ 张良, 刘子瑜. 高等教育对美国大学生就业的影响[J]. 北京大学教育评论, 2012(1).

⑨ 贺欣. 美国高等教育普及化阶段大学生就业问题探析[D]. 长春: 东北师范大学, 2009.

⑩ 罗润东, 王璐. 美国高校毕业生就业问题研究[J]. 理论学刊, 2012(5).

不多,大部分只是将美国作为经验和教训借鉴的重要来源。

对美国高等教育社会回报层面的研究。首先,高等教育与社会公平问题的研究,靳贵珍(2004)从历史的视角分析了美国高等教育公平问题。[①]王伟宜(2010)从历史的角度来分析影响进入高等教育的因素,得出,20世纪90年代以来,美国进入大学的经济分层现象日益明显。[②]钟景迅(2012)基于美国大学生种族、社会阶层、性别等因素的差异,研究了美国高等教育中存在的问题,特别是由此反映出来的获得优质高等教育机会的差异,以此来解析美国高等教育的社会不公平现象。[③]其次,美国高等教育与社会流动关系的研究,王伟宜(2013)分析了美国高等教育在社会流动中的作用,他从学生家庭出身、政府资助政策、大学招生策略等方面进行研究,发现美国高等教育在社会流动中的作用发挥得不够。[④]张玉(2007)以美国弱势群体为研究对象,分析了二战之后美国政府出台高等教育弱势群体扶助政策的原因、政策内容及问题。[⑤]

对美国高等教育国家回报层面的研究。卢乃桂、永平(2007)以全球化为背景,分析了国家从经济国家主义进入到信息全球经济,面对全球化的到来,国家应重建与高等教育的关系,也提出了美国政府在高等教育中应承担的责任。[⑥]武毅英、朱淑华(2011)从内、外部两种力量共同作用下形成的美国高等教育强国出发,引出美国高等教育强国与科技强国、经济强国相伴而生的论断。[⑦]孙大廷(2009)强调自二战后美国成为世界强国以来,保持美国的霸权地位,取得相对于其他大国的霸权优势是美国既定的国策,也是美国各项国家战略的总目标。[⑧]

总之,从目前国内外学术界对美国高等教育回报问题研究的现状分析

① 靳贵珍. 美国高等教育公平问题的历史透析[J]. 北京理工大学学报(社会科学版), 2004(3).
② 王伟宜. 美国学生选择大学的五十年[J]. 教育学报, 2010 (2).
③ 钟景迅. 院校分层与学生隔离: 美国高等教育不公平现象剖析[J]. 高等教育研究, 2012 (3).
④ 王伟宜. 美国高等教育在社会流动中的作用——以学生家庭收入为背景的考察[J]. 西南交通大学学报(社会科学版), 2013(3).
⑤ 张玉. 战后美国联邦高等教育弱势扶助政策发展研究 [D]. 重庆: 西南大学, 2007.
⑥ 卢乃桂, 张永平. 全球化背景下高等教育领域中的政府角色变迁[J]. 北京大学教育评论, 2007(4).
⑦ 武毅英, 朱淑华. 美国高等教育由大变强的特征及启示[J]. 现代教育管理, 2011 (3).
⑧ 孙大廷. 美国制定和实施国家教育战略的霸权性研究[J]. 社会科学战线, 2009 (7).

来看，以人力资本理论为代表的高等教育回报研究不管是理论研究还是实证研究都占据主导地位，其核心思想是：高等教育能培养人的知识、技能等生产能力，提高人的素质和质量。对于个人而言，投资高等教育，就有机会实现个人、家庭经济的提升和社会地位的提高；对于国家而言，投资和发展高等教育，就有机会实现国家的经济繁荣和社会稳定。而且以教育的方式来使每个人获得拥有更好生活的机会，这不是通过"劫富济贫"来使弱势阶层获得帮助，而是以教育为社会黏合剂和纽带把不同社会阶层的人和谐地置于同一个社会中，这种基于个人自身能力和成就来实现经济繁荣的方式，是一个更有效、更公平的选择。所以，高等教育对个人、社会和国家都将是一项投资而不仅仅是消费。

但是美国大学毕业生就业难、知识性失业、过度教育等现实问题不断出现，甚至愈演愈烈，这无疑是对形成于第二次世界大战之后的人力资本理论及传统高等教育回报问题研究者们的有力一击，这也成为近年来西方学术界开始对高等教育回报问题进行重新审视的原因。他们甚至对教育在生产力提高、经济增长等方面的作用提出质疑，并提出即便是高等教育扩张，教育的公平正义作用仍不可能实现。在他们看来，教育并不是个人能力的代表，而是隐藏在教育背后的各种资本在参与竞争。

虽然以人力资本理论为代表的高等教育回报相关理论及其指导下的各种实证研究，与针对现实问题对高等教育回报进行的新研究，他们都各自形成体系，有理论、研究方法、数据等作为支撑，但两者又各自为政，互不接纳对方的观点，而且双方的研究结果几乎是对立的。而这样对立的研究容易忽略高等教育回报的实际情况，并对人们投资高等教育的战略决策产生偏向性影响。

从整体上看，以人力资本理论为代表的高等教育回报研究缺乏用动态的眼光来看待高等教育对个人、社会和国家的回报。由于人力资本理论形成于二战之后的西方经济繁荣时期，其理论思想也是基于当时的社会经济大背景提出并展开的。但是社会经济发展阶段不同、经济形态不同，劳动力市场的需求情况有可能发生变化。而且高等教育本身也并不是静止不变的。近三十年来,在高等教育扩张政策推行下,以美国为代表的世界多数国家高等教育的规模、质量、结构等都发生了变化。如果仍然立足于原有研究来分析现如今的从“学校”向“工作”的转变,就容易产生供需规模失衡、结构不匹配、质量得不到保证等问题,进而影响对高等教育回报的合理评估。另外,以人力资本理论为代表的高等教育回报的研究者们也主要是从高等教育的经济回报来展开相关的研究,强调教育的经济投资。在劳动力供需失衡状态下的工作竞争,因为忽视了社会群体间权力和力量的差别,该理论无法给出合理的解释。特别是当把学历作为劳动力市场唯一准入条件时,这样的“能人体制”却成为精英阶层进行阶级再生产游说的工具。

与人力资本理论相对立的研究者们则主要是从现实问题出发,注重利用定量、定性等研究方法对现实问题进行实证检验。但这样的研究方法,在样本选择、数据分析等方面都受到研究方法本身的一些限制。从定量研究来看,大多都只有宏观的大学毕业生规模、专业结构人数、就业率、失业率等数据。这只能描述简单的趋势变化,对大学毕业生的质量和其所具备劳动力技能的内涵缺乏多主体、全方位的衡量指标。另外,已有研究样本较小,样本不能完全反映整体情况,特别是不能清楚地界定直接投入成本和间接投入成本以及不同教育阶段的收益,这是目前实证研究中存在的主要问题。从定性研究来看,大多采用结构式访谈的研究方法,但是由于访谈的对象基本为企业高管或者在校大学生,这样的数据分析得出的结论不仅有所偏向,而且针对性不强。因为企业容易从自身的利益出发来给出数据。对在校大学生的访谈则由于他们还没有进入劳动力市场,对于劳动力市场中工作、就业、技能等方面的需求还不十分明确,他们只能通过已有的信息来预测未来的工作对他们的回报。除此之外,现有的大多数研究都是对单一教育回报问题的讨论,集中于讨论高等教育对个人微观层面的影响,缺乏全面、系统、宏观的分析和考察。在对学历通货膨胀、过度教育、“学历病”等一系列教育问题,以及收入差距拉大等社会问题进行分析时过于消极,忽视了教育的经济价值和社会价值。

从国内学术界对美国高等教育回报问题的研究来看,研究视角、研究内容、研究方法等都并不丰富。既有的国内研究中，从研究视角来看，大量的研究注重对美国高等教育体系内部进行研究，而且从高等教育对各主体的回报来看，也主要涉及高等教育对社会的回报，缺乏多视角、多层面、全方位的分析和研究。从研究内容来看，既缺乏系统的理论梳理和理论指导，导致对该问题的研究仅限于实证分析之中，又限于对美国高等教育发展过程中表现出来的优势或有利方面进行研究，以便为我国高等教育发展提供借鉴，而缺乏辩证看待美国高等教育回报问题的研究。从研究方法上看，国内现有的对美国高等教育回报问题的研究，几乎都是定性研究，而且数据的选择也比较单一，大多都来自经济合作与发展组织研究数据或美国官方数据。

基于以上考虑，本选题基于人力资本理论对高等教育回报的研究及对知识经济下高等教育回报的理论预期，通过对美国高等教育回报现状进行分析，以期从理论与现实的对照中得出知识经济下高等教育回报的实际情况。虽然既有的理论研究和实证研究中存在一些问题，但是这正为本书在理论创新和实证论证方面创设了较大的提升空间。同时，既有研究中丰硕的理论成果仍然为本选题的研究提供了坚实的理论基础，既有研究中大量的实证研究和数据分析方法也为本选题研究提供了可以借鉴的实证研究方法和数据分析方法。

第三节

YANJIU MOXING JI BEN SHU KUANGJIA

研究模型及本书框架

本书是对高等教育回报的研究,而回报与投资是相辅相生的。高等教育投资就是行为主体以期产生未来回报而施行的一种行为,高等教育投资与将产生的回报是客观存在的。但是从理论和实践可以看出,高等教育投资与其他投资有所不同,高等教育投资和高等教育回报并不是一种直接的、现行的投资回报关系,高等教育投资与回报的实现需要一个过程。这个过程表现为行为主体通过投资高等教育,由接受过高等教育的个体进入到劳动力市场,把在教育培训中所获得的知识、技能及表现出来的能力在社会生产活动中进行实际应用,并转化为生产力,然后才能获得相应的回报。

从高等教育投资—回报过程可以看出,高等教育只是作为培养社会专门人才的机构,承担着向接受教育者传授知识、技能等功能。高等教育本身并不直接产生回报,回报的产生往往需要一个中间环节,即进入到劳动力市场。如果接受过高等教育、获得知识和技能的个体,不进入到劳动力市场,就不能把其所获得的知识、技能以及表现出来的能力应用于社会生产活动中,也就无法对生产力做出贡献,就无法获得教育投资所带来的回报。所以,劳动力市场在高等教育投资—回报中起着配置劳动力资源的作用,能把接受过高等教育的毕业生配置到工作岗位中,把人力资源转换成社会经济发展所需要的劳动力。只有当接受过高等教育的劳动者进入到劳动力市场,直接或间接参与产品和服务的生产过程时,才能产生真正的生产力贡献,也只有这样他们才能把所拥有的知识和技能转化为效益,从而实现教育的投资回报。因此,劳动力市场是劳动力价值转换的一个必需的媒介,也是投资高等教育获得回报的必经之路。

但是高等教育和劳动力市场都作为独立的系统,有其各自的构成要素,而构成要素之间又在一个更大的系统中相互影响。高等教育系统的构成要素包括高等教育规模、高等教育质量、高等教育结构等。高等教育系统及其构成要素影响并决定着劳动力供给的规模、质量和结构。劳动力市场作为一个独立的系统，其构成要素包括需求总量、需求质量和需求结构。劳动力市场系统及其构成要素反映了劳动力需求的规模、质量和结构。劳动力市场为高等教育提供劳动力需求信息，高等教育为劳动力市场供给劳动力，高等教育与劳动力市场在相互作用下完成社会生产对劳动力的供给与需求。现代社会中，虽然"学校"向"工作"转换的衡量标准以学历为主，但是不可否认除学历以外的其他因素，如经济资本、社会资本和文化资本等仍然是影响"学校"向"工作"过渡的干预因素。

从高等教育投资—回报过程还可以看出，接受高等教育的个体在高等教育投资—回报过程中起着基础和核心作用，只有通过高等教育所培养出来的人，才能更好地产生对个人、社会和国家等层面的利益。单个个体不仅作为投资高等教育的直接行为人，也作为社会生产活动的直接参与者。个体只有通过接受高等教育，才能更好地具备知识、技能等生产能力。同样，个体只有通过进入到劳动力市场，从事社会生产活动，才能产生生产力贡献。如果在高等教育投资—回报过程中，缺乏单个个体的参与将使整个过程无法进行。而且个体在以获得工作和工资收入作为个人回报的同时，高等教育投资对个人产生的回报还影响着其他行为主体，并对其他行为主体所获得的回报起着决定性作用。因为当这些接受高等教育的单个个体汇集为一个知识群体时，他们所从事的职业、获得的工资收入回报也关系到机会公平、收入平等、社会流动等与社会回报相关的内容，还关系到一个国家整体劳动力素质、经济增长和国家竞争优势等与国家回报相关的内容。也就是说，个人回报处于高等教育回报的核心，高等教育对个人的回报还将引发高等教育对社会、国家等更广泛的回报。

因此，本书的分析思路为：从高等教育出发，通过高等教育与劳动力市场的相互关系来分析劳动力供需情况对以高等教育个人回报为核心，并延伸出的高等教育社会回报和国家回报三个层面的影响。其中也涉及在高等教育向劳动力市场转换过程中,除学历以外的其他干预因素(经济资本、社会资本和文化资本)对高等教育回报影响的研究,以便更好地探明高等教育投资—回报的整个过程。

从高等教育投资—回报分析框架可以看出,高等教育将通过劳动力市场对个人、社会和国家三个层面产生回报,而且高等教育的个人回报处于核心地位,高等教育的社会回报和国家回报是其延伸。这个过程即:高等教育—劳动力市场—个人回报(核心),其中个人回报主要表现为工作和工资收入;高等教育—劳动力市场—社会回报(延伸),其中社会回报包括社会公平正义和社会流动;高等教育—劳动力市场—国家回报(延伸),其中国家回报包括国家经济增长和国家竞争力增强。本书以高等教育多层面回报模型来简化高等教育投资—回报过程,高等教育多层面回报模型作为本书的研究模型。如图1-1所示。

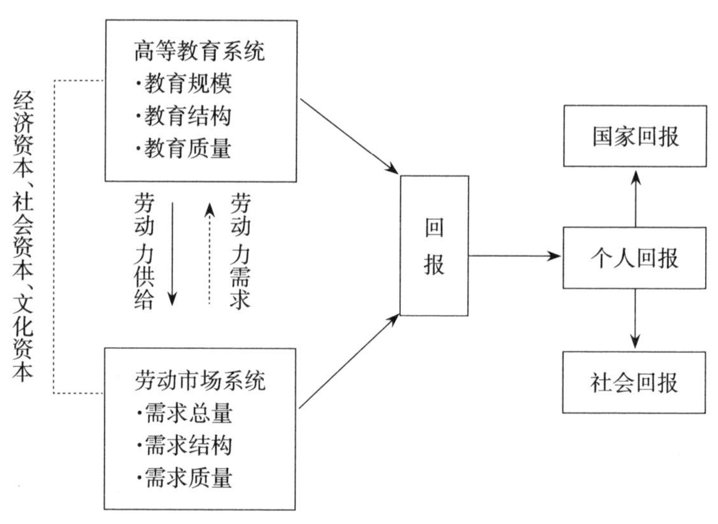

图1-1　高等教育多层面回报模型

问题意识贯穿于本书的整个研究过程。本书按照“高等教育多层面回报模型”,以理论描述、现状分析、问题呈现、成因分析、后果预示及启示为思路,使研究步步推进,并形成本书的主要内容框架。

首先,在本书的第一章绪论部分,对为什么要研究美国高等教育回报问题这一选题做了充分的说明,并从理论层面和现实层面分析了本书的研究意义。并在对国内外文献研究整理、归纳、提炼的基础上，整体把握该选题的研究进展，为本书研究的展开奠定了基础。同时，在绪论部分还对本书的分析框架进行了说明，以更清楚的逻辑来描述本书的分析思路、研究层面和方法路径，并用高等教育多层面回报研究模型来形象地阐明这一分析框架。

在第二章中，通过对高等教育回报理论——人力资本理论产生的背景，人力资本理论的相关代表人物及其思想进行梳理和整理，系统地展现人力资本理论的产生、发展过程，并提炼出该理论的主要思想和核心观点。在此基础上，深入分析和阐述人力资本理论对教育回报的研究观点及思想。

在第三章中，基于知识经济的兴起，分析人力资本理论在个人、社会和国家三个层面对知识经济下的高等教育回报所做的预期，以此为下一章的现状分析比照做铺垫。

在第四章中，在人力资本理论对知识经济下高等教育回报预期的基础上，对最早进入知识经济时代的美国的高等教育回报展开研究。分别从个人、社会和国家三个层面对美国高等教育投资回报的现状进行分析，并与人力资本理论对高等教育回报的预期进行比照，找出美国高等教育回报存在的问题。

在第五章中，基于得出的美国高等教育回报问题，从知识劳动力的供给方——高等教育来进行供方成因分析。主要从高等教育规模、质量和结构等方面来探明知识经济以来美国高等教育发展情况，并且也拓展地研究知识经济下全球高等教育的发展情况，以分析全球高等教育扩张对美国知识劳动力供给的影响。

在第六章中，对知识劳动力的需求方——劳动力市场进行需方成因分析。主要从知识经济以来劳动力市场对劳动力的需求规模、需求质量、需求结构等方面来探明美国劳动力市场的需求情况，并且对知识经济以来的全球劳动力市场变化进行研究，以展现全球劳动力市场变化对美国劳动力市场的影响。

在第七章中，分析美国高等教育回报问题所加剧的美国社会治理问题，探讨高等教育回报问题的重要社会影响，从高等教育回报视角审视美国近些年被广泛热议的社会问题。

在第八章中,从社会冲突理论出发分析社会阶层因素对高等教育回报的影响。并在此基础上归纳、提炼出职位冲突理论,以实现从理论层面对高等教育回报问题进行成因阐释。

在第九章中,通过对知识经济下美国高等教育回报问题研究的归纳和提升,阐明高等教育回报问题对个人、社会和国家产生的影响,并希望通过对该问题的研究来得出对我国的启示。

第二章 Chapter Two

高等教育回报及其社会功能的理论基础——人力资本理论

人力资本理论作为研究高等教育回报的主流理论，成功地解释了第二次世界大战后美国经济繁荣的景象。自此之后，有许多著名的学者继续展开对人力资本理论的研究，丰富着人力资本理论的内涵，使人力资本理论不断发展，并形成了多个层面的教育回报思想。

第一节

RENLI ZIBEN LILUN DE CHANSHENG

人力资本理论的产生

教育作为发展生产的一个重要因素，早在古典经济学理论中就有过论述，但直到20世纪五六十年代，西方学者才真正开始关注教育在生产和经济中的作用，并形成了以西奥多·舒尔茨、加里·贝克尔等人为开创者和代表人物的人力资本理论。

一

人力资本理论产生的背景

人力资本理论的产生及形成是建立在特定的思想基础之上的，特别是古典经济学家对人力资本价值的思考。二战后美国、德国和日本等国及“亚洲四小龙”的经济增长发展实践又为人力资本理论的产生提供了现实条件。

（一）思想基础

人的资本价值是指把人力作为资本来看待，以阐明人或教育在生产和经济活动中的作用。这种思想在很早以前就已经出现。古希腊思想家柏拉图在其《理想国》中就主张“通过基础教育来发展人的先天能力”，他还论述了教育和训练对于提升人的能力的经济价值。[①]英国古典经济学创始人之一的威廉·配第在1676年的《政治算术》中也提出了关于“土地是财富之母，劳动是财富之父”的论断以阐明人力的价值。[②]他还采用“生产成本法”来评

① 朱国宏. 人口质量的经济分析[M]. 上海：上海三联书店，1994: 10.

② [英]威廉·配第. 政治算术[M]. 陈冬野，马清槐，周锦如，译. 北京：商务印书馆，1981.

估战争的成本，计算了人力的经济价值。

对人的资本价值及教育的经济价值思想起着重要推动作用的是著名的古典政治经济学家亚当·斯密。他在其1776年出版的《国富论》中对“资本”的概念描述中提到：“劳动者对原材料增加的价值……一部分支付劳动者的工资，另一部分支付雇主的利润。”①从这个描述中，可以看出斯密充分肯定了人的劳动因素对价值创造的作用。除此之外，他把人的劳动技能也看成是资本的一部分。他说：“对有技能的人的生产物给予较高的价值，只不过是对获得技能所需费去的劳动与时间，给予合理的报酬。”②而且他还进一步把人力资本分为“流动资本”和“固定资本”，以说明获取或增进有用才能的方式及才能对个人和社会的益处。③而且，他建议由国家“推动、鼓励、甚至强制全体国民接受最基本的教育”。④

到了19世纪，人的资本价值思想在诸多经济学家的著作中也有所体现。法国古典经济学家让·巴蒂斯特·萨伊(Jean Baptiste Say)在1803年出版的《政治经济学概论》中多处谈及人的资本价值问题。他认为“凡是能创造效用的，无论其产品是具有物质形态的还是非物质形态的，都是国民财富的一部分”。⑤这成为理解萨伊有关人的资本价值思想的背景。他在界定“生产资本”时认为，“劳动者在执行他的部分的生产任务时所必需的生活必需品”⑥也是属于“生产资本”的一部分，实际上他已经把一般劳动力的价值看作资本了。他还认为“教育是资本，它应当产生和劳动的一般报酬没有关系的利息”。⑦而且他也特别强调人在经济生产过程中发挥出来的特殊作用。

德国经济学家弗利德里希·李斯特(Friedrich List)在19世纪40年代出版的《政治经济学的国民体系》中就在生产力理论中对人的资本价值进行了

① [英]亚当·斯密.国民财富的性质和原因的研究：上卷[M].郭大力，王亚楠，译.北京：商务印书馆，1972:43.

② [英]亚当·斯密.国民财富的性质和原因的研究：上卷[M].郭大力，王亚楠，译.北京：商务印书馆，1972:42.

③ [英]亚当·斯密.国民财富的性质和原因的研究：上卷[M].郭大力，王亚楠，译.北京：商务印书馆，1972:257~258.

④ 惠宁，霍丽.试论人力资本理论的形成及其发展[J].江西社会科学，2008(3):75.

⑤ 付泳，郭龙.人力资本理论问题论析[M].北京：中国文史出版社，2005:10.

⑥ [法]让·巴蒂斯特·萨伊.政治经济学概论：财富的生产、分配和消费[M].陈福生，陈振骅，译.北京：商务印书馆，1963: 70.

⑦ [法]让·巴蒂斯特·萨伊.政治经济学概论：财富的生产、分配和消费[M].陈福生，陈振骅，译.北京：商务印书馆，1963: 369.

描述。他认为,一个人如果没有一种能产生大于他所消费价值的生产力,他将越来越穷。一个人也许很穷,但是他如果拥有产生大于他所消费的价值产品的那种生产力,他就会越来越富裕。①这不仅对于个人如此,对于国家同样如此。他提出一个国家的发展程度,并不取决于它所蓄积的财富的多少,而是取决于它的生产力发展程度。②他进一步对国家生产力的来源进行界定,他认为国家生产力的来源是个人的身心力量、社会及政治状况和制度,是国家掌握的自然资源等。③也就是说,生产力不仅可以由国家的物质资本创造,也可以通过精神资本或人力资本产生。

在19世纪40年代的出版物中还有英国约翰·穆勒(John Stuart Mill)的《政治经济学原理》。穆勒提出不管是"造就劳动力的劳动",还是"维持生产力的劳动"都在生产中起着重要作用,以此来说明对人的资本价值的投资及其回报问题。而且,他还对"财富"进行重新界定,认为"一切具有交换价值的有用的或合意的物品"都是财富,④所以,人的能力也是国家财富的一部分。他提出"技能与知识都是对劳动生产率产生重要影响的因素",⑤而"手艺人的技能既是一种值得向往的财产,又有一定的耐久性",⑥属于国家财富的一部分。

除此之外,德国古典经济学家冯·让·杜能(Johann Heinrich von Thünen)、英国经济学家阿尔弗雷德·马歇尔与亚当·斯密被称为"把人视为资本的少数人中的三个杰出人物"。⑦杜能在其《孤立国同农业和国民经济的关系》中就认为人同样适用于"资本"这一概念,他认为这样的界定并不会贬低人,也不会损害人的自由和尊严。而且他还认为,受过更高教育的人在同等原材料的情况下,比没有受过教育的人能创造更多的财富和价值。⑧而马歇尔在

① [德]弗里德里希·李斯特. 政治经济学的国民体系[M]. 陈万煦,译. 北京:商务印书馆, 1961: 118.
② [德]弗里德里希·李斯特. 政治经济学的国民体系[M]. 陈万煦,译. 北京:商务印书馆, 1961: 126~127.
③ [德]弗里德里希·李斯特. 政治经济学的国民体系[M]. 陈万煦,译. 北京:商务印书馆, 1961: 192~193.
④ 惠宁,霍丽. 试论人力资本理论的形成及其发展[J]. 江西社会科学,2008(3):75.
⑤ 惠宁,霍丽. 试论人力资本理论的形成及其发展[J]. 江西社会科学,2008(3):75.
⑥ [英]约翰·穆勒. 政治经济学原理及其在社会哲学上的若干应用:上卷[M]. 赵荣潜等,译. 北京:商务印书馆, 1991: 64.
⑦ 付泳,郭龙. 人力资本理论问题论析[M]. 北京:中国文史出版社,2005:10.
⑧ 付泳,郭龙. 人力资本理论问题论析[M]. 北京:中国文史出版社, 2005:10.

1890年的《经济学原理》中提出“人是生产的主要要素和唯一目标”，“不论从哪一个观点来看，人类是生产问题的中心，也是消费问题的中心”。[①]他同时也提出，要使人具有“工业效率”所要求的技能，就要进行相应的“工业训练”，这包括“普通教育与工业教育”以及“美术教育”等。而“优良的教育，即使对于普通工作也予以很大的间接利益”，[②]所以，他把“教育仅仅当作是一种投资”。[③]因此，马歇尔提出，“一切资本中最有价值的莫过于投在人身上面的资本”。[④]

可见，早期政治经济学家们关于人的资本价值思想，已经把个人、技能及人拥有的能力等都包含在资本之中，也看到了劳动在创造经济价值中的作用。同时，早期的人力资本思想也描述了教育与劳动的关系和相互作用，提出用教育的方式来培养和提高人的技能水平和能力，从而提高人的资本价值，并提出了对人所付出的能力和技术进行相应的补偿。这些思想都为人力资本理论的产生奠定了宝贵的思想基础。但是早期关于人的资本价值的思想是把劳动看成是同质的。而且虽然他们认同对人的投资，但是他们却从来没有把对人进行投资所获得的收益纳入到经济收益中，并且他们也反对这种做法。也就是说，他们只是把对人投资所获得的收益简单地用工资来衡量，而并没有将其纳入利润的范畴。

(二)现实条件

关于人的资本价值和教育的经济价值一直散见于学术著作中，并未形成系统、科学的理论。其原因一方面是受到传统伦理观念的束缚。传统观念认为把人力看成买卖的东西是对人格的贬低和对人自由的侵犯。而且长期以来西方主流学科也较少地关注人的劳动和人的作用，以便他们能用更简化的经济理论结构来解释经济现象。另一方面，更重要的还是因为没有历史条件促成对劳动、能力与教育等相关关系理论研究的迫切需要。无论是农业经济还是工业经济，土地、机器、厂房等实物资本作为稀缺资源在经

① 付泳，郭龙. 人力资本理论问题论析[M]. 北京：中国文史出版社，2005: 10.
② 付泳，郭龙. 人力资本理论问题论析[M]. 北京：中国文史出版社，2005: 11.
③ 付泳，郭龙. 人力资本理论问题论析[M]. 北京：中国文史出版社，2005: 11.
④ 付泳，郭龙. 人力资本理论问题论析[M]. 北京：中国文史出版社，2005: 12.

济发展中起着更为显著的作用,有关劳动者的能力、技术等在生产中的作用还不够明显,并未产生决定性的影响。

第二次世界大战结束之后,虽然美、英、法等传统强国经济迅速恢复是人们预料之中的事情,但是"亚洲四小龙"和一些资源条件较差的国家,如丹麦、瑞士等,经济也突然加速发展,在战争中损失严重的西德和日本,其经济发展更是扶摇直上,甚至超过了一些老牌强国。这引发了西方学者对这些国家或地区经济迅速发展成因的思考。

同时,整个20世纪50年代,西方国家的经济都在快速发展,出现了总产出增长率远大于由资本积累率与劳动力增长率构成的总生产要素投入增长率的现象。这与传统经济理论认为的"国民收入随着总生产要素的增加而增加,产出的增长只取决于资本与劳动力数量的增加"是不一致的,[①]或者说,这是传统经济理论无法解释的,这种经济快速增长的现象也被称为"经济增长之谜"。显然,破解这个谜需要新的理论。

此外,传统经济理论也无法解释20世纪50年代之后,西方国家工人收入水平得到大幅度提高的现象。当美国经济学家西蒙·库兹涅茨(Simon Kuznets)在研究美国资本形成时又发现,美国在经济增长的同时,其经济产出的增加却是用相对较少的资本促成的,这甚至与传统经济理论相左。

因此,为了破解这些"经济增长之谜",西方学者们不断寻找答案。舒尔茨发现:"人们长期以来在经济增长、工资结构变化和个人收入变化等方面所存在的困惑,经过引进人力资本概念后,便可迎刃而解。"[②]人力资本理论也应运而生。

二

传统人力资本理论

"人力资本"这一概念,是美国经济学家沃尔什(J. R. Walsh)在1935年发

① 王鸿雁. 人力资本在北京经济增长中的贡献[D]. 北京:北京工商大学, 2008.
② [美]马丁·卡诺依. 教育经济学国际百科全书[M]. 闵维方等,译. 北京:高等教育出版社, 2000:1.

表的《人力资本观》一文中首先提出来的。但直到20世纪60年代，通过西奥多·舒尔茨、加里·贝克尔等人对人力资本的研究，才使人力资本逐渐成为一种理论体系和学说。

在20世纪60年代初期，出于对"增长剩余"的思考，美国经济学家舒尔茨开始了对人力资本的研究，他通过对1929—1957年间美国经济增长的分析发现，"教育投资增长的收益在劳动收入增长中的比重占70%，在国民收入增长中所起的作用是33%。"[①]因此，他认为促使经济增长的关键因素不是来自于物质资本，更多的在于人生产能力的提高，在于对教育的投资。继而他提出，"作为人的因素，这些人的投资对经济增长有一种渗透的影响"。[②]所以，他认为资本不仅包括物质资本，也包括人力资本。他认为，"之所以称这种资本为人力的，是由于它已经成为人的一部分，又因为它可以带来未来的满足或者收入"。[③]人力资本的形成则是通过对人进行投资，主要从人身上的知识、技能等方面表现出来。

同时，基于研究和发现，他得出人力资本是能够解释困惑经济学三个事实的这一结论。"(1)人力资本的增长不仅比物质资本而且比收入都快，因而资本—收入比率是下降的；(2)投入与产出间的增长速度之差，一部分是由于规模收益，另一部分是由于人力资本带来的技术进步的结果；(3)战后工人工资的增长正是来自于人力资本。"[④]此外，他还提出了从健康投资、在职培训、学校教育、项目培训、个体迁移及流动等五个方面来对人力资本进行投资。

与舒尔茨同时期的经济学家贝克尔被视为"经济思想中人力资本投资革命"的起点。贝克尔对教育在经济上的作用的研究不同于舒尔茨的宏观研究。他从微观上把人力资本投资理论与劳动收入分配相结合，并提出了较为系统的人力资本理论框架。他通过运用人力资本收入函数，提出了劳动收入分配的理论，并明确了收入效应的内涵。他认为生产与消费是一个

① 贺尊.教育与劳动力市场的交互关系：一个文献综述[J].税务与经济，2013(1):14.
② [澳]阿恩特.经济发展思想史[M].唐宇华，吴良健，译.北京：商务印书馆，1997:64.
③ [美]西奥多·舒尔茨.论人力资本投资[M].吴珠华等，译.北京：北京经济学院出版社，1990:92.
④ 杨明洪.论西方人力资本理论的研究主线与思路[J].经济评论，2001(1):90.

统一的过程。通过人力资本投资,生产与消费得以有机融合,人力资本的积累可以改变人力资本的生产函数。他进一步提出“教育不仅仅是一项消费,更是一项投资”。他认为教育不仅具有消费性,更具有生产性,教育应该被看成一种生产要素,因而对教育的投资就是一种生产性投资。除此之外,他还对教育投资利润率进行研究,以此来明确学校教育和在工作过程中对工人的培训对人力资本形成的不同作用。

基于舒尔茨和贝克尔对人力资本概念、人力资本形成与教育的关系及人力资本对经济增长和经济发展的作用等问题的研究逐渐形成了一套系统的人力资本理论体系。这成为分析教育回报、人力资本投资的核心理论。从概念上看,人力资本是通过对凝聚在劳动者身上的知识、技能等要素进行投资,并使其成为社会生产中最重要的资源,这是对劳动者质量的反映。从影响人力资本的因素来看,虽然对人力资本产生影响的因素很多,但受教育程度是决定劳动者资本拥有量的关键因素。接受教育可以增加劳动者的知识、技能等。受教育程度越高,劳动者的劳动能力越强,劳动者的人力资本拥有量就越高。

可见,传统人力资本理论的核心思想是:“人们以不同的方式对自身进行投资,这种投资不是为了眼前的享乐,而是为了获得未来的经济上或非经济上的回报。”[①]决定回报最重要的因素是受教育程度和水平。通过投资教育来获得知识、技能等生产能力,储存人力资本存量,提高劳动生产率,从而获得从事高级工作的职业或职位,获得较高的工资收入。

① [美]马丁·卡诺依.教育经济学国际百科全书[M].闵维方等,译.北京:高等教育出版社,2000:32.

第二节

RENLI ZIBEN LILUN DE FAZHAN

人力资本理论的发展

20世纪70年代后，资本主义发展的黄金时代宣告结束，包括美国在内的西方各国经济普遍出现了衰退，这使得传统人力资本理论也黯然失色。不过进入20世纪80年代，亦即知识经济时代以来，随着经济的重新高涨，人力资本理论又重新活跃起来，形成了以罗伯特·卢卡斯、保罗·罗默为代表的，以技术内生化为特征的当代人力资本理论。与此同时，彼得·德鲁克（Peter F. Drucker）、丹尼尔·贝尔、未来学家阿尔温·托夫勒（Alvin Toffler）和约翰·奈斯比特（John Naisbitt）、罗伯特·赖克（Robert Reich）等人对知识经济下的人力资本投资、教育回报等做了更深入的研究，传统人力资本理论得到进一步发展。

一

当代人力资本理论

20世纪80年代之后，在知识经济背景下，新经济增长理论在美国等西方发达国家兴起。这种以技术内生化为特征的新经济增长理论，把人力资本纳入经济增长模型之中，从经济增长模型中阐发人力资本理论，呈现出与20世纪五六十年代以劳动力要素分析为中心的人力资本理论不同的研究主线与思路。同时，也克服了传统人力资本理论的一些缺陷。

新经济增长理论是以罗默、卢卡斯为代表。该理论将知识和人力资本进行内生化，强调经济增长的源泉不是来自于外部力量，而是来自于经济体系的内部力量，并开始重视对人力资本的投资和实践中学习的投入。在罗默的内生经济增长模型中,知识可以分为一般知识和专业知识。一般知识是通过学校正规教育获得的,在经济增长中可以产生规模经济效益。专业知识是通过实践习得的,其不仅自身具有收益递增的特点,同时也会使资本和劳动等要素的收益递增。这两种效应的结合,不仅使知识、技能等人力资本的收益递增,而且也使其他生产要素的收益递增。企业正是依靠对科学知识和技术成果的先期投入,获得巨额甚至垄断利润,反过来这些利润又被用以推动知识创新和技术进步。另外,专业知识具有"外溢效应",随着资本积累的增加,生产规模的扩大,知识也在不断地流通,每个企业都从其他企业那里获得知识的好处,从而促使整个社会知识总量的增加。

卢卡斯的专业化人力资本增长模型则将劳动力划分为纯体力的原始劳动力和表现劳动技能的劳动力。他还区分了两种人力资本:一种是社会所共有的一般知识形式的人力资本,另一种是体现在劳动者的劳动技能上的专门化人力资本。同时,他也把人力资本产生的效应区分为通过学校教育产生的内部效应和通过"干中学"产生的外在效应。这种专业化人力资本产生的外在效应来自于对人力资本的投资,不仅能够促进个人产出的提高,还能提高社会平均人力资本水平,从而使得企业受益。因此,他强调专业化人力资本对经济增长起着重要作用,而且只有专业化人力资本才是经济发展的真正动力。

二

人力资本理论的其他代表人物及其思想

在这一时期,除了罗默和卢卡斯对人力资本进行系统研究并形成理论之外,彼得·德鲁克、丹尼尔·贝尔、未来学家阿尔温·托夫勒和约翰·奈斯比特、罗伯特·赖克等人也阐明了他们对人力资本的思想观点。

首先,彼得·德鲁克及其思想。美国现代管理学大师彼得·德鲁克早在1959年《未来的里程碑》中就提出了"知识工作"和"知识工作者"的概念,并认为在知识社会中,社会生产活动最关键的是知识,而不再是劳动力、原料和资本。1993年,他在《后资本主义社会》里阐述了比知识经济更加宽泛和深刻的"知识社会"思想。

德鲁克指出,现如今就正处于一个新的变革时期,这场变革孕育了"后资本主义社会"。而这场变革与以往的变革有所不同,在这种后资本主义社会,经济财富的来源不再是资本或者自然资源,也不再是劳动力,而是"知识"。知识社会是一个以知识为核心的社会,一个十分依赖知识和知识工作者的社会。知识工作者是知识社会的未来主人和生产核心,就像资本家知道如何将资本用于生产一样,他们是知道如何将知识运用于生产的知识经理人员、专业人员和知识雇员,例如:软件设计师、电脑技术员、医生、律师等。在知识社会,知识工作者虽然不是绝大多数,但他们代表了知识社会的性质和形象。知识工作者可能不是知识社会的统治阶级,但他们会是领导阶层。

在知识社会中,知识工作者必须通过正规的教育才能够获得工作和社会地位,所以教育将成为知识社会的核心。由于大多数的知识工作需要非常扎实的知识基础和娴熟的操作技巧,知识工作者需要多年的学校教育才能够获得必需的知识和技能储备,因而学校将会是知识社会的关键机构。德鲁克认为,在知识社会,一个人、一个组织和一个国家竞争成功的关键将是如何更好地获取和应用知识。因此,未来的知识社会中,没有贫困的国家,只有无知的国家。

其次,丹尼尔·贝尔及其思想。美国著名学者和思想家贝尔认为美国社会的发展依次经历了前工业社会、工业社会和后工业社会三个阶段。他认为在后工业社会中,出现了以信息为基础的"智力技术",其中心工作是对科学活动和从事科学活动的组织进行管理,体现了一种人与人之间的竞争关系。他以理论知识集中化和具体化为中轴,认为新技术、经济增长和社会阶层划分,都将以理论知识为中轴原则。围绕着这个中轴转型,后工业社会的社会结构发生了一系列深刻变化。

在经济形态上,贝尔指出,后工业社会以服务业为基础。在后工业社会,大多数劳动力都转而从事如贸易、金融、教育、娱乐等服务业。人与人之间的竞争也转为脑力和信息上的竞争。专业人员通过教育和培训将自己武装起来,以满足后工业社会的技能需要和适应激烈的竞争环境,进而在社会中扮演主要角色。在社会分层上,专业与技术阶层将居于主导地位。服务经济以办公室工作、教育和管理工作为特征,它必然促使劳动力转向白领职业,白领阶层将取代蓝领阶层居主导地位。白领社会的形成和专业技术阶层的发展壮大,公共部门成为就业主要领域。在社会机构上,教育机构、研究机构成为主要社会组织。大学、研究机构和知识部门是后工业社会的核心,是社会的中心组织和首要机构。它们履行教育、研究和服务三个方面的功能。大学和研究机构不仅集中了大部分从事基础研究的科学家,而且为政府和公共组织输送所需的专业化知识人才,成为人才的最重要来源。大学、研究机构和政府正在结合成一种科学行政综合体,这种综合体体现了权势的集中。在政治问题上,以教育政策和科学政策为首。在后工业社会,社会的首要工作就是对主要科学活动以及大学、研究所等从事科学研究的机构进行组织和管理。

总而言之,后工业社会的来临意味着新的轴心结构和轴心原则的出现,主要体现为:社会正从商品社会,转变为知识社会;知识形态从抽象的经验和试验摸索,转变为系统的理论知识;社会组织的中心从生产部门,转向了科学和教育部门;等等。

再次,未来学家及其思想。世界著名的未来学大师阿尔温·托夫勒提出了“第三次浪潮”的概念。他认为这是一次知识与信息化浪潮,不同于以往的农业文明和工业文明,是又一个崭新的人类文明和社会形态。他认为“第三次浪潮”开始于20世纪50年代后期,将产生“后工业经济”,进入称为“服务业的时代”。在这一新时代,从事服务业的劳动者数量将超过从事第一产业和第二产业的劳动者数量,占据总就业岗位的大多数,同时,白领的数量将超过蓝领。这些服务业工作者主要是知识工作者,他们从事的工作主要包括管理、法律、会计、金融、电信、医疗、教育,以及政府部门内的相关服务等。在知识社会或人力资本的时代,托夫勒指出,无产阶级和资产阶级都将失势，代之而起的将是“知识工作者”。“知产阶级”将成为未来社会的主导。他在《权力转移》一书中的核心观点是：随着信息革命的发展，知识的权力正在替代财富的权力成为主宰世界的力量。

美国著名未来学家约翰·奈斯比特在《大趋势——改变我们生活的十个新方向》中预测，未来社会将是“信息经济”时代。他揭示了信息社会的主要特征：一方面，起决定作用的生产要素不再是资本，而是信息知识，知识已经成为生产力、竞争力的关键；另一方面，价值增长不再主要通过劳动，而是通过知识的创造，知识将成为信息社会的经济驱动力。这种对新的知识价值论的推崇试图替代马克思的劳动价值论。

最后，罗伯特·赖克及其思想。克林顿总统时期的美国劳工部部长、著名政治学家罗伯特·赖克认为，在知识经济时代，一个国家的全球市场竞争力和经济福利既不取决于任何公司的财富，也不取决于产业的实力，而是取决于其行销全球的产品、服务中增添新价值能力的高低。而决定这种能力高低的关键因素就是劳动力的知识和技能，即人力资本。他不仅强调人力资本的重要性，而且认为机器会磨损，原材料会越用越少，专利与版权会过时，商标会丧失吸引力，而只有知识创新和专业技能具有不断增长的规律。

他将美国的劳动力分为三类：第一类是常规生产服务者，例如打字员、装配工、快递员等；第二类是直接服务者，例如餐厅、医院、保健业的从业人员；第三类是符号分析服务者，他们专门从事数字、概念、问题与文字的处理，包括记者、咨询师、律师、建筑师、医生、经理人等。[①]符号分析服务者是介于资产阶级与无产阶级之间的新中间阶层，不具有传统意义上的生产资料和资本，但是受过高等教育，拥有较高的科学知识和专业技能，即拥有较高的人力资本。他们把知识作为生产要素参与生产运营，从而其收入既包括劳动报酬部分，也包括知识报酬部分，并远高于传统劳动力的价值和收入。

赖克对符号分析者不吝溢美之词，认为他们是国家和社会的光明未来。一方面，随着新设计和新概念增添的价值的增长，全球对符号分析人员

① [美]罗伯特·赖克.国家的作用——21 世纪的资本主义前景[M].上海市政协编译组，东方编译所，译.上海：上海译文出版社，1998.

的需求在增加,使得符号分析服务人员的收入和地位不断上升。另一方面,全球的符号分析的劳动力也在增加,许多发展中国家的年轻人涌入大学,攻读工程设计、计算机工程、销售和管理专业的学位,试图掌握符号分析的密码,从而在劳动力市场上更有竞争力以获得更好的职位与收入。对于国家而言,受过良好教育的劳动力不仅能够带来更多的经济成果,而且能以自身从事复杂工作的绩效来吸引国际资本。随着高素质劳动力的增加,国家能够在全球经济中更有竞争力,获得更多经济利益,这又允许国家投资更好的教育、培训和研究体系,进一步加大人力资本投资。相反,如果没有完善的教育体系、高素质的符号分析服务者和尖端的技能,而仅仅以低工资、低福利和低税率来吸引国际投资,容易陷入无力投资教育、劳动力素质低和国际竞争力差的恶性循环。因此,赖克呼吁重视劳动力的教育水平和工作技能,关注教育体系的完善和人才的培养。美国总统克林顿就深受罗伯特·赖克的人力资本理论的影响,强调改善教育对于提升美国经济竞争力的作用,从而试图改变之前过于保守的教育政策,推动美国高等教育改革。

总而言之,人力资本理论的主要思想表现为:第一,以知识为核心的人力资本超越物质资本,成为经济社会发展的新源泉。无论是人力资本理论,还是“知识社会”“信息社会”和“后工业社会”理论都强调知识和技术对于经济社会发展无比的重要性。传统人力资本理论不仅拓展了资本的内涵,而且强调人力资本比物质资本更加重要。而以罗默和卢卡斯为代表的当代人力资本理论将知识和人力资本进行内生化,强调经济增长的源泉不是来自于外部力量,而是来自经济体系的内部力量,并开始重视对人力资本的投资和实践中学习的投入。奈斯比特强调在信息社会,知识已经成为生产力、竞争力的关键。价值增长不再主要通过劳动,而是通过知识的创造,因而知识将成为信息社会的经济驱动力。

第二,作为知识生产和人力资本的最重要途径,教育的经济性功能日益具有优先性。传统人力资本理论带来了教育观念上的巨大变革,使人们认识到教育不仅仅是消费性的,更是生产性的,对教育的投资是一种生产性投资,而且教育投资是人力资本投资的核心。具体来讲,教育投资是一种生产性投资;教育投资是提高人口质量的关键;教育投资比物质投资更有利,能带来更多利润。教育投资收益率高于物质资本的收益率,资本积累应从物质资本向人力资本转移,并应从总量上追加教育投资。同时,教育是科学知识再生产和生产的重要手段。学校不仅是再生产科学知识的重要场所,而且也能生产出新的科学知识。贝尔的后工业社会理论就强调大学、研究机构和知识部门是后工业社会的核心,是社会的中心组织和首要机构。在后工业社会,社会的首要工作就是对主要科学活动以及大学、研究所等从事科学研究的机构进行组织和管理。

第三,教育不仅吸引个人投资选择,而且加大了国家的责任。教育投资是人力资本投资的基础,也是人力资本投资的最主要形式。教育投资主要包括微观投资和宏观投资,其中微观投资是指个人教育投资,是劳动者本人或家庭为提高知识、技能水平而支付的时间和金钱成本。个人或家庭对人力资本的投资选择主要取决于教育对个人的回报。宏观投资是政府教育投资,属于公共投资的一部分。人力资本理论不仅强调个人的教育投资,而且鼓励政府承担更多教育责任,加大人力资本投资。罗伯特·赖克认为符号分析人员由于受过良好的教育,收入会非常可观,社会地位较高,将成为未来社会的中坚。贝尔则认为在后工业社会白领将取代蓝领成为主导阶层。另外,德鲁克也认为在知识社会中,知识工作者即使不是统治阶级,也会成为领导阶层。因此说,他们相信个人的人力资本投资能够得到高回报,因而鼓励人们接受更好的教育。并且他们还把教育与经济社会发展结合起来,极大地影响了教育政策。他们认为教育不仅能够通过提升人力资本而促进经济增长,而且将带来有序的社会流动,推动社会公平。

第三节

RENLI ZIBEN LILUN DE JIAOYU HUIBAO GUAN

人力资本理论的教育回报观

人力资本理论的核心思想是:人力资本形成和发展的最主要途径是教育,对人力资本的投资也是对教育的投资,人力资本存量越大,获得的回报越高。教育投资与回报是一致的线性关系,其中"学习"="收入"是人力资本理论教育投资与回报关系中的一对核心关系,主要表现为:接受教育程度越高,受教育者所获得的知识、技能等生产能力越强,在劳动力市场上越能找到好工作,获得越高的工资收入回报。这对关系也被称为教育与个人回报的关系。基于教育与个人回报的关系还能延伸出教育与社会和国家两个层面的回报关系,所以教育对个人、社会和国家三个层面的回报共同形成了人力资本理论的教育回报思想。

一

教育与个人回报的一致关系

人力资本理论研究者们通过一系列的实证研究得出:第一,"每种职业一般都规定了最低的教育要求。第二,一个人的教育成就与其终生的工资收入之间存在着密切的联系"。[①]基于此,人力资本理论认为个人对教育投资带来的回报主要表现在工作和收入两方面,教育与工作、收入回报的关系为:接受教育的水平和程度越高,个人在劳动力市场中找到好工作,获得高收入回报的概率将越大。

从教育与工作的关系来看。虽然历史上学校早已经存在,但在工业革

① [美]马丁·卡诺依.教育经济学国际百科全书[M].闵维方等,译.北京:高等教育出版社,2000:24.

命以前,进入学校学习的学生很少,除了那些要从事法律、医学、教育和牧师等职业的人以外,绝大多数人并不一定要进入学校。也就是说,学校教育并不是工作的必要经历。[①]在很长时期内,学徒才是主要的劳动准备形式。但是进入现代社会以来,由于精细的社会分工和纷繁复杂的工作种类,新的一代很难在这庞大的社会组织中找寻到属于自己的一个劳动岗位,学校教育逐渐成为人们能够进入劳动力市场的必须条件,普遍的学校教育开始出现。基于学校教育的盛行,人力资本理论认为教育与工作的关系是一致的,其具体原因为:

第一,在社会生产劳动中,每一个劳动岗位对劳动者的知识、技能等都提出要求,而教育又承担着培养劳动者知识、技能等生产能力的功能。通过教育增加了劳动者的知识储备,培养了劳动者的工作技能,增强了完成特定任务的能力,使受教育的劳动者具备了从事劳动生产所需要的生产能力。用人力资本理论代表人物舒尔茨的话来说就是:教育能开发人的潜在能力,使其变得更加睿智,也只有通过教育,人的才能才会被挖掘出来。[②]

第二,由于教育具有多层次、递进式的特征,不同教育层级培养出来的劳动者拥有不同的知识存量、技能、能力等。也就是说,接受不同程度教育的劳动者在知识拥有量、劳动能力等方面出现了差异,劳动力具有了异质性特征。这种异质性特征是指接受不同程度教育的劳动者在生产能力方面出现的分化,表现为一个人接受的教育程度越高,其生产能力越强,反之,接受教育程度越低,劳动者的生产能力越弱。一个最好的例证来自贝克尔所得出的结论,他认为高等教育能赋予个体更高的劳动技能,这是提高其生产能力的关键。[③]

第三,在任何国家,雇主对工作职位都有一定的学历或者工作资历的要求,而且各国对职业种类的划分也是以学历为标准。所以,教育成为划分不同劳动者知识水平和生产技能的主要指标,也就成为职业种类配置的主要

① [美]马丁·卡诺依.教育经济学国际百科全书[M].闵维方等,译.北京:高等教育出版社,2000:18.

② Schultz, T. W. (1978). The Role of Investments in Human Capital and Agriculture. In Schultz, T. W.(ed). *Distortions of Agricultural Incentives*. Indiana University Press.

③ Becker, G. (2006). The Age of Human Capital. In Lauder, H., Brown, P., Dillabough, J.A. and Halsey, A.H. (Eds)., *Education, Globalization and Social Change*. Oxford University Press.

指标。迈克尔·杨(Michael, Y.)更直接地提出,职业选择的标准就是学历。[①]一般对生产能力要求高的职业是较为高级的工作,而对生产能力要求低的职业则是较为低级的工作。所以,接受教育程度越高表明劳动者拥有的生产能力越强,也就决定了劳动者将更容易进入到更高级的职业,会拥有一个好工作。美国社会学家布劳(Blau)和邓肯(Duncan)通过对教育与职业分层的研究得出,"学历越高的人越容易获得声望较好的工作,所能替代和选择的职业范围也越大"。[②]

从教育与收入的关系来看。人力资本理论把教育与收入回报的关系表述为"市场赋予较高层次的教育与培训以较高的市场价值"。[③]个人受教育程度越高,人力资本存量越大,所获得的教育收益率越高。就是说,个人受教育程度越高,获得的工资收入就越高,教育与收入是一致的关系。

基于劳动力市场存在的前提是雇佣双方都是理性行为者,人力资本理论认为,在雇佣方看来,工资是企业支出的劳动力成本,但同时工资也被认为是对企业附加值的反映。作为理性经济行为者的企业,之所以愿意支付劳动力成本是基于劳动者对企业生产力的贡献和为生产效率提高所付出的努力。工资收入的高低也是基于劳动者对生产力的贡献和生产效率的表现。这样的生产力贡献和生产效率表现又都是由劳动者的生产能力决定的,而且生产能力还作为媒介促动其他驱动力如创新精神、进取心等,对个人生产力产生积极的作用。[④]所以,当个人的受教育程度越高,劳动者生产能力就越强,对企业的生产和盈利的贡献越大,雇主也就愿意为具有高教育程度的劳动者支付较高的工资报酬。受教育程度决定了劳动者的生产能力,也决定了劳动者的工资收入。

对于被雇佣方,自身所拥有的劳动力资源具有稀缺性特征。如何最大化地配置稀缺的资源?是选择就业还是继续学习?放弃现在的收入以换取未来更多的收益?工资收入回报则成为劳动者做出选择的一个决定性因

① Michael, Y. (1958). *The Rise of the Meritocracy 1870–2033*, Penguin Books.

② 龚怡祖.学历的社会功能与历史形态初探[J].教育研究,2002(2):32.

③ [美]马丁·卡诺依.教育经济学国际百科全书[M].闵维方等,译.北京:高等教育出版社, 2000.

④ Oguz, S.and Knight, J. (2011). Regional Economic Indicatiors With a Focus on the Relatioinship Between Skills and Producativity. *Economic & Labour Market Review*, 2011(2).

素。只有当接受高层次教育所带来的经济回报，能弥补放弃当前工作所带来的工资回报及继续学习所产生的机会成本时，才能促使人们选择继续学习。因此，人力资本理论认为，人们之所以选择继续学习，是因为接受教育程度越高，其获得的工资收入回报越高。贝克尔明确提出，教育不仅是一项消费更是一项投资。

所以，从有关教育与工作、教育与收入的论述中可以看出，人力资本理论认为教育与个人回报的关系是一致的，主要表现为：受教育程度越高，所从事的职业越高级，工资收入水平越高；反之，受教育程度越低，则从事较低层级的职业，获得较低的工资收入回报。正如贝克尔所说，在现代经济下，一个人所拥有的技能越多、学历越高，他所拥有的生产力就越高，同时所获得的劳动报酬也越高。①

二

教育与社会回报的一致关系

人力资本理论认为以衡量个人知识储备量、能力大小为主要指标的教育来进行工作配置和收入分配，是公平的、合理的，是符合公平正义要求的。而且受教育程度还与社会流动密切相关。因此，人力资本理论的教育社会回报思想主要从社会公平正义和社会流动两方面来进行论述。

从教育与社会公平正义的关系来看。公平正义有时与"公平""正义""公正"交替使用，往往指人们所普遍信奉和追求的价值体系或尺度②，被称为"人间正道"。简单地说，就是指具有合理性、正当性。人力资本理论认为以封建社会和中世纪欧洲那种强调出生、社会阶层的非正式劳动力配置方式，或者是以福利政策来进行社会财富的分配都不符合公平正义的要求。

① Becker, G. (2006). The Age of Human Capital. In Lauder, H., Brown, P., Dillabough, J.A. and Halsey, A.H. (Eds)., *Education, Globalization and Social Change*. Oxford University Press.

② 刘玉安. 国家发展中的公平与效率问题研究：美国、瑞典模式的比较与借鉴[M]. 北京：光明日报出版社，2010:9.

因此，为了鼓励成功和奖励有效率的劳动者，提高劳动者的生产积极性，提高劳动效率，人力资本理论把工作配置和收入分配纳入自由市场系统中。

他们认为在自由市场中，企业可以不受外界(特别是来自政府的压力)干预，根据劳动岗位对劳动者知识、技能的真实需要来挑选工人，并根据工人的劳动为企业所产出的价值来支付工人相应的工资报酬；而工人也仅凭借自己所拥有的知识、技能等生产能力来寻找符合自己生产能力的工作岗位，并获得相应的工资报酬。这样不仅能保证拥有知识、技能的劳动者进入到符合生产能力要求的工作岗位中，还能最大限度地施展劳动者的能力，提高劳动者生产积极性，确保劳动效率。当劳动者凭借自己的知识、技能等生产能力，获得相应的工作岗位和收入回报时，因个人的能力付出与工作回报相符而符合社会公平正义要求。又由于个人知识、技能等生产能力的培养主要由正规教育来承担，所以，人力资本理论认为把教育当成工作配置和收入分配的调节工具是具有合理性和正当性的，也是符合社会公平正义的价值评判标准的。虽然该理论承认以个人生产能力来进行工作配置和收入分配，必然会出现不平等的状况，但是当这种不平等是以先天才能或后天知识获得为基础时，不平等就具有合法性。也可以说用教育来调节工作配置和收入分配，虽然会出现不平等的现象，但是仍然符合社会公平正义要求。

从教育与社会流动的关系来看。社会结构是由社会中占据不同社会资源的各个群体而形成的地位高低不同的一种关系体系。这里的社会结构是宏观意义上的概念，一般包括经济资源、社会资源、文化资源等。在现代社会中，绝大多数人都要通过从事劳动赚取工资收入及获得相应的其他社会资源，工作也就成为人们获得经济资源和各种社会资源的主要途径，工作和工资收入也成为决定人们在社会结构中所处地位的主要因素。一般来说，从事高级职业的个人或群体，能获得较高的工资收入及其他社会资源，处于社会结构的中上层；而从事一般职业的个人或群体获得的工资收入及其他社会资源则相对较低，处于社会结构的下层。

由于人力资本理论认为不管是工作还是收入都与代表个人知识储备量和能力大小的教育直接相关，那么，社会结构也与教育相关，人们受教育程度越高,所处的社会阶层越高。受教育程度成为决定社会流动的主要因素。提高受教育程度成为改变个体所处社会阶层,实现社会流动的主要途径。弱势阶层之所以处于社会阶层的底端,是因为他们自身缺乏劳动力市场所需要的知识、技术等生产能力。而教育不仅能培养个人的生产能力,还能满足其对更高级职位的要求,从而使个人获得更高的工资收入回报,实现向上的社会流动。

所以,通过对教育与社会公平正义和教育与社会流动关系的论述可见,人力资本理论认为教育与社会回报的关系为:以代表个人能力的教育来调节工作配置和收入分配是符合公平正义要求的,个体受教育程度越高,越有利于其实现向上的社会流动。

三

教育与国家回报的一致关系

人力资本理论认为由于教育能提高劳动者的知识和技能,受教育程度越高,人所拥有的知识储备量越大、劳动技能越强,高素质的劳动力能把其拥有的知识、技能等生产能力转化为对生产力更大的贡献,从而促进国家的经济增长和经济发展。而且随着接受高层次教育个体的增加,国家整体劳动力素质增强,还能增强国家的竞争优势。因此,该理论主要从经济增长和国家竞争优势两方面来论述教育与国家回报的关系。

从教育与经济增长的关系来看。虽然经济增长与资源、资本和劳动力等因素密切相关,但人力资本理论认为劳动力质量在经济增长中起着决定性作用。由于个体的生产能力与受教育程度相关,个人受教育程度越高,对各种资源的发现、利用程度越大,对资本的配置越合理,产生的效用越大。也就是说,个体接受教育的程度与生产力和生产效率呈正相关关系,教育程度与经济增长也具有正相关性,国民受教育程度越高,越有利于国家的经济增长。具体来看,其原因如下。

首先,教育、劳动力素质与生产力和经济增长的关系。英国资产阶级古典政治经济学创始人威廉·配第认为,由于人的素质差异,他所提供的生产力也是不同的。斯密也分析了劳动者的素质与生产力和经济发展间的关系,他认为劳动者素质低下会严重影响生产力的提高和经济发展,以此来强调教育的重要性和必要性。萨伊根据斯密的论述进一步强调,良好的教育最能促进生产力的发展,最能增进国家的财富。[①]所以,教育作为一种生产性投资,接受越高程度的教育,劳动力所具备的劳动素质就越高,进而更能推动生产力的发展和经济的增长。

其次,教育、人力资本与经济增长的关系。20世纪五六十年代以前,劳动力一直被认为是一种同质性劳动,劳动力之间是没有差别的。但是人力资本理论认为劳动力是具有异质性特征的,这样的异质性是由人们对自身知识、技能等方面的投资存在不同而产生的。而这种异质性对生产力有着极其重要的影响。因而人力资本理论把劳动者的知识、技能等个人生产能力看成是促进生产力进步和经济增长的一项重要的资本,对人的投资被看成是促进经济增长的有效方式。又因为教育能提高人的智力、知识等内在素质,增强人的生产潜力。所以,受教育程度越高,人力资本的存量越大,人的生产潜力就越大,也就更能促进经济增长。

最后,教育对经济增长的贡献还通过教育、企业和经济增长的关系体现出来。劳动者的质量和素质关系到企业产品或服务的产出水平、效益和质量,进而影响到企业的利润和市场竞争力。由于人力资本理论认为受教育程度与劳动者的质量和素质有关,所以认为,一方面当企业拥有受教育程度高的雇员,因他们自身的高劳动素质和生产能力使劳动生产率提高,企业平均劳动生产率提高到超过工资成本时,企业的利润将会变大,这样企业上缴给国家的税收也会相应地增多,这也在一定程度上促进了国家的经济增长。另一方面,劳动者质量和素质还影响甚至决定着企业的人力资源区域战略规划。当一国国民的受教育程度越高,该国拥有的高质量劳动者规模增加,就越容易吸引或留住跨国公司来为本国经济服务,从而为国家的经济

① [法]让·巴蒂斯特·萨伊. 政治经济学概论:财富的生产、分配和消费[M].陈福生,陈振骅,译.北京:商务印书馆, 1963.

增长做出贡献。

从教育与国家竞争优势的关系来看。领土争端曾经一度成为各国为获取土地和物质财富而引发国家间争夺的主要源头，甚至为其引发战争。但大卫·李嘉图(David Ricardo)在1817年出版的《政治经济学及赋税原理》中提出了著名的“比较优势原理”。他认为不管穷国还是富国，只要他们专门从事生产自己国家的优势产品，他们都能从彼此的贸易中获利，也就是国家之间能达成“双赢”。随着全球化浪潮一次次不断席卷全球，国家之间也试图构建一个“双赢”的关系，这样不仅能削弱因领土争端而引发的国家间正面的冲突和纷争，也能以和平的方式通过竞争来满足国家对国家利益的追求。

随着全球化的发展，企业开始突破国内市场的限制，在全球市场中进行资源配置和生产活动，国际分工也逐渐形成。国家被划分为以从事低附加值产品为比较优势的“体力国家”和以从事高附加值产品、服务为比较优势的“脑力国家”。但人力资本理论认为由于高附加值产品、服务的生产和研发活动对劳动者的知识、技能等生产能力提出了较高的要求，也就对培养劳动者生产能力的教育提出了更高的要求。一国国民的受教育程度越高、受高层次教育劳动者的规模越大，该国就越具备从事高附加值产品及服务活动的能力，也越能以发展知识密集型产业作为国家的比较优势。而一国国民的受教育程度低、受高层次教育劳动者的规模小，该国往往以生产低附加值产品、发展劳动密集型产业作为国家的比较优势。因此，国民的受教育程度和接受高层次教育劳动者的规模决定着国家在国际分工中的位置，也决定着国家的竞争优势。国民的受教育程度越高，接受高层教育劳动者的规模越大，国家垄断高附加值产品和服务的研发和生产活动的可能性就越大，在国际竞争中也就更容易占据主导地位。

所以，通过对教育与经济增长和教育与国家竞争优势关系的论述可见，人力资本理论认为教育与国家回报的关系主要表现为：个体接受教育程度越高，劳动者素质越高，人力资本存量越大，人发挥的生产潜能越大，对生产力和国家经济增长的贡献越大。而且当国民的受教育程度越高，接受高层次教育劳动者的规模越大，国家竞争优势越明显，竞争力越强。

通过以上分析可见，人力资本理论把教育作为人力资本投资的主要方式和途径，对教育投资越多，国民受教育程度越高，获得的知识、技能等生产能力越强，劳动生产率就越高。那么，教育投资对个人而言，教育投资越多，个人越容易从事高级别的职业，获得高的工资收入；对社会而言，教育投资越多，越有利于社会公平正义和社会流动的实现；对国家而言，教育投资越多，越有利于促进经济增长，提升国家的竞争优势。简单地说，高教育投入将带来高个人回报、社会回报和国家回报。教育对个人、社会和国家这样的回报也被称为“教育承诺”（如图2-1所示）。

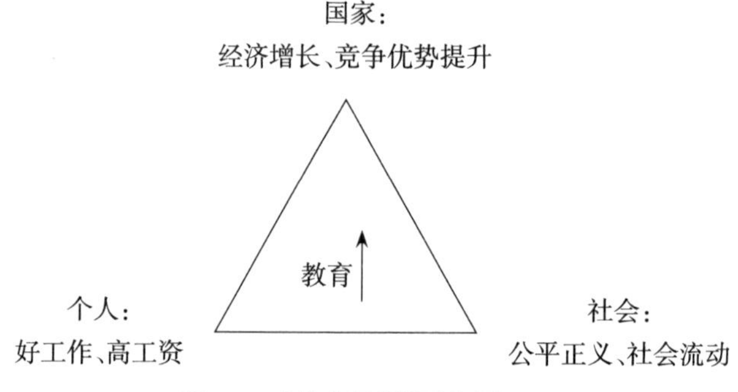

图2-1 “教育承诺”示意图

第三章 Chapter Three

知识经济下高等教育回报的理论预期

如前所述，人力资本理论是为破解二战后资本主义经济迅速增长之谜而被提出来的。进入20世纪70年代后，随着西方资本主义经济的全面不景气，人力资本理论也遭到了冷遇。不过，自20世纪80年代开始，随着知识经济的兴起和经济的再度繁荣，人力资本理论再次活跃，而且随着知识在现代经济中地位和作用的进一步提升和加大，人力资本理论对高等教育回报预期更加满怀信心。

第一节

ZHISHI JINGJI SHIDAI DE DAOLAI

知识经济时代的到来

自20世纪70年代中期之后，随着资本主义黄金时代的结束，西方各国开始对已经运行了30多年的产业结构进行调整，其中的一个显著特点是，以知识为基础的经济在整个国民经济中的比重越来越大。到了20世纪80年代，以知识为基础的经济在欧美等发达国家超过了其GDP的50%，许多西方人士据此宣称：知识经济时代已经到来！面对知识在社会经济中的重要作用和彰显的地位，人力资本理论认为未来的劳动力市场将需要大量的高技能知识工人，高等教育则将承担培养高技能知识工人这一时代重任。

一

知识经济的兴起

进入20世纪80年代后，随着一系列新技术的突破和在生产领域的广泛应用，整个人类社会生产面目一新，人们把这一变革称为“第三次科技革命”。与以往的技术革命相比，第三次科技革命的特征主要表现在三个方面。第一，科学与技术间的关系愈加紧密。在以往的技术革命中，科学与技术是分离的，而第三次科技革命则表现为科学与技术相互渗透，不仅科学技术在理论的指导下得以实现，而且科学技术的实践又反过来促进和丰富着科学理论。第二，科学技术转化为生产的速度也进一步加快，往往能直接转化为生产力，作用于生产领域。科学、技术、生产三者直线相接，把知识直接转化为财富。第三，科学技术的普及化、社会化增强。新技术应用和作用于社会生产的各个方面，并且在促进经济增长中所占的比重不断增大。

在第三次科技革命的发展和推动下，国家各部门经济结构开始发生变化，主要表现为第一、二产业在国民生产总值中占的比例不断减少，而以新技术、信息化、自动化为代表的技术知识密集型产业在国民生产总值中的比重逐渐增加。因此，第三次科技革命被认为是推动西方发达国家实现高度工业化，走完工业社会最后历程的决定因素。[①]

与知识经济兴起同时出现的另一重要现象是经济全球化步伐的加快。知识经济与经济全球化二者之间到底孰因孰果，目前还没有一个一致的看法。笔者认为，这二者其实是一件事情的两个方面，也可以说是互为因果。

随着经济全球化的深化发展，知识与经济在全球市场中更密切地联系在一起。当经济生产过程中知识和科技的比重不断上升，经济发展中知识和技术的作用不断增大，信息技术的广泛应用和信息产业的迅速发展使跨国公司大量地产生、发展和运作。跨国公司的出现加速了知识与经济的联系，还使知识在全球经济市场中得以更好地积累与传播。同时，经济全球化还加快了知识与信息在全球市场中自由流动和扩散的速度。以信息为核心的科学技术，使知识和信息的传递速度加快，传递成本降低。这不仅打破了传统生产要素和资源的限制，更在提高全球化生产和经营的效率、降低成本的同时，加速了知识与信息在全球市场中的自由流动和迅速扩散。可以说，信息化、自动化和通信技术的快速发展为全球化的经济活动提供了技术基础和前提，使与知识相关的经济活动能在世界任何地方进行，使知识成为经济发展新的动力。

另外，经济全球化还促使知识和信息开始在全球市场中进行配置，对国家间经济贸易产生了质的影响。国家间贸易初始方式是西方发达国家对殖民国家的掠夺，而后经历了西方发达国家垄断知识、技能性产品和服务的生产，发展中国家从事低附加值生产的时期。但随着信息技术的快速发展，全球性交易开始出现，而多媒体技术的发展更是使全球化贸易成本更加低廉。这使得以知识为基础的技术、概念、服务等生产活动开始在全球开展，知识和信息开始在全球进行配置，跨国公司开始在全球范围内寻找最低廉

① 孙衔，刘迅，韩志国．简明新技术革命知识辞典[M]．长春：吉林科学技术出版社，1985：139．

的原材料生产地和利润最大化的产品销售地，国家间产业转移和国际分工也不断深化。

因此，伴随着第三次科技革命及全球经济一体化步伐的加快，在20世纪80年代初，继农业经济和工业经济之后，人类率先在美国进入了知识经济时代。

二

高技能劳动者将成为时代需求

随着知识经济的兴起，以知识为基础的经济形态的出现直接导致了产业结构的变化，进而引发就业结构、职业结构等的变化。人力资本理论据此推断，知识经济将激发社会生产对拥有高学历、掌握新技术、具有创新能力的高技能劳动者的大量需求，而且随着劳动力异质性特征越来越明显以及知识劳动者权利的不断增加，高技能劳动者也将成为知识经济时代的重要需求。

首先，产业结构转型将引发对高技能劳动者的需求。当经济形态从商品制造经济向服务经济转变，也就意味着产业结构实现了从以第一、二产业为主，向以第三产业为主导产业的转变（这里的第三产业虽然泛指服务行业，但是这里强调的"服务"不是指个人性服务，如零售店、洗衣房、修车铺、美容店等，而是指金融、管理、卫生、生化等新兴服务行业）。而由于"经济的革新与变化直接取决于新技术的发展"，[①]新技术的发展又导致产业结构的变化和调整。在20世纪70年代末80年代初，随着科学技术的进步，一方面，现代先进技术和设备逐渐替代传统落后的技术和设备，使旧的产业部门逐渐出现衰落或被改造，原有的生产密集型产业也逐渐向知识密集型产业过渡，原有产业逐渐向新技术、新科技企业转型。另一方面，知识经济的发展也促进了新兴工业部门的产生和发展壮大，以技术和知识为主的新兴科技产业不断出现，以电子计算机、原子能、半导体等为代表的新兴工业部门迅

① [美]丹尼尔·贝尔．后工业社会：简明本[M].彭强，译.北京：科学普及出版社，1985:63.

猛发展。在科学技术推进和知识经济发展过程中,第三产业逐渐成为社会经济生产中的主导产业。从西方发达国家的知识经济发展过程来看,第一、二产业在国民生产总值中的比重呈现逐渐减少的趋势,第三产业在国民生产总值中的比重不断增加。即劳动和资本密集型产业呈现下降趋势,传统产业发展缓慢,而以知识密集型产业为代表的第三产业发展迅速。

随着产业结构的变化,这必然会影响到社会劳动力在国民经济各部门中的数量、比例及相互关系,影响到人们所处就业部门的比重,也就是对就业结构产生影响。当产业结构不断向第三产业转移,第一、二产业的相关部门就出现不断减少的趋势,而专业、技术、管理等服务部门却在不断增加。这意味着人们就业于第一、二产业的比重在减少,而从事第三产业部门的比重在增加。基于就业结构的变化,人力资本理论认为知识经济下,劳动力市场将需要更多的专业人员、技术人员等高技能知识工人,而对于从事农业和工业的半熟练工人的需求将逐渐减少,也就是知识经济社会将呈现蓝领工人开始逐渐向白领工人转变的现象。

产业结构还不限于对就业结构的影响,职业结构同样受其影响。职业结构的分布并不是固定不变的,其分布情况与经济形态和国民经济部门有着密切的联系,并不断发生着变化和调整。在传统农业社会,人类主要依靠劳动力从自然界中获得生产资料;在工业经济社会中,经济的发展主要依赖资源和资本的大量投入。当处于新经济形态下,知识和技术在经济发展中的运用加强,国民经济部门也表现出第一产业逐渐减少,第二产业发展缓慢,第三产业却发展迅速的趋势,职业结构也随之发生变化。有些职业逐步被淘汰、面临消失,有些职业面临重组,而同时也有一些新增加的职业出现。美国前劳工部部长罗伯特·赖克就把知识经济下的职业分为三类:第一类是从事常规生产服务工作;第二类是从事直接服务工作;第三类是从事符号分析工作。[①]前两类工作对劳动者的技术和教育程度要求较低。但是以他为代表的人力资本理论认为,知识经济对于从事符号分析服务的劳动者(高技能劳动者)并没有限制,并且知识经济对符号分析工作者(高技能劳动

① [美]罗伯特·赖克.国家的作用——21世纪的资本主义前景[M].上海市政协编译组,东方编译所,译.上海:上海译文出版社,1998.

者)的需求增长十分迅速。

其次,劳动力异质性将引发对高技能劳动者的需求。劳动力异质性指劳动者在知识、技能等方面存在的差异性。其实,自18世纪亚当·斯密生活的时代以来,劳动一直被看成是一种同质的生产活动,从事生产的劳动者也被认为是无差别的,以至于国家财富的积累在斯密生活的时代并不是依靠劳动和生产力的提高,更多地是以贸易和掠夺为手段。虽然伴随着“圈地运动”、社会劳动分工,提高劳动效率在国家经济增长或财富增长中的作用开始出现,但这是一种以“每个人去做同一件重复性的工作”来提高劳动者生产效率、促进财富增长的方式。这种方式仍然被看成是一种无差别的生产活动,劳动力是无差别的。也就是说,这种生产效率的提升依靠的是劳动者的数量或者规模,而不是质量。

即便在20世纪初的“福特制”生产方式下,劳动在社会生产活动中也表现为无差别活动。因为不仅机器大规模生产和操作过程的标准化,使流水线上的工人以一种重复性的劳动模式进行着社会生产,而且即便在“福特制”下已经出现了白领工人和蓝领工人的区分,但是从事着管理工作的白领工人,他们每天从事的也是相似的文案工作和管理着进行重复生产活动的工人,他们和蓝领工人一样也做着重复性的劳动。所以在当时生产力的进步和提高也是依靠劳动力的规模,而非有差异的劳动者。

但在20世纪70年代,随着“后福特制”的兴起,不仅人们对产品的需求更加多样化、精细化,而且创新也成为“后福特制”时期的一个重要特征,甚至有人把“后福特制”称为“持续性创新制”。面对这样的生产方式,人力资本理论认为劳动力异质性将出现。并且社会生产对劳动者的技能将提出更高的要求,劳动者技能将成为影响生产力进步和经济增长的主要因素。正如舒尔茨所说,劳动力的质量成为解释先进国家在生产力上具有优越性的原因。[①]

随着知识、技术、创新等被推崇到一个更高的位置,人力资本理论认为生产力进步和经济增长将更多地是依靠知识的应用和创新,也就更加依赖

① Schultz, T.W. (1978). Investment in Human Capital. In Karabel, J. and Halsey, A. H. (Eds.). *Power and Ideology in Education*. Oxford University Press.

于劳动者对知识、技术的拥有程度和应用能力。所以知识经济下劳动力的异质性特征将更加明显，高技能劳动者将成为生产力进步和经济增长的决定因素，知识经济形态下的劳动力市场将需要大量的高技能劳动者来满足生产力进步和经济增长与发展的要求。

最后，知识中心地位将引发对高技能劳动者的需求。在知识和智力的经济社会中，企业不再依赖于对标准化商品和服务的大规模生产，而是依赖于对知识和技能的应用。知识、技术不仅成为经济生产中的一种新的生产要素，而且其他生产要素都需要在知识的应用下进行更科学的配置，以发挥其最大效用。特别是在以创新作为经济发展内在要求和核心动力的生产模式下，知识更成为关系企业生死存亡的关键生产要素。因此，知识和技能成为企业资本积累的主要动力和财富的源头，对知识和技能的拥有量也决定着企业对知识资本的占有情况。而知识资本不同于物质资本，它是一种无形的资本形式，对知识资本的拥有主要表现为对掌握先进科学技术的知识劳动者的拥有。彼得·德鲁克就认为在知识经济下，知识资本是企业中最有价值的资本，而这些资本大多都存在于为该企业工作的关键性劳动者的头脑里。[①]所以，高技能劳动者将成为知识经济社会最主要的资源，成为劳动力市场需求的主要对象，拥有高技能劳动者的企业也就能通过运用人的智力和知识，对生产劳动进行智力化生产，从而获得生产的成功。

因此，人力资本理论认为，知识经济下，随着知识地位的不断提升，知识进入到社会生产生活的中心，知识拥有者的地位也将相应地提升，知识拥有者将成为劳动力市场新的需求对象。

三

高等教育将承担时代责任

人力资本理论推断：知识经济下，劳动力市场将需要大量的高技能劳动

① Drucker, P. F. (1993). *Post-capitalist Society*. Routledge, 22.

者参与社会生产活动，而且随着知识与生产关系日益密切以及社会生产对知识内涵需求的提升，更高层次的教育也将成为时代的需求。反过来说，高等教育必将承担知识经济赋予的时代责任。

一方面，知识与生产关系日益密切，对高等教育提出要求。在农业经济时期，知识与经济生产的关系还不够密切，知识的生产和传递仅限于小规模的范围之内，仅作为少数人获得权威的手段。同时，知识也作为一种专门性的活动存在于学者的学术生活之中。因而，教育并未吸引到普通大众的关注。到了工业经济时期，虽然知识开始应用于日常经济生活之中，教育也开始成为人们获取生存的方式和途径之一。但由于入学的儿童较少，除了某些特定的职业，如法律、医学、教育等之外，学校教育并不是经济生产的必要经历。即便到工业经济发展的后期，知识和技能在社会生产中的应用程度也并不高，相应地经济生产对人们的教育水平要求也较低，一般经济生产的要求，使人获取基本技能的初、高中教育就可以满足。

但到了知识经济时期，随着知识开始全面地干预人类的社会生产生活，知识在经济生产中的重要作用不断显现出来。知识的生产、传播及应用都参与到整个经济生活的过程之中，知识与经济生产的关系日益密切。同时，知识也逐渐上升为经济生产中的第一生产要素。因此，人力资本理论认为，社会生产将对教育提出更高的要求，社会生产所需的知识和技能将主要来自于高等教育的培养。高等教育的作用也将在知识经济下得到极大地发挥。大学不再是学者的“乐园”和“象牙塔”，它将从对宗教、神学等思想的研究和对少数特权阶级的培养拓展为对人才和创造力的培养、知识的传播、技能的应用等，并服务于社会生产。个体通过接受高等教育，增加自身的知识储备和提高技能技术，才能拥有知识经济下社会生产所需的专业性、技术性、创新性等能力，才能提高劳动生产效率。高等教育既成为衡量劳动者个体知识、技能拥有程度的指标，也成为衡量国家劳动生产率、经济增长和经济发展的主要指标。因此，随着知识在经济生产中作用的增加，人力资本理论认为，知识经济下的社会生产需要高等教育，高等教育也承担着知识经济时代赋予的义不容辞的责任。

另一方面,社会生产对知识内涵需求提升,使高等教育成为必需。从知识的内涵来看,知识分为显性知识和隐性知识两大类。显性知识由“知道是什么”(Know-what)和“知道为什么”(Know-why)两类知识组成。“知道是什么”的知识是与“事实”相关的一些常识性的知识,这与一般意义上的信息内涵相近。这样的知识对于劳动者而言,在生产过程中是必备的。“知道为什么”的知识是指科学知识,一般是与原理和规律相关的知识,这样的知识随着科技的发展进步被许多企业所需要。一般来说,显性知识可以通过文字、书本、文件或者语言表达等形式获得并传播。又由于这些知识可以编码,所以获得和传播的方式主要是通过教育体系,由学校承担。但随着知识在社会生产中作用的增加和地位的提升,人力资本理论认为社会生产对显性知识的要求将提高。工业经济时期的初中、高中等学历已经不能满足知识经济下社会生产对显性知识的需求,高等教育所提供的全面的、综合的知识成为经济生产的必然要求。

社会生产除了对显性知识提出更高的要求外,人力资本理论认为“知道如何去做”(Know-how)和“知道由谁来做”(Know-who)这两类隐性知识更是知识经济下社会生产所要求的知识。因为“知道如何去做”的知识是指与能力和技能相关的知识,具有操作层面的意义,这样的知识对个人的能力和技能要求较高,往往是个体能力的表现,由个人所拥有。“知道由谁来做”不仅包括知道该工作需要什么样的知识,还包括知道谁拥有这样的知识,以及谁能胜任此工作。在知识经济中,由于信息更加容易获得,成本也越来越低廉,对信息的选择和使用能力就更加重要。比如企业对新产品市场前景的预判能力或技能劳动者对复杂机器的操作能力都属于这样的知识范畴。在面对激烈的市场竞争时,这样的知识对于企业来说十分重要。从这两类隐性知识的内涵可以看出,获得这样的隐性知识必须依靠更加深入的学习和较高的受教育程度。加之,隐性知识的无形性特征,其往往需要通过人力资本存量表现出来。人力资本存量越大,技能、技术的能力潜力越大。所以,知识经济下社会生产对隐性知识的需求,也就对衡量人力资本存量和技能大小的教育提出了要求。高等教育理所应当地成为知识经济下社会生产的必需。

第二节

GAODENG JIAOYU HUIBAO DE LILUN YUQI

高等教育回报的理论预期

基于知识经济的兴起,人力资本理论推断:在以知识为基础和中心的经济社会中,知识经济社会将产生大量与知识相关的工作岗位;接受过高等教育的劳动者能凭借自己拥有的知识、技能及表现出来的能力在知识经济社会中找到与其所受教育程度相匹配的知识工作。据此,他们对知识经济下的高等教育投资寄予了高预期,认为在这样的经济社会下,知识的价值将不断增加,对高等教育的投资必将带来高回报。人力资本理论对知识经济下高等教育回报的预期具体表述如下。

一

高等教育=高个人回报

"高等教育=高个人回报"是指,在知识经济社会中,对高等教育投资将使接受过高等教育的劳动者在劳动力市场中获得与受教育程度相匹配的好工作(即高技能知识工作),获得与高等教育投资相符的高工资收入回报。

基于人力资本理论对知识经济社会的推断,他们认为知识经济下,大量的高技能知识工作将会产生,劳动力市场也需要大量的接受过高等教育的、有高技能的知识工人。知识的价值将不断增加,获得知识就等于获得财富。个人只要愿意接受、投资高等教育,就能凭借自己的知识和技能去满足知识经济提出的竞争条件,就能获得从事知识工作的机会和高额的工资收入报酬。用贝克尔的话来说,在现代经济下,一个人所拥有的技能越多、学历越高，他所拥有的生产力就越高，同时所获得的劳动报酬也越高。[①]舒尔茨更是把进行教育投资的个人看成是资本家。德鲁克甚至认为知识经济下，权力已经从资本的所有者或管理者手中转移至知识劳动者手中，因为知识资本是企业中最有价值的资本，而这些资本大多都掌握在为该企业工作的关键性劳动者的头脑里。[②]

所以，人力资本理论把知识社会的运行规则看成：成就=能力（教育）+努力。也就是说，在知识经济社会下，知识、技能等生产能力或者教育程度的高低将决定个人的职业和收入情况，进而决定个人的地位、权力等附属在工作之上的其他各种社会资源。这样的知识社会更准确地说是一个"能人社会"（Meritocracy Society）。在这样的社会中，"一个人如果不具备这些高劳动技能和高受教育程度，他不仅没有什么好工作可以做，而且也不能满足新的社会分工对劳动力的要求……人与人之间地位和收入的差异取决于劳动技能、劳动技术和教育程度的高低"。[③]

二

高等教育=高社会回报

"高等教育=高社会回报"是指，在知识经济社会中，高等教育机会的增加不仅将丰富社会公平正义的内涵，而且随着高等教育规模增大，进入到劳动力市场获得好工作、高收入的劳动者数量就将增加，社会流动也将得以实现，社会两极分化将逐渐缩小。

由于工业经济初期，进入大学接受高等教育还属于少数精英阶层的特权。但是伴随着以知识为基础的经济的发展，知识在社会生产中作用的增加，越高的教育层级将逐渐加入到工作配置和收入分配之中。如果高等教

① Becker, G. (2006). The Age of Human Capital. InLauder, H., Brown, P., Dillabough, J.A. and Halsey,A.H.(Eds)., *Education, Globalization and Social Change*. Oxford University Press.

② Drucker, P.F. (1993). *Post-capitalist Society*. Routledge, 22.

③ [美]丹尼尔·贝尔. 后工业社会：简明本[M]. 彭强，译. 北京：科学普及出版社，1985.

育机会仍然只对特权阶级开放，那么把教育当成工作配置和收入分配的调节工具就缺乏合理和公平的前提基础。正如克里斯托弗·拉希（Christopher Lasch）所说，这时候“民主的理想不再是希望生存条件的大致平等，而只是希望选择非精英进入专业管理阶层”。[①]因为高等教育是非精英阶层进入专业管理阶层的唯一路径，所以高等教育机会的增加将延续教育作为工作配置和收入分配调节工具的合法性和合理性。同时高等教育机会的增加，还将为许多来自底层的社会弱势群体提供进入大学的机会，从而使其获得改变自己和家庭命运的机会，即便是“被甩下来的人，知道‘自己有过机会’，也就会顺理成章地接受自己的命运”。[②]因此，人力资本理论认为高等教育机会的增加，将丰富和扩展社会公平正义的内涵，使以教育作为调节工具来进行的工作配置和收入分配具有合理性和正当性。

基于高等教育投资将带来高个人回报，人力资本理论继续指出，对于来自工人阶级的学生，当他们投资高等教育之后，凭借拥有的高学历将能获得好工作和高工资收入，从而流动到中产阶级。对于来自中产阶级的学生，他们在投资高等教育之后，更能够维持现有的社会阶层，避免向下的社会流动。当社会中大多数人都投资到高等教育之中时，将有越来越多的人进入大学，也有越来越多的大学毕业生因此而获得高级别的工作岗位和高工资收入，从而中产阶级规模将扩大，社会两极分化将缩小。特别在全球知识经济下，高等教育劳动者还可以凭借其拥有的知识和技能在全球市场中自由流动，这不仅扩大了高等教育劳动者的就业范围，还可以使国家内部存在的两极分化问题在全球市场中得以解决。英国前首相戈登·布朗（Gordon Brown）就认为，全球知识经济是在世界范围内兴起了一场新的机会革命，将为数百万的劳动者带来向上流动的机会。[③]

---

① [美]克里斯托弗·拉希. 精英的反叛[M]. 李丹莉, 刘爽, 译. 北京：中信出版社, 2010: 3.

② [美]克里斯托弗·拉希. 精英的反叛[M]. 李丹莉, 刘爽, 译. 北京：中信出版社, 2010: 32.

③ Gordon Brown. (2008). We'll Use Our Schools to Break Down Class Barriers. *The Observer*. 2008/02/10.

三

高等教育=高国家回报

“高等教育=高国家回报”是指，在知识经济社会中，高等教育投资将有利于提高国家生产力，促进国家经济增长，也有利于增强国家竞争优势，提升国家竞争力。

随着新技术的发展和知识经济的到来，体力劳动向脑力劳动的转变成为知识经济发展的必然趋势，知识工人是一群拥有更高生产能力的群体，他们在提高社会生产率，促进生产力进步上发挥着更重要的作用。如果一个国家拥有大量的接受过高等教育的知识工人，不仅国家的社会生产率会大大地提高，社会生产力进步程度会加快，国家的经济增长和经济发展也会持续地出现。所以人力资本理论认为，在知识经济社会中，高等教育承担着国家生产力进步、经济增长的重担。“一个国家劳动大军的智慧和教育程度更高，他们就能为世界增加更多的财富”，这个国家的社会财富也会更多，经济越繁荣。[①]

进入到知识经济时代后，随着发展中国家开始参与到高附加值产品和服务的知识竞争之中，国家之间的竞争更加激烈。一些人认为，当原先以劳动密集型为比较优势的国家也开始涉足高附加值产品和服务的生产活动时，原有的国际分工界限被打破。虽然人力资本理论承认国家之间的竞争已经由“军事竞赛”转移到“知识竞赛”，但他们认为国际分工的局面仍然不会改变，只是国际分工的内涵将发生改变。当发展中国家开始参与知识竞争之后，国际社会中将出现主要从事设计和研发高附加值产品活动的国家和主要从事生产高附加值产品活动的国家。以从事高附加值产品、服务的研发和产品设计为比较优势的国家，仍然被称为“脑力国家”（Brain Nations）；以从事高附加值产品和服务生产为比较优势的国家仍然被称为“体力

---

① [美]罗伯特·赖克．国家的作用——21世纪的资本主义前景[M]．上海市政协编译组，东方编译所，译．上海：上海译文出版社，1998: 311.

国家"(Body Nations)。代表一国劳动力整体质量的高等教育规模则成为衡量国家间比较优势,决定国家竞争优势的主要因素。一国接受高等教育的劳动者数量越多、规模越大,劳动力的整体质量越高,国家在国际分工中将更多地从事高附加值产品的研发活动,国家在国际竞争中的竞争优势也越大,竞争力也越强。所以,大力投资高等教育,扩大高等教育规模将提升国家在国际竞争中的优势。

第四章 Chapter Four

美国高等教育回报现状分析

虽然人力资本理论学家对知识经济条件下高等教育的回报充满信心,但对高等教育的投入最终能否得到预期的回报,还要在实践中来检验。由于美国在20世纪80年代率先进入了知识经济时代,同时美国高等教育也进入了大发展阶段,并拥有世界上最发达的高等教育体系。因此,进入知识经济时代以来美国高等教育投资回报的现实情况将是对人力资本理论所做预期最好的检测。

第一节

MEIGUO GAODENG JIAOYU DE GEREN HUIBAO XIANZHUANG

美国高等教育的个人回报现状

人力资本理论认为,知识经济下,知识的价值将不断增加,获得知识等于获得财富。个人只要愿意通过投资高等教育来提升自己的知识和技能水平,就能满足知识经济提出的竞争条件,就能获得好工作和高工资收入报酬。但是,美国高等教育对个人回报的实际情况是怎样的呢?

一

高等教育与工作

人力资本理论认为在知识经济社会中拥有高等教育学历的人将获得“好工作”。这里的“好工作”是指一个与知识相关的高附加值工作岗位,且该工作所需的知识和技能与劳动者所受高等教育相匹配。在现实知识经济社会中,关于接受高等教育的劳动者能否找到好工作,首先需要关注的是他们能否找到一个工作,其次才是能否找到一个好工作。因此,本书从以下两个方面进行检测。

(一)美国大学毕业生的失业情况

接受高等教育的劳动者能否找到一个工作,也就是大学毕业生能否就业的问题。描述大学毕业生没有成功进入劳动力市场的评价指标包括:一是拥有大学文凭的劳动者已经进入劳动力市场,但在统计时期正处于失业状态的人数,一般用失业率来表述;另一个指标是刚从大学毕业,但还没进入劳动力市场,在数据统计时期正处于寻找毕业后的第一份工作的大学毕业生,按照惯例,这部分劳动力也被认定为失业人口。从美国统计数据的使用情况来看,第一个指标的使用广泛性远远大于第二个指标。因此,本书采用失业率来考察美国进入知识经济之后,其大学毕业生的失业情况。

2000年以来,特别是2008年金融危机之后,美国拥有高等教育学历的劳动者失业率不断攀升。据美国劳工部统计数据显示,2010年美国大学以上教育程度者的失业率达5.1%,达到1970年以来的最高值。[①]而对于新近毕业的大学生,美国经济政策机构的数据显示,其失业率从20世纪中期的5%上升到2014年的8.5%。[②]而从拥有高等教育学历且年龄在25岁以上劳动者的失业率来看,在1992年为3.2%,1997年为2.0%,2002年为2.9%,2007年为2.0%,2010年为4.7%,2012年为4%。[③]以2012年为例,按照年龄阶段的划分,美国高等教育劳动者失业人口的分布情况是:25~34岁之间的知识性失业人口比率为4.1%,35~44岁之间为3.4%,45~54岁之间为3.9%,55~64岁之间为4.5%。[④]

因此,从美国的现实情况来看,知识性失业不仅存在,而且呈现上升趋势。特别是对于刚进入劳动力市场的大学毕业生,他们的失业率不仅上升得更快,而且比其他拥有高等教育学历的劳动者面临着更大的失业风险。所以,这并非如人力资本理论对知识经济所预期的那样,只要拥有高等教育学历就能获得好工作,反而是即便拥有高等教育学历也免不了失业的残酷现实。

(二)教育与工作不匹配情况

对于接受过高等教育的劳动者而言,即便进入劳动力市场并找到工作,但他们是否找到与其所受教育程度相匹配的工作,这才是检验人力资本理论对知识经济下,接受高等教育的劳动者能找到好工作预期的关键。

自20世纪90年代以来,美国劳动力市场中出现的一个重要趋势就表现为不充分就业显著增加,尤其体现在大学毕业生的不充分就业上。不充分

① USA Today. (2014). Unemployment Rate for College Grads Is Highest Since 1970. 2014/10/28.

② Shierholz, H., Davis,A. and Kimball,W. (2014). The Class of 2014: the Weak Economy Is Idling Too Many Young Graduates.

③ Baum, S., Ma, J., Payea, K. (2013). *Education pays, 2013*. The College Board.

④ Baum, S., Ma, J., Payea, K. (2013). *Education pays, 2013*. The College Board.

就业是指，接受过高等教育的毕业生不能在劳动力市场中找寻到与其所受教育程度相关的知识工作，而只能从事非知识型工作。根据美国人口普查局和美国劳工统计局的数据可以看出，如图4-1所示，在1990—2012年间，美国拥有高等教育学历劳动者的不充分就业率在33%左右，也就是说每三个拥有高等教育学历的劳动者中就有一个从事于非知识型工作。而从1990—2012年这一时间段来看，美国新毕业大学生的不充分就业现象较拥有高等教育学历劳动者的不充分就业情况更为严重。这意味着不仅拥有高等教育学历的劳动者不能全部从事知识工作，而且新毕业的大学生更容易进入到非知识型工作岗位。自2000年来开始逐渐升高的新毕业大学生不充分就业率实际上就表明，在过去十几年美国新毕业大学生越来越难用自己的学历找到合适的工作。

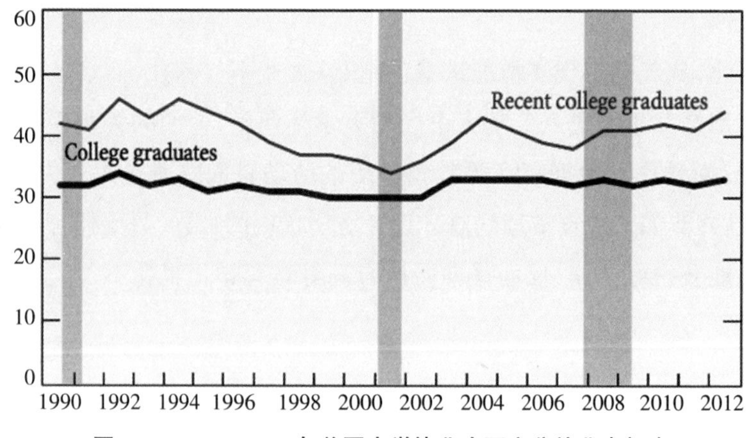

图4-1　1990—2012年美国大学毕业生不充分就业率(%)

注：College graduates即拥有高等教育学历的劳动者，是指拥有高等教育学历且年龄在22～65岁的美国劳动者；Recent college graduates即新毕业的大学生，是指拥有高等教育学历且年龄在22～27岁的美国劳动者。

资料来源：Abel, J. R., Deitz, R., & Su, Y. (2014). Are Recent College Graduates Finding Good Jobs?. *Current Issues in Economics and Finance*, 20(1).

从工作质量来看，非知识型工作岗位包括对劳动者知识和技能要求稍高，工资收入也相应较高的工作岗位，如电工、技工、牙科保健员、研究室助理等。也包括如店员、售货员、服务员等，对劳动者知识和技能要求较低，工资收入也相应较低的工作岗位。从图4-2可以看出，在1990—2012年，拥有高等教育学历的劳动者(不管是新毕业大学生还是拥有高等教育学历的劳动者)从事较好的非知识型工作的比例呈现逐年下降趋势,反而是从事低技能工作的比例逐年上升,特别在2000年后上升趋势更加明显。而新毕业大学生进入到低技能工作岗位的比率更是从1990年的15%上升到2009年的20%左右。

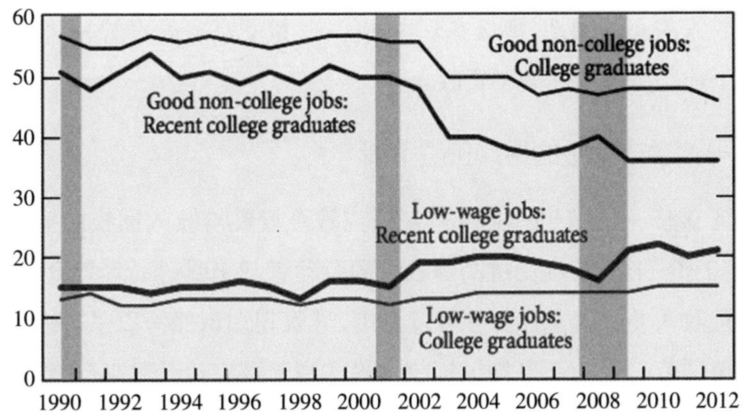

图4-2　1990—2012年美国不充分就业大学毕业生在不同非知识型工作中的比例(%)

注:Good non-college jobs即较好的非知识型工作,是指对劳动者知识、技能要求相对较高的一般类型的工作。Low-wage jobs即低技能工作,是指对劳动者知识、技能要求较低的工作类型。

资料来源:Abel, J. R., Deitz, R., & Su, Y. (2014). Are Recent College Graduates Finding Good Jobs?. *Current Issues in Economics and Finance*, 20(1).

从以上现状分析可以看出,在美国,不仅拥有高等教育学历的毕业生面临着失业的现实,而且对于进入劳动力市场获得工作的这部分拥有高等教育学历的劳动者来说,他们又可能遭遇教育与工作不相匹配的不充分就业问题。即便有部分不充分就业的大学毕业生可能会获得较好的非知识型工作,但是随着时间的推移,这样的概率正在不断减小,反而是进入到低技能工作岗位工作的大学毕业生越来越多。所以,从美国大学毕业生的就业情况来看,进入大学,获得高等教育学历的劳动者不仅有可能面临失业,还有可能在劳动力市场中找到一个与教育不相匹配的非知识型工作。也就是说,拥有高等教育学历并不是获得知识工作的充分条件,这与人力资本理论预期的知识经济下接受过高等教育的劳动者将获得好工作之间存在落差。

二

高等教育与工资收入

“高等教育=高工资收入”是人力资本理论研究者们对知识经济下教育与工资收入关系的预期，那么在现实情况中，接受高等教育的大学毕业生是否获得了他们所期望的高工资收入？

（一）大学毕业生的平均工资下滑

经济学家一般用“平均工资”来研究教育投资与收入回报的关系问题，用“平均工资”来比较接受过高等教育的劳动者与未受过高等教育的劳动者间的工资收入差距。从图4-3可以看出，进入到知识经济以来，接受过高等教育的美国劳动者的年平均工资收入确实高于没有接受过高等教育的美国劳动者的年平均工资收入。

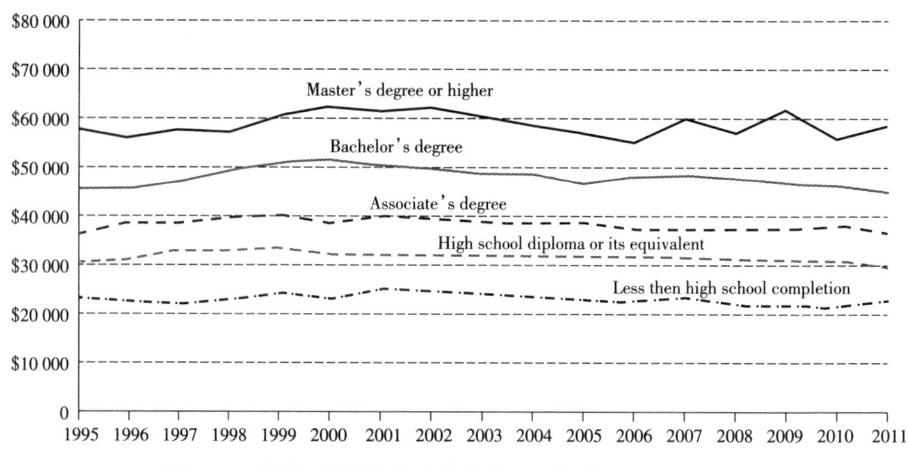

图4-3 美国不同教育程度获得者平均年收入(25~34岁)

注：Master's degree or higher即硕士及以上学历；Bachelor's degree即大学本科学历；Associate's degree即副学士学历；High school diploma or its equivalent即高中及同等程度学历；Less than high school completion即高中以下学历。

数据来源：Snyder, T. D., & Dillow, S. A. (2013). Digest of Education Statistics 2012 (NCES 2014-015). National Center for Education Statistics. Table 439.

但平均工资本身并不能说明教育的经济价值随着受教育程度的增加而增加。因为有可能存在接受过高等教育的劳动者的工资收入未发生变化或变化幅度不大，反而是没有接受过高等教育的劳动者的工资收入出现了下降的情况。也有可能两类劳动者的平均工资收入都下降了，但是下降幅度不同，表现为没有接受过高等教育的劳动者的工资收入下降幅度更大。所以，即便是接受高等教育劳动者的平均工资高于未接受高等教育劳动者的平均工资，这并不能准确说明教育带来的经济回报随着投入的增加而增加。

即便用平均工资来衡量投资高等教育将带来高收入回报的预测，在美国的现实数据中也并不能得以证实。从图4-3还可以看出，随着时间的推移，特别是进入21世纪以来，大学教育投入所带来的回报呈现不断下降趋势，而且下降幅度甚至比高中教育投入所产生回报的下降幅度更大。也就是说，虽然表面上高等教育投入所产生的收入回报仍然高于其他教育投入所产生的收入回报，但前者与后者间的差距正在不断缩小。根据美国国家教育统计中心的数据，在2001—2011年间，拥有高中学历的劳动者年平均工资收入水平下降了8%，从32700美元下降到30000美元；拥有大学学历的劳动者年平均工资收入的下降幅度则更大，达14%，从52100美元下降到45000美元。在2001年，美国大学毕业生与高中毕业生的年平均工资收入差距为19400美元，到2011年这一年平均工资收入差距为15000美元，在2001—2011年的十年间，美国大学毕业生与高中毕业生的年平均工资收入差距缩小幅度达到了23%。①

所以，虽然从整体上看，接受过高等教育的劳动者获得的工资收入水平高于未接受过高等教育的劳动者的工资收入水平，但是这并不能说明高等教育投入就将获得高收入回报，反而知识经济下，高等教育的溢价正在下降。

（二）大学毕业生之间工资分化加剧

在现实中，由于大学毕业生之间的工资收入是有差异的，以平均工资来

① Snyder, T. D., & Dillow, S. A.（2013）. Digest of Education Statistics 2012（NCES 2014-015）. National Center for Education Statistics.

衡量接受过高等教育劳动者的整体工资收入水平往往会出现误差，影响对教育投资回报的分析。本书为了避免误差的出现，在分析教育投资与工资收入这对关系时，采用中位数，也就是用分位数回归的分析方法来检验高等教育的投资回报。这种分析方法，一般用百分位的排名情况来表示劳动者的不同收入情况，位于10%分位数水平的，表示低收入者；位于50%分位数水平的，表示中等收入者；位于90%分位数水平的，表示高收入者。

如图4-4所示，用分位数回归的方法对美国不同时期大学毕业生的工资收入情况进行分析，结果发现：一是，美国高收入男、女性大学毕业生的工资收入，自20世纪70年代末80年代初开始呈现不断上升的趋势，且与中、低收入群体在工资收入上迅速拉开差距，甚至达到同性低收入劳动者的四倍左右。二是，对于占据大多数比例的中等收入的男、女性大学毕业生群体而言，与20世纪70年代相比，大学教育并没有给他们带来太多额外的经济回报。虽然大学教育对女性大学毕业生的工资收入的贡献自20世纪80年代开始有小幅度的提升，但上升趋势逐渐趋于平稳。大学教育对男性大学毕业生的工资收入回报则一直比较平稳。三是，对于低收入的男、女性大学毕业生来说，大学教育对他们的工资收入回报作用则一直都比较小。

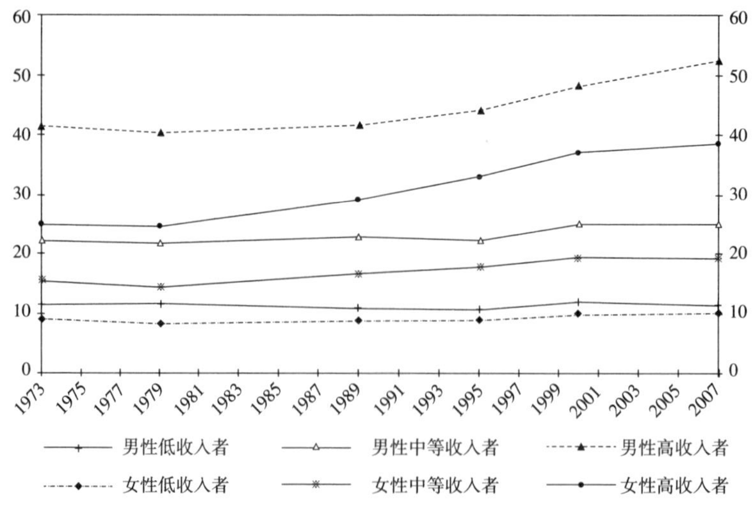

图4-4　1973—2007年美国男、女性大学毕业生每小时工资（美元）

资料来源：Brown, P., Lauder, H. and Ashton, D. (2011). *The Global Auction: The Broken Promises of Education, Jobs and Incomes*. Oxford University Press,118.

由此可见,接受过高等教育的劳动者在工资收入上不仅有差别,而且高收入者与中、低收入者表现出来的差距还十分明显。对于占绝大多数比例、拥有高等教育学历的劳动者而言,高等教育对他们的经济回报是较小的,也可以说投资高等教育并没有为他们的人力投资增加额外的收入回报。而对于占较少份额的高收入大学毕业生而言,他们却通过高等教育实现了高工资收入回报的预期,但是从下一节的分析可以看出,这小部分高收入大学毕业生所获得的高工资收入也并不完全是投资高等教育所获得的回报,而是与其他一些因素相关。

因此,通过以上对美国大学毕业生的工作找寻和工资收入两方面的分析发现,高等教育并没有完全实现人力资本理论所预期的高个人回报。在工作找寻中,一部分大学毕业生面临着失业的威胁,而另有一部分大学毕业生虽然就业,但处于不充分就业状态。所以,有部分大学毕业生并不能凭借大学学历去获得知识工作岗位。同样,在工资收入回报中,不管是用“平均数”还是用“分位数回归”的方式来分析高等教育投资与收入回报的关系,得出的结论都是:大多数接受高等教育的人通过高等教育投资获得人力资本理论所预期的高工资收入回报的概率较小。从纵向来看,美国进入知识经济时代以来,大学毕业生的平均工资收入水平不仅没有上升反而出现了下降的趋势。从横向来看,大学毕业生与其他学历劳动者的工资收入差距逐渐缩小,教育溢价不断下降。另外,在大学毕业生工资收入水平整体下降的情况下,大学毕业生之间的工资收入水平还表现出差异性。少部分大学毕业生获得了高工资收入,但是大部分中、低收入水平的大学毕业生无法获得高工资收入。总而言之,从美国高等教育对个人回报的现实情况来看,大部分人通过投资高等教育都没有实现好工作和高工资收入回报的预期,因此说,美国高等教育现实个人回报与理论预期之间出现了落差。

第二节

MEIGUO GAODENG JIAOYU DE SHEHUI HUIBAO XIANZHUANG

美国高等教育的社会回报现状

人力资本理论认为,个体受教育程度的差异虽然会导致个体间工资收入差距的出现,但是知识经济下,高等教育规模的增加将有助于个体缩小收入差距,同时也能确保社会公平正义和社会流动的实现。但是,美国高等教育对社会回报的实际情况是怎样的呢?

一

高等教育与社会公平正义

自20世纪80年代以来,美国高等教育扩张,高等教育机会不断增加,高等教育入学率也稳步上升,美国的社会公平是否有了明显改善呢?

(一)不同家庭背景的学生获得高等教育机会的差距

不可否认,随着高等教育扩张,美国在性别、种族等方面存在的教育机会不公平现象有所缓解,女性大学生的入学率[①]、少数裔大学生的比例[②]也有所增加。但是社会阶层仍然是影响美国教育机会公平的一个主要因素。即便是知识经济以来,美国高等教育机会不断增加,不同社会群体在高等教育入学机会上的差距仍然存在。正如迈克尔·杨所说,"能人社会"中靠个人能力和努力就能取得成功的运行法则被"特权形式"打败了,数以万计的人本

① Freeman, C. E. (2004). Trends in Educational Equity of Girls and Women: 2004. U. S. Department of Education, National Center for Education Statistics, U. S. Government Printing Office.

② Fitzgerald, B. and Delaney, J. A. (2002). Educational Opportunity in America. In D. Heller (Ed.), *Conditions of Access: Higher Education for Lower-income Students*. Praeger/American Council on Education.

来可以通过接受教育而获得与这些特权阶级的子女进行竞争的机会，但事实中，他们却根本没有获得任何接受教育的机会。①

这样的观点从美国的现实数据也可以得出。随着美国高等教育机会的增加，接受高等教育的劳动者也在不断增多，这其中不免有部分弱势群体也有幸获得进入大学的机会。在1980年，美国大学毕业生占美国青年劳动者的比例为17%，而在2000年上升至36%，预计到2020年将会上升至43%。②但即便这样，从整体上看，美国各收入阶层在高等教育入学率上的差距并没有因为高等教育机会的增加而缩小。从不同家庭收入群体的学生进入高等教育的比例来看，在1970年，美国家庭收入最高的学生与家庭收入最低的学生在高等教育入学率上相差32个百分点，在1997年，这两类群体学生在高等教育入学率上仍然相差32个百分点。③

1980—2000年美国大学毕业生不断增加的同时，高中毕业生在这期间也出现了增长。美国青年劳动者中的高中毕业生比例从1980年的31.5%增加到2000年的38%，预计到2020年将上升到41.6%。④这说明了自20世纪80年代以来，仍然有大部分青年人未能进入到大学接受高等教育而直接进入了劳动力市场。而这部分没有获得高等教育机会的人大多来自弱势阶层。这一结论可以从以下多组数据得出：从1997年的数据来看，在美国大约80%的来自高收入家庭的高中毕业生能直接进入到大学继续学习，而仅仅只有一半的来自低收入家庭的高中毕业生能进入到大学。⑤从2001年的数据来看，来自美国较高收入家庭的高中毕业生直接进入大学的比例仍然有80%左右，而来自低收入家庭的高中毕业生直接进入大学的比例只有

① Michael, Y. (1958). *The Rise of the Meritocracy 1870–2033*, Penguin Books.

② Heckman, J. (2008). Schools, Skills and Synapses. *The Institute for the Study of Labor* IZA, Discussion Paper No. 3515.

③ Carnevale, A. P., & Rose, S. J. (2003). Socioeconomic Status, Race/Ethnicity, and Selective College Admissions. *A Century Foundation Paper*.

④ Heckman, J. (2008). Schools, Skills and Synapses. *The Institute for the Study of Labor* IZA, Discussion Paper No. 3515.

⑤ U.S. Department of Education, National Center for Education Statistics, (2000).*The Condition of Education 2000, NCES* 2000-062.

44%。[①]从2004年的数据来看，在美国高中毕业生中，仅有43%的来自年收入低于3万美元家庭的学生能在当年进入高等教育机构，而有75%的来自年收入高于5万美元家庭的学生能在当年进入高等教育机构。[②]

所以，即便是高等教育机会增加，进入高等教育机构的人也越来越多，但是这并不意味着弱势群体能获得公平的教育机会，都能进入到大学学习，更别说他们是否能通过获得高等教育来改变他们个人和家庭的命运。

（二）不同家庭背景的学生获得优质高等教育机会的差距

进入到知识经济社会的美国，机会不公平除了表现在高等教育入学机会上，对于已经获得高等教育机会的大学生来说，他们在获得优质高等教育机会上也表现出不公平。丹尼尔·戈登（Daniel Golden）就曾经提到，美国常春藤联盟学校中的入学名额有大部分都是预留给那些享有特权偏好的学生，这就意味着向这些学校提出入学申请的普通学生，可能仅是在争夺那剩下的仅有的40%的名额。[③]

从图4-5可以看出，在1982年和2004年来自于社会底层（家庭收入百分位数为40%及以下）的美国家庭的子女进入一流大学的比例微乎其微，而且这种情况在这二十年间变化几乎不大。但是来自富有阶层（家庭收入百分位数为80%~100%）的美国家庭的子女进入一流大学的比例不仅远远大于来自其他阶层家庭的学生，而且随着时间的推移，增长的幅度不断加大。对于这样优质教育资源的争夺，即便是家庭收入百分位数位于40%~60%的传统中产阶级家庭同样远远落后于富裕家庭，不管是从上升幅度还是水平上看，传统中产阶级家庭与富裕家庭相比都不具备竞争力。[④]另有研究也表明，来自美国中、低收入家庭的学生进入到美国普林斯顿大学的比例不足

① Haveman, R. H., & Smeeding, T. M. (2006). The Role of Higher Education in Social Mobility. *The Future of Children*, 16(2).

② Long, B. T. (2008). The Effectiveness of Financial Aid in Improving College Enrollment: Lessons for Policy. *Harvard Graduate School of Education Research Paper*.

③ Golden, D. (2006). *The Price of Admission*. Crown: 6~7.

④ 于时语. 美国大学，加剧阶层固化?[J]. 社会观察, 2013(8).

10%，进入到哈佛大学的这一比例为12%。①

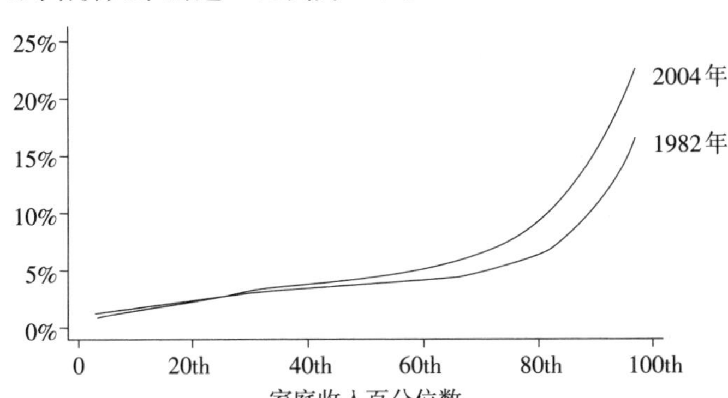

图4-5　美国不同收入家庭学生进入一流大学的比例（1982年、2004年）

数据来源：于时语．美国大学，加剧阶层固化？[J]．社会观察，2013(8)．

所以，即便高等教育机会增加使接受高等教育的人增多，但不同社会群体获得优质高等教育机会的差异明显存在，来自富裕家庭的子女往往比其他普通家庭的子女更容易进入到一流大学，获得优势高等教育资源。这同样也印证了在美国精英阶层通行的教育哲学："留给子女最好的遗产是精英教育而不是金钱。"精英教育不仅成为他们获得好工作的保证，也成为他们精英世袭的前提和原因。

（二）不同家庭背景的大学毕业生就业的差距

对于接受高等教育、获得同等高等教育学历的美国大学生而言，他们在毕业后的工作找寻和工资收入中同样面临着机会不公平的情况。

在现实中，企业对拥有同等高等教育学历的大学毕业生往往区别对待，精英大学的毕业生更受到企业的欢迎，在对好工作的竞争中也更具有优势。他们在收获好工作的同时，也能获得相对更高的工资收入报酬。如图4-6所示，毕业于哈佛大学、斯坦福大学等A类型大学的毕业生的工资收入水平最高，而毕业于密歇根大学、爱荷华大学等B类型大学的毕业生的工资收入水平居中，与A类型大学毕业生的工资收入水平相差17个百分点。毕业于博伊西州立大学、肯特州立大学等C类型大学的毕业生的工资收入水平

① Karabel. J. (2008). The Battle Over Merit. In Ballantine. J. H and Spade. J. Z.(Eds.) *Schools and Society–A Sociological Approach to Education*. Thomson/Wadsworth.

最低,与A类型大学毕业生的工资收入水平相差36个百分点。可见,毕业于精英大学的学生的工资收入水平普遍较高。前文提到,这些获得优质教育资源,毕业于精英大学的学生大多是来自富裕阶层的子女,所以可以说,好的、高工资收入的工作机会大多被来自富裕阶层的大学毕业生获取。

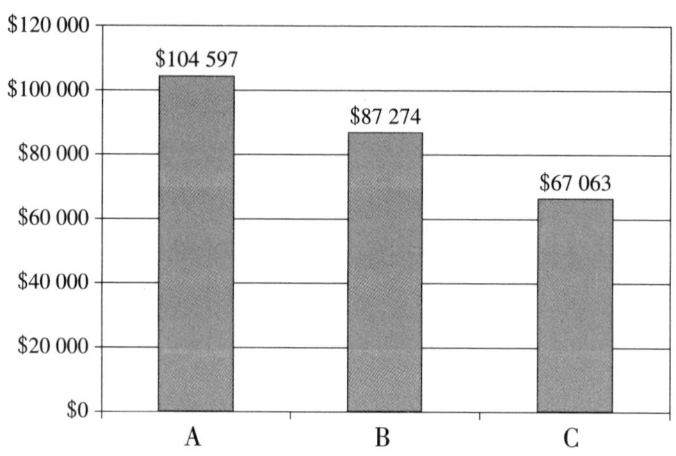

图4-6　美国不同等级大学的毕业生工资收入水平(单位:美元)

数据来源:Vedder, R., Denhart, C., & Robe, J. (2013). Why Are Recent College Graduates Underemployed? University Enrollments and Labor-Market Realities. *Center for College Affordability and Productivity* (*NJ1*).

美国历史上的几届总统的家族更是一个极端的例证。在罗斯福家族中,两位罗斯福总统都毕业于哈佛大学,西奥多·罗斯福的孙子克尔米特·罗斯福也曾在美国中央情报局担任要职;在布什家族中,两位布什总统都是耶鲁大学毕业;克林顿总统夫妇和奥巴马夫妇则都毕业于常春藤名校。这种情况在美国已经非常普遍。可见,在当今美国,家庭背景对就业机会有着重要的影响。

所以,即便拥有同等高等教育学历的大学毕业生,在工作找寻中也会遭遇就业机会的不公平。这样的机会不公平不是与个人知识、能力、技术等相关,而是与个人的家庭经济背景相关。这样的机会不公平并不符合社会公平正义的内涵。

二

高等教育与社会流动

在美国，随着高等教育机会的增加，大量接受过高等教育的人是否通过高等教育改变了自身和家庭的命运？高等教育对社会流动的促进情况又是怎样的呢？

（一）美国社会流动不足

不可否认，高等教育确实在一定程度上增加了底层家庭的子女改变其社会阶层，实现社会向上流动的机会。如图4-7所示，在2005年，通过接受高等教育，来自最底层家庭的成年子女上升到最上层的机会从5%上升到19%，而进入中间阶层的机会从18%上升到21%。但是，来自最上层家庭的成年子女，在获得高等教育学历后，保持与其父母同在最上层的机会却从23%上升到54%，而下降到中间阶层及以下的机会从38%锐减到17%。在同样获得大学学历的情况下，来自最上层与最下层家庭的学生获得最上层社会地位的差距进一步拉大到35%，远高于二者都没有高等教育学历时的18%。来自最上层家庭的子女即使不接受高等教育，其进入最上层社会的概率（23%）也高于拥有高等教育学历的最下层家庭的子女。[1]所以说，对于来自底层家庭的子女而言，尽管高等教育可以提高他们往上流动的机会，但是家庭背景却又限制了他们向上流动的层次和程度。对于来自于最上层家庭的学生而言，获得大学学历不仅能够更好地保持和继承其家庭的社会经济地位，而且也拉大了与下层学生的差距。可见，其实高等教育更有利于上层家庭将其社会经济的优势传递给子女，而不是使底层家庭实现社会流动的有效途径。

① Haskins, R. (2008). Education and Economic Mobility. In J. B. Isaacs, I. V. Sawhill, & R. Haskins (Eds.), *Getting Ahead or Losing Ground: Economic Mobility in America*. The Brookings Institution.

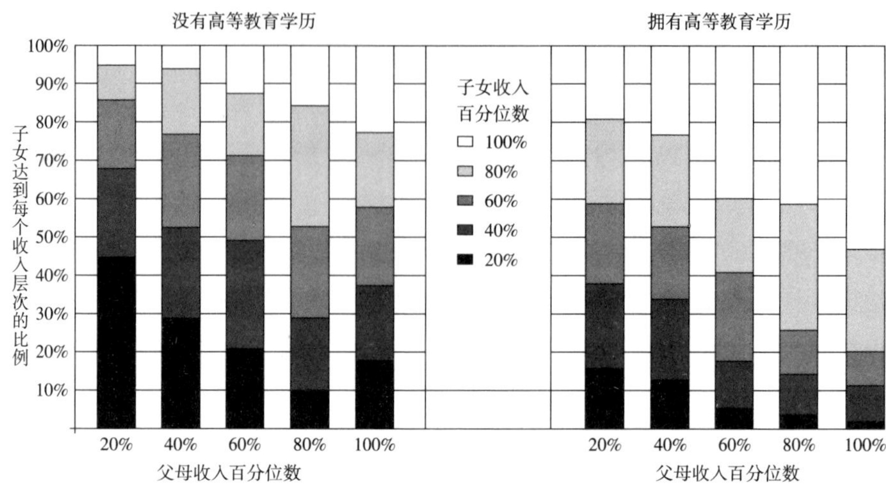

图4-7　高等教育学历与不同收入家庭子女向上流动的机会

数据来源:Haskins, R.(2008). Education and Economic Mobility.

从来自不同收入水平家庭的新近毕业大学生的年收入来看,来自底层四分之一家庭的大学毕业生的年工资收入为67490美元,来自中低阶层四分之一家庭的大学毕业生的年工资收入为75010美元,来自中高阶层四分之一收入家庭的大学毕业生的年工资收入为73614美元,而来自顶层四分之一家庭大学毕业生的年工资收入为85842美元,比最低收入家庭的大学毕业生高18352美元,高出21个百分点。即便是毕业于同一精英大学,接受同等的高质量教育,来自低收入家庭的毕业生所获得的年收入与来自高收入家庭的毕业生相比也相差18000美元。[①]

可见,高等教育对社会流动的作用其实是被上层家庭所左右的。虽然来自下层社会家庭的学生将获得高等教育学历视为改变自身命运的途径,但是美国上层社会家庭更是将高等教育作为延续其社会经济地位和精英身份的工具。与其说美国高等教育改变了底层家庭的命运,不如说是高等教育延续着美国上层家庭的社会经济地位。因此,对于大部分中、低收入水平的美国人来说,高等教育投入并没有实现他们所期待的工资收入回报,也就

① Bowen, W. G. et al.(2005). *Equity and Excellence in American Higher Education*. University of Virginia Press, 124.

很难改变自己和家庭的命运。所以说，在知识经济下，高等教育促进社会流动的作用实际上被夸大了。

（二）新的社会分化出现

从美国的现实情况可以看出，不仅大多数进入大学、获得高等教育学历的劳动者没有通过高等教育成功获得好的、高工资的工作岗位，实现社会流动，反而在这些拥有高等教育学历的劳动者之间因工资收入水平差异的出现，且呈现出来不断拉大的趋势，正在导致美国社会新的分化出现。

从图4-8、图4-9可以看出，拥有大学学历的美国劳动者的工资收入水平呈现差异性，分为：高收入大学毕业生（位于90%分位数水平）、中等收入大学毕业生（位于50%分位数水平）、低收入大学毕业生（位于10%分位数水平上）。自1989年之后，高收入大学毕业生与其他中、低收入大学毕业生的工资收入差距迅速拉开，并呈现不断拉大的趋势。在2007年，美国女性大学毕业生中的高收入者与低收入者的工资收入差距是3.9倍，而美国男性大学毕业生的高收入者与低收入者的差距是4.5倍。[①]另外，在高收入大学毕业生工资收入不断上升的同时，中、低收入大学毕业生的工资收入水平甚至还比不上一些高中学历的劳动者。从这两个图可以看出，中等收入大学毕业生的工资收入水平低于拥有高中学历的高收入劳动者；相应地，低收入大学毕业生工资收入水平也低于拥有高中学历的中等收入劳动者。

① Mishel, L., Bernstein,J. and Shierholz,H.（2012）. *The State of Working America 2008~2009*. Cornell University Press.

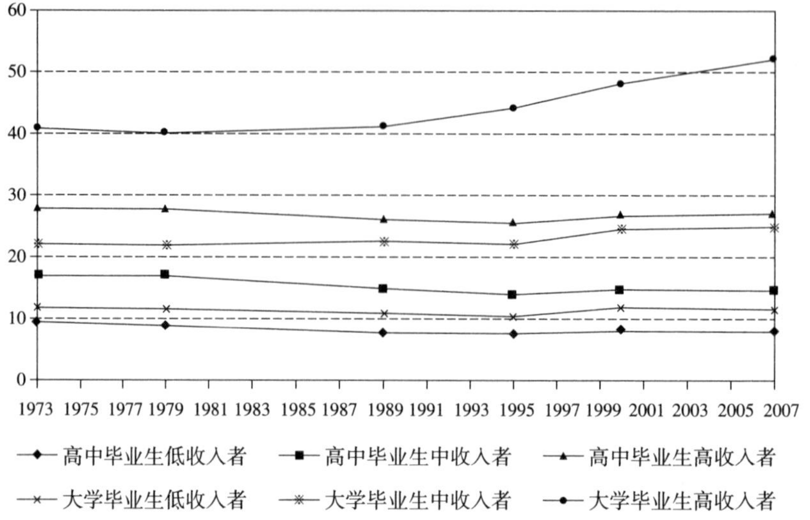

图4-8　1973—2007年美国不同教育程度男性劳动者每小时工资收入情况(美元)

数据来源:Mishel, L., Bivens, J., Gould, E., & Shierholz, H. (2012). *The State of Working America 2008~2009*. Cornell University Press,174.

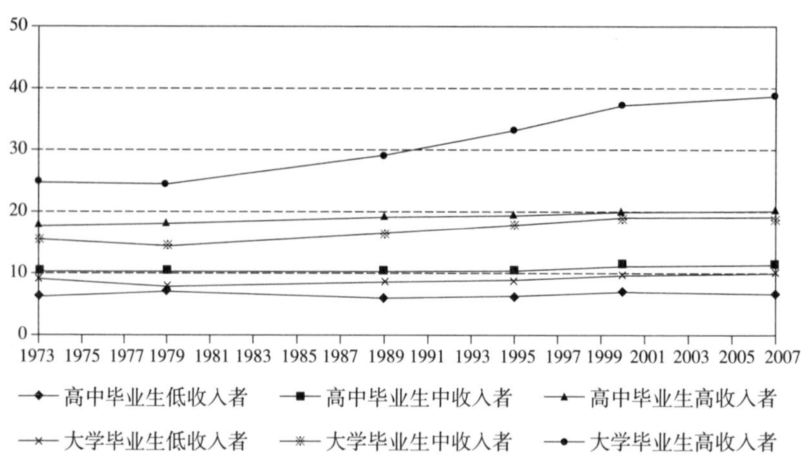

图4-9　1973—2007年美国不同教育程度女性劳动者每小时工资收入情况(美元)

数据来源:Mishel, L., Bivens, J., Gould, E., & Shierholz, H. (2012). *The State of Working America 2008~2009*. Cornell University Press,174.

可见,拥有高等教育学历的劳动者之间不仅因工资收入差距的出现,导致了新的社会分化的出现,而且工资收入差距的不断拉大,加剧着社会贫富差距,加大了原来的社会分化程度,使社会两极分化继续拉大。所以,人力资本理论所提倡的通过高等教育投资来实现社会流动,改善自己和家庭命运的期望不仅很难实现，反而使中产阶级的生活更加拮据，社会两极分化现象更加严峻。美国普林斯顿大学的经济学教授克鲁格曼(Paul Krugman)甚至直接以“中产阶级美国的终结”为标题，来描述美国一些中产阶级正过着十分窘困的生活。曾经担任世界银行首席经济学家的斯蒂格利茨则把林肯的“By the People，For the People，Of the People”改为“Of the 1%，By the 1%，For the 1%”来描述美国社会两极分化加重的现象。后三句话的翻译为：“是属于1%的美国人的，由1%美国人来领导的，为1%的美国人服务的。”他们也因此认为美国正在变成一个由最高的1%富裕群体与其他的99%群体构成的“X”型社会，美国中产阶级正在消失。

因此，通过对美国高等教育在社会公平正义、社会流动两个方面所产生影响的现状分析发现，美国高等教育的社会回报也并不乐观。知识经济下，即便美国高等教育机会不断增加，但弱势群体家庭的子女进入到大学接受高等教育的机会，与中、上阶层家庭的子女相比仍然小很多。对于获得高等教育机会、进入到大学的大多数人来说，他们也因在获得优质高等教育机会上存在的不公平，而在就业中继续遭遇机会的不公平。所以，从美国高等教育回报的现实情况来看，不管是在教育的入口、过程还是出口都存在不公平的现象，这与人力资本理论所预期的知识经济下高等教育投资将实现社会公平正义之间存在落差。从高等教育与社会流动的实现情况来看，虽然高等教育能帮助弱势群体家庭的子女在一定程度上实现向上的社会流动，但是高等教育更表现为是上层家庭保持和继承其家庭的社会经济地位，拉大与下层家庭差距的有力工具。不仅如此，接受高等教育的大学毕业生之间收入差距的出现及高收入者与中、低收入者之间收入差距不断拉大的趋势，不仅导致了新的社会分化产生，而且这样的新分化更加剧了原有的社会分化局面，使大量本处于传统中产阶级的劳动者生活更加拮据。

总而言之，从美国高等教育对社会回报的现实情况来看，高等教育机会的增加，没有实现预想中的社会公平正义和良性社会流动，反而产生新的社会不公，加剧了原有的社会分化。因此说，美国高等教育现实社会回报与预期之间出现了落差。

第三节

MEIGUO GAODENG JIAOYU DE GUOJIA HUIBAO XIANZHUANG

美国高等教育的国家回报现状

人力资本理论认为大量投资高等教育,扩大高等教育规模,就能充分发挥高技能劳动者对劳动生产率的贡献,促进国家经济增长。同时,随着一国劳动力整体素质的提高和规模的增加,国家也将拥有更多的从事高附加值产品研发和设计的知识工人,从而在国际竞争中获得更强的竞争优势。进入知识经济时代以来,几乎各国领导人都把高等教育定位为提高国家生产力发展水平、提升国家竞争优势的重大战略路径。美国历届政府也高度重视高等教育的发展,奥巴马政府也明确提出高等教育将在全球“知识竞赛”中扮演关键角色。但是,高等教育对美国国家回报的实际情况是怎样的呢?

一

高等教育与经济增长

在二战后的近三十年间,教育成为美国生产力发展最主要的因素。有数据显示,在这段时间美国经济增长的三分之二是来源于教育和创新的贡献。[①]国民平均受教育年限每增加一年,经济增长比率将上升6%~15%。[②]那么进入到知识经济社会,高等教育对美国经济增长的贡献情况又如何?

---

① Denison, E.F. (1984). *Trends in American Economic Growth, 1929-1982*. Brookings Institution Press; Shapiro, R. J. (1998). The Economic Power of Ideas.In Jasinwoski, J.J.(ed.).*The Rising Tide: The Leading Minds of Business and Education Chart a Course Toward Higher Growth and Prosperity*. John Wiley & Sons, Inc.

② Dowrick,S. (2003). Ideas and Education: Level or Growth Effects?. National Bureau of Economic Research, *NBER Working Paper 9709*; Krueger, A. B. and Lindahl, M. (1999). Education for Growth in Sweden and the World. *NBER Working Paper 7190*. National Bureau for Economic Research.

（一）高等教育对劳动生产率的不充分贡献

国家经济增长的基本前提是劳动生产率的提高，而劳动生产率的提高不仅取决于劳动者的生产能力，也取决于劳动者的态度和工作中的行为。只有当劳动者的知识、技能、能力等得到提高，并且在生产劳动中得以充分应用时，才能有效地促进劳动生产率的提高，否则即使劳动者拥有高生产能力，也很难从实质上提高劳动生产率，推动国家经济增长。

从美国的现实情况来看，首先，在高等教育个人回报小节中的数据显示，进入知识经济以来，美国拥有高等教育学历的劳动者存在失业的情况。由于教育本身并不直接创造物质财富，而是需要经过社会生产过程之后，才能产生经济效益，才能对劳动生产率和经济增长做出贡献。对于失业的这部分大学毕业生来说，他们不仅浪费了有限的高等教育资源，而且也无法把其所学的知识转化为实际的生产力，为国家经济增长做出贡献。

其次，除了失业的情况外，在美国大学毕业生中还有相当一部分人所从事的工作与他们所接受的教育不相匹配。对于这部分人来说，一方面，即便已经进入到工作岗位，投入到社会生产之中，但是由于所受教育程度与工作类型的不匹配，他们在大学中所学的知识、技能、能力等不能充分转化为生产力，教育的经济效益也就不能充分实现，这使高等教育对经济增长的应有作用被削弱了。另一方面，由于他们大多从事的是非知识型工作，他们的工作环境、工资收入、社会地位等都无法达到预期的标准，很可能对工作产生不满情绪，如工作满意度不高、工作成就感不强、工作积极性不高等。当这些情绪带到日常的生产劳动中必然对劳动生产率产生不利影响。亨利·莱文（Henry Levin）在对美国一家企业进行实证调研后得出，教育与工作不匹配对工作满意度有明显的负效应，劳动者拥有的教育水平与工作岗位所需的教育水平每相差一年，则平均满意度下降3.3%，但是工作满意度每增加1%，企业产出则增加2.53%。[①]

最后，从大学毕业生具备的生产能力对劳动生产率的贡献来看，劳动者

① [美]亨利·莱文．高科技、效益、筹资与改革：教育决策与管理中的重大问题[M]．曾满超等，译．北京：人民日报出版社，1995:35.

拥有的知识、技术等生产能力一直以来都是通过学历来进行评判，拥有高学历的劳动者就意味着拥有高的知识、技能等生产能力，具备促进劳动生产率提升和经济增长的潜力。但是美国大学学费与绩效中心主任瑞查得·韦德(Richard Vedder)最近提出：在1970年时，拥有大学及以上学历的美国劳动者被认为是整个国家最优秀的人才，而现在他们和普通的美国人没有什么区别，并没有看出他们有什么更胜于他人的地方。[①]现代企业也开始对“学历”等同于“能力”的传统产生质疑。他们认为大学毕业生不仅没有做好就业的准备，部分大学毕业生的知识、技能等生产能力不能满足企业生产的需要，而且大学毕业生也缺乏现代企业更加需要的软实力，如团队工作能力、自我管理能力、沟通交流能力、创新精神等综合性能力，对企业劳动生产率贡献不足。

所以，从美国现实中的这几方面情况来看，美国高等教育对劳动生产率的贡献存在不足，也就低于高等教育对美国经济增长的预期。

（二）高等教育对全要素生产率的不充分贡献

在知识经济时代，全要素生产率是提高劳动生产率的根本途径和基本源泉，这是一种在各生产要素投入水平既定的条件下，通过提高各种生产要素的使用效率而达到的额外生产效率。它的主要来源包括技术进步、制度创新、资源配置优化等，具有长期可持续性，是经济增长经久不衰的引擎。对于处在后工业化阶段的西方发达国家来说，全要素生产率的主要形式是技术进步带来的效率改进。因为发达国家的经济社会体制相对稳定和成熟，经济组织形态也相对稳定，所以经济的增长最终主要取决于技术进步和科技创新的速度。

任何科学和技术都是由人或者人力资本创造的，因而创新型人力资本是科技创新和技术进步的根本源泉。以科学和技术创新为基础的全要素生产率的提高需要人力资本条件的培育，特别是创新型人力资本的进一步完善。因此，创新型人力资本的培养和创新型人力资本配置效率的提高是加快技术进步和促进经济持续快速发展的关键。作为人力资本投资的重要形

① 瑞查得·韦德：美国的大学泡沫终将破灭[EB/OL].[2014-01-09].http://www.aisixiang.com/data/71331.html.

式，高等教育能否成功培养出创新型人才以及培养出来的创新型人才又能否顺利发挥作用就变得至关重要。由于科学、技术、工程和数学等（STEM）类别的知识岗位处于技术进步和科技创新的最前沿，这些STEM专业的毕业生能否成功获得知识工作并在工作中施展才能决定了高等教育对全要素生产效率贡献的充分程度。

首先，美国高等教育培养的创新型人才规模增长不容乐观。毕业于STEM专业的知识劳动力作为复合型创新人才向来是美国科技创新和技术进步的主力军，但是美国高等教育体系并没有成功带来STEM人才的繁荣。虽然近年来，美国科学、技术、工程和数学等专业每年的大学毕业生人数确实出现了一定的增长，但是增长具有极大的不平衡性。从2004年到2012年，STEM的核心专业（包括生命科学、数学、工学和计算机科学与信息技术）仅增长了19%，明显低于其他非STEM专业的增长速度，也低于增长速度较快的STEM非核心专业（包括医学、建筑学、心理学及部分应用社会科学等）。[①]同时，从占毕业生总数比例来看，自20世纪80年代中期之后，美国科学、技术、工程和数学等专业的大学毕业生人数占整个大学毕业生总数的比例在不断减少。[②]以工程专业为例，在20世纪70年代初，工程专业的大学生比通信和新闻专业的大学生多四倍左右，而现在通信和新闻专业的大学毕业生远多于工程专业的毕业生。[③]

其次，从高等教育培养出来的创新型知识劳动力的就业来看，其知识和能力并不能得到完全运用和发挥，存在“高知低就”和“学非所用”的现象，是一种创新型人力资本配置效率的浪费。尽管STEM领域的知识劳动力规模并没有出现大幅度增长，但是并不意味着这些专业的大学毕业生就会在劳动力市场上变得抢手。他们的就业情况也不像人力资本理论预期的那样乐观。根据美国社区调查的数据显示，[④]2012年在美国共有大约1210万劳动者

① United States Government Accountability Office. (2014). Science, Technology, Engineering, and Mathematics Education. Report to Congressional Requesters.

② Statistics, N. C. F. E., & Washington(2011). Integrated Postsecondary Education Data SystemCompletions Survey (IPEDS).

③ US Chamber of Commerce. (2005). Tapping America's Potential: The Education for Innovation Initiative.

④ Zeigler, K. Camarota, S. A. (2014). Is There a STEM Worker Shortage? Center for Immigration Studies.

(包括本土和外籍)拥有科学、技术、工程和数学等专业中的任一大学本科及以上学位,但是其中实际从事与这些专业相关的工作的人只有370万,所占比例不足三分之一。660万拥有STEM专业本科及以上学位的劳动者在从事STEM领域之外的工作。另外,剩下的180万则被登记为失业人口或者劳动力以外人口。具体到各分领域来看,2012年技术类专业的美国本土大学毕业生从事其专业领域内相关工作的人数比例大约为52%,而从事整个STEM领域相关工作的大学毕业生比例为56%;科学类专业的大学毕业生从事其专业相关工作的比例为11%,而从事整个STEM领域相关工作的比例为18%;工程类和数学类专业的毕业生从事专业相关工作的比例分别为31%和2%,而从事整个STEM领域相关工作的比例分别为46%和24%。所以,事实上美国大学毕业生中从事科学、技术等领域的知识工人的数量和比例均远低于预期。美国高等教育所培养的科技人才和知识工人面临着失业和不充分就业的问题和风险。许多STEM专业毕业生实际从事的是非知识型工作,这些工作并不需要STEM专业的大学学位,也不需要高深的知识。这种人才资源配置的错位一定程度上阻碍着科技创新和技术进步的实现,使得高等教育对全要素生产效率的提高难以充分实现。

可以看出,美国高等教育一方面没有带来创新型人力资本的大幅度增长,另一方面其培养出来的STEM领域创新型人才并没有实现"人尽其用"。美国高等教育对科技创新和技术进步的支撑能力没有完全施展,使得其对全要素生产效率和经济增长的贡献与预期之间还有一定的差距。

二

高等教育与国家竞争优势

大力发展高等教育,扩大高等教育规模被认为是西方发达国家继续维持国际分工,垄断高附加值产品研发活动,赢得国家竞争优势的最好药方。理查德·罗斯克兰斯(Richard Rosecrance)直言不讳地说,即便各国都开始参与到知识的竞争之中，但关于高附加值产品的设计、研发和创新等竞争活动仍然仅存在于发达国家之间，发展中国家仅能参与这些产品的制造环节。[①]那么高等教育对美国在国家竞争优势中的贡献如何？

（一）知识人才的竞争优势相对下滑

国家的核心竞争力究其根本是人才的竞争。科学家、工程师和技术工人是21世纪在科技领域处于主导地位的人力资源。美国领先于世界的国家竞争优势得益于其创新产业和创新能力，特别是科学、技术、工程、数学等专业的大学毕业生聚集的知识密集型产业，主要为先进产品研发与服务行业。因此，STEM专业毕业的知识劳动力成为国家竞争优势的来源，也成为评价国家竞争力的重要标志之一。

然而，从全球比较来看，虽然自20世纪90年代以来，美国高等教育扩张，大学毕业生数量不断增长，但美国科技领域的知识人才状况并不乐观。美国保持了约半个世纪的科技人才优势正在逐渐丧失，其主导地位正受到一些欧洲国家和中国、印度等发展中国家的挑战。第二次世界大战以来，美国一直在科技上占据领先地位。虽然美国只有占全球约5%的人口，但其拥有全球三分之一的科学与工程研究人员，美国的科技研发人员的数量占全球的40%。[②]现如今，这些领先于全世界的优势已不复存在，特别是作为高科技人才主力军的美国STEM专业毕业生的数量和比例已经落后于其他发达国家和新兴经济体国家的水平。2011年美国STEM专业新毕业的大学生人数占总毕业人数的比例仅为13%，明显低于新兴经济体国家和其他发达国家。其他发达国家的STEM专业毕业生比例，例如，英国为22%，日本为18%。中国、印度和巴西等新兴经济体国家的高等教育所培养的知识劳动者数量更是不断上升，其中2011年中国STEM专业的毕业生人数占总毕业生

① Rosecrance, R.（1999）. *The Rise of the Virtual State: Wealth and Power in the Coming Century*. Basic Books, xi.

② Freeman, R.（2005）. Does Globalization of the Scientific/Engineering Workforce Threaten U.S. Economic Leadership?. *NBER Working Paper*, No.11457.

人数的比例高达41%，印度则为26%。①如图4-10所示。

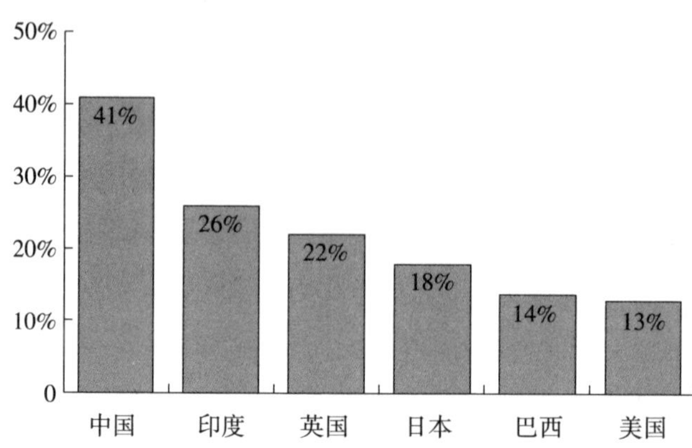

图4-10　STEM专业毕业生占总毕业生人数的比例

数据来源：Craig E, Thomas R, Hou C, et al. (2011). No Shortage of Talent: How the Global Market is Producing the STEM Skills Needed for Growth. *Accenture Institute for High Performance*.

同时，进入到知识经济时代以来，随着世界各国相继参与到与科技领域相关的知识人才竞争中，国家的竞争优势则主要表现为本国劳动者从事高附加值的专业型、管理型、技术型等专门性知识工作的规模。因此，美国高等教育规模的增加是否增加了国家的竞争优势，可以通过美国大学毕业生在从事知识工作的情况来检验。

然而，从全球劳动力在知识工作的竞争来看，美国大学毕业生也没有占据绝对的竞争优势。反而越来越多的来自于发展中国家的知识工人进入发达国家的劳动力市场，占据了发达国家许多知识工作岗位。布朗曾经对世界前100强中的38家跨国公司内的外国员工与本国员工进行比较发现，在1995—2007年间，跨国公司中的外国员工不断增多，在这些公司里面，外国员工的比例从47.5%上升至60.1%。②特别在STEM领域中，美国的外籍知识劳动者的人数也出现了不断增长的趋势。在219个都市区域的总体就业人口中，STEM行业劳动者的比例逐渐在上升，其中外籍知识劳动者的比例增

① Craig E, Thomas R, Hou C, et al. (2011). No Shortage of Talent: How the Global Market is Producing the STEM Skills Needed for Growth. *Accenture Institute for High Performance*.

② Brown, P., Lauder, H. and Ashton,D. (2011).*The Global Auction: The Broken Promises of Education, Jobs and Incomes*. Oxford University Press, 87.

长速度更快(如表4-1)。

表4-1　STEM行业劳动者占美国219个都市区域总体就业人口的比例

年份	STEM行业外籍劳动者	STEM行业总劳动者
1980	0.3%	2.7%
1990	0.5%	3.2%
2000	0.9%	4.3%
2005	1.0%	4.3%
2010	1.1%	4.5%

数据来源:Peri, G., Shih, K., Sparber, C. (2013). STEM Workers, H1B Visas and Productivity in US Cities. Norface Migration.

虽然一国拥有高科技人才的规模也可以从侧面体现出国家的竞争优势,但是由于企业从全球招募的知识工人大部分来自发展中国家如印度、中国等。现在一个比较突出的趋势是随着其本国国内研发市场的兴起、政府大力推行的人才引进措施等,正吸引着大量的海外研发人员归国。比较明显的现象是,原来在美国硅谷、波士顿128号公路科技园区中的大量海外研究人员已经逐渐返回其本国国内。这不仅对美国科技产业造成影响,导致美国科技产业正出现被挖空的现象,而且由于归国的研发人员在西方工作时,接触到了世界先进的技术和前沿的知识,回国之后,可以利用积累的宝贵知识和经验,充分发挥其人力资本的优势,增加其本国在高附加值产品和服务设计、研发中的竞争优势。比如,印度信息技术产业的迅速发展就是最好的证明。

所以,美国高等教育规模的增加并没有增加美国在全球范围内的人才竞争优势,也没有提升美国大学毕业生在知识工作竞争中的优势地位,反而美国的知识工作岗位正在被来自发展中国家的知识工人占据。美国知识工人的竞争优势表现出相对下滑的趋势。

(二)创新能力的竞争优势相对衰落

创新能力是一个国家在国际分工中赢得竞争优势的核心要素。长期以来,发展中国家都是与低技能劳动力相联系,而发达国家则是以高技能劳动力为特征。可以说,美国作为典型的"脑力国家",其领先于世界的高等教育系统所创造的知识人才和激发出的创新能力一直以来都是美国在国际竞争中保持优势地位的源头。

20世纪的美国,创新能力一直遥遥领先于世界。美国每个州几乎都有世界一流的公司,其中在39个州中,至少有一个财富500强公司落户安家;40%的诺贝尔奖获得者是美国公民;全球1000家最具创新能力的公司中美国公司占了40%。[①]然而,进入21世纪以来,美国在全球范围内的创新竞争力就鲜有提高。在2011年全球创新指数排名中,美国已经下降到了第11位。[②]相关民意调查显示,美国公民中47%的人强烈同意美国创新能力的全球优势正在丧失,另有43%的人部分同意该观点。[③]与此同时,美国开始遭受来自于中国、印度等亚洲新兴经济国家和其他发达国家的挑战。新兴经济体在创新能力方面正在缩小与美国等高收入经济体之间的差距。

从创新资源投入上看,尽管美国科研与试验发展(R&D)经费投入仍然居世界首位,但是随着新兴经济体和发展中国家的崛起,21世纪以来,中国、印度和韩国等新兴经济体R&D经费增长幅度明显高于美国,从而使得全球R&D经费的集中度明显降低。其中,美国R&D经费占全世界总额的比重从2000年的41.5%下降到2012年的32.6%,而中国R&D经费年均增速为17.6%,2012年总额达到世界第三位,并且与美国的差距在缩小。[④]如图4-11所示。

---

① U.S. Department of Commerce (2012). The Competitiveness and Innovative Capacity of the United States.

② Dutta, S., & Lanvin, B. (2011). The Global Innovation Index. INSEAD in Collaboration with Alcatel/Lucent, Booz.

③ U.S. Department of Commerce (2012). The Competitiveness and Innovative Capacity of the United States.

④ 中国科学技术发展战略研究院. 国家创新指数报告2013[M]. 北京:科学技术文献出版社, 2014: 3.

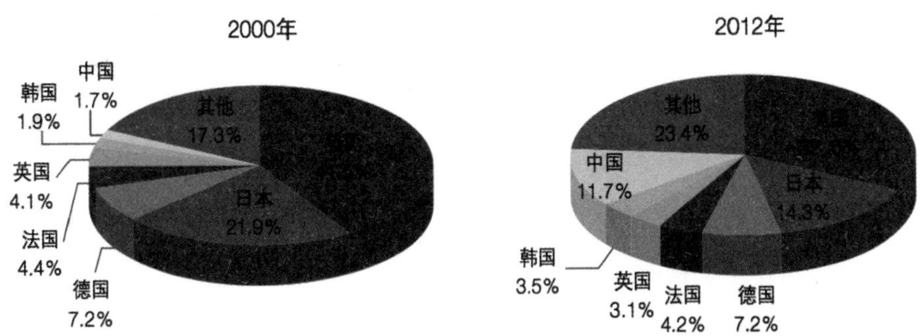

图4-11　部分国家R&D经费占世界总额比重(2000年、2012年)

数据来源:中国科学技术发展战略研究院.国家创新指数报告2013[M].北京:科学技术文献出版社,2014:4.

从知识创新的产出来看,美国的优势地位也在动摇。知识产出作为创新活动的中间成果,是一个国家创新水平和能力的重要体现。其中,国际科技论文指标能够反映国家原始创新能力,而发明专利申请量和授权量则更加直接地测度了创新的活跃程度和技术创新水平。美国的国际科技论文数量尽管仍然处于世界第一位,但是其年均增速却已经低于世界平均水平(4.5%),并且其占世界总量的相应比例呈现逐年下滑趋势。而新兴经济体,如中国、印度、韩国和巴西等国家的科技论文数量却在不断快速攀升,其中中国《科学引文索引》(SCI)论文数量年均增长16.4%,居全球之首,总量则仅次于美国。从发明专利申请量和授权量来看,美国都仅位居世界第三位,而且从2000年到2012年间增长速度极为缓慢,占世界总量的相应比例也在下降。①

在其自身创新能力受到削弱的同时,美国知识密集型企业逐渐向亚洲新兴经济体转移,不仅打破了国际分工,也说明了美国竞争优势的相对下滑。近年来,跨国公司逐渐将与知识相关的一些业务离岸"外包"给低工资国家。例如,印度因没有语言障碍、工作勤奋、普遍精通数理化并能迅速掌握高精度技术,具有其他发展中国家难以企及的优势,而成为美国软件"外包"业务的主要接受者,从而吸收了大量美国知识工作岗位。而普华永道(Price Waterhouse Coopers Consulting)2013年针对227位跨国公司首席执行

① 中国科学技术发展战略研究院.国家创新指数报告2013[M].北京:科学技术文献出版社,2014:7.

官(CEO)的调查显示,中国是跨国公司投资首选,56%的受访者表示愿投资中国,巴西为52%,印度为37%。目前微软每年在华的研发总投入约1亿美元。美国太阳微系统公司(Sun)2004年的全球研发经费为10.03亿英镑,目前在中国虽然只有一家研发机构,但累计投资却已经超过1亿美元,2005年的运作经费更是接近4000万美元。中国IBM研究中心的经费每年大概占到IBM全球50亿美元研究经费的1/10到1/9。①

同时,随着发展中国家高等教育的发展,其高等教育质量与发达国家的差距在不断缩小,高等教育结构也越来越注重培养科学和技能型专业性人才。大量的发展中国家的大学毕业生都拥有最新科技思想、软件应用能力、管理技术和英语能力,而且随着信息技术在全球的应用和发展,以及质量标准化的不断推广,企业发现发展中国家的知识工人也能达到他们原本以为只有发达国家中的知识工人才能达到的水平。自身知识人才的增加和创新能力的增强,发展中国家也开始从事高附加值产品和服务的研发活动。

所以,美国高等教育规模的增加并没有提升美国大学毕业生在知识工作竞争中的优势地位,美国大学毕业生从事科学、技术等与高附加值产品设计、研发相关的工作的比重也没有增加,反而出现了下滑趋势。美国的国家创新能力优势也不再是不可撼动。特别是跨国公司开始向发展中国家转移和发展中国家自身创新能力的增强,更证实了美国竞争优势相对衰落的事实。所以,美国想凭借高等教育规模扩张来提升国家竞争优势的目的并没有达到,这也说明了人力资本理论对高等教育投资将提升国家竞争优势的预期并未实现。

因此,通过对高等教育与经济增长、国家竞争优势的现实关系的分析来看,高等教育的国家回报同样也没有达到人力资本理论的预期。从高等教育与经济增长的关系来看,有的人接受了高等教育,却面临着知识性失业,这部分人根本无法把自身获得的知识、技能转化为生产力,贡献自己的知识力量。有的人进入了劳动力市场,但是进入到非知识型工作中的这部分人,由于所受的教育与所获得的工作不匹配,一方面他们拥有的知识、技能等生

① 计算机世界.外企竞飙“中国脑库”[EB/OL].2007-08-09.http://it.sohu.com/20070829/n251850523.shtml.

产能力并不能完全转化为生产力;另一方面,对工作不满的情绪也影响到他们对劳动生产率的贡献。所以,他们对经济增长的应有作用被削弱了。同时,美国STEM人才不仅规模增长有限,而且存在“高知低就”和“学非所用”等问题。这些造成创新型人力资本配置效率的浪费,并进一步影响了以科技创新和技术进步为基础的经济的增长。从高等教育与国家竞争优势的关系来看,美国高等教育规模扩大并没有增加美国在全球范围内的人才竞争优势,也没有提升美国大学毕业生在知识工作竞争中的优势地位。美国的国家创新能力的优势也不再是不可撼动的,而跨国公司也开始向发展中国家转移。这与通过发展高等教育,增加高等教育规模将大幅度提升国家竞争优势的人力资本理论预期存在差距。

总而言之,从对美国高等教育与个人回报、高等教育与社会回报、高等教育与国家回报三方面的现状分析来看,进入知识经济时代以来的美国,高等教育回报的实际与人力资本理论对知识经济下高等教育回报的预期存在落差,这也成为知识经济下美国高等教育回报所面临的问题。

第五章 Chapter Five

高等教育扩张:美国高等教育回报问题的供方成因

进入知识经济时代以来,美国高等教育对个人、社会和国家三个层面的回报都与人力资本理论对知识经济下高等教育回报的预期存在落差。是什么原因导致了落差的出现?由于高等教育回报主要是通过受教育者个人对生产力做出的贡献来实现,个人回报成为高等教育回报的核心,也是高等教育实现对社会和国家回报的基础,所以探寻美国高等教育回报出现落差的原因也主要从高等教育对个人的回报出发。又由于高等教育回报是建立在高等教育培养出来的知识劳动力,在被劳动力市场吸纳,转化为现实劳动力的基础上,才可能获得回报,所以,高等教育回报取决于劳动力供给方和需求方两个方面。那么,本章先从供给方——高等教育的变化或发展情况对知识劳动力供给的影响,对美国高等教育回报出现落差进行成因分析。

第一节

ZHISHI JINGJI XIA MEIGUO GAODENG JIAOYU KUOZHANG

知识经济下美国高等教育扩张

在进入知识经济时代以前,美国高等教育曾经历过两次大规模扩张,且收到不错的效果。第一次在近代工业经济时期,第二次在二战后。经过这两次扩张,美国基本上实现了高等教育大众化,这也为美国进入知识经济时代奠定了基础。20世纪70年代中期以后,由于整个经济的低迷,美国高等教育的发展也陷入低迷。但自20世纪80年代末开始,随着知识经济的兴起,美国高等教育扩张又再度升温。

一

高等教育扩张的动因

高等教育扩张往往指高等教育规模的扩张,一般是多种因素合力作用下的结果。20世纪80年代以来,知识经济的出现以及人力资本理论对高等教育回报的乐观预测,同时,为了解决国内社会矛盾和满足参与国际竞争的需要,这些共同促使美国高等教育进入了第三次高速发展时期,并延续至今。具体来看:

首先,知识经济的内在要求。获得诺贝尔经济学奖的美国经济学家加里·贝克尔提出:当人力资本的投资超过美国社会总投资的70%,对教育、培训、健康、信息和研发的投资超过国内生产总值的20%,技术,特别是高技术产业也就成为现代经济的驱动力。[①]这样的现代经济就是知识经济,最早出

① Becker, G. (2006). The Age of Human Capital. In Lauder, H., Brown, P., Dillabough, J.A. and Halsey, A.H. (Eds)., *Education, Globalization and Social Change*. Oxford University Press.

现在20世纪80年代的美国。在这样的经济形态中,知识成为"社会的中心",社会生产也以知识为基础,这必将对知识的获得途径——教育提出更高的要求。作为培养知识和智力主要场所的高等教育则成为知识经济下不可或缺的重要组成部分。与此同时,美国在原子能、电子计算机、微电子技术、航天技术等领域取得了重大突破,以这些新技术为核心的新兴工业迅速崛起。由于这些新兴产业需要的是大量白领技术工作者,而不是蓝领工人,因此它们中的许多行业甚至根本就不属于传统制造业,而是被划入了第三产业。

显而易见,知识经济所需要的这些新知识和新技术,与高等教育培养的高级推理能力密切相关。新知识的生产和新技术的开发、利用都需要高等教育。把新技术应用于生产的过程更需要接受过高等教育的劳动力。因而,伴随着美国知识经济的发展和高新技术的应用及第三产业比重的不断增大,美国开始不断扩大高等教育规模。

其次,人力资本理论的鼓励。由于成功解释了战后资本主义经济高速增长之谜,人力资本理论在美国有着广泛的影响。虽然20世纪70年代的经济低迷,使得该理论的影响力有所降低,但随着知识经济的兴起,经过修正了的人力资本理论也重新活跃了起来。美国人普遍相信当知识在社会生产生活中的作用不断加大,通过投资高等教育将带来比物质资本投资更高的收益和回报。投资高等教育不仅能提高个人的劳动素质、能力和技能,还能使接受过高等教育的劳动者在工作找寻中获得好的、高级别的工作机会,并以此来获得高工资收入报酬。不仅如此,高等教育还能通过提高个人的社会经济地位来实现个人的社会流动,改善个人和家庭的命运。当越来越多的人拥有高等教育机会、获得知识工作,中产阶级规模也随之增加,社会两极分化则相应地缩小。当越来越多的人接受高等教育,国家劳动力整体素质也因此而提高,这不仅能促进国家经济增长和社会发展,还能提高国家在国际竞争中的竞争力,获得知识竞争的胜利。这使得美国政府和美国民众都把目光聚焦到了高等教育,高等教育扩张也就在所难免。

再次,缓和社会矛盾的手段。知识经济下,美国政府推动高等教育规模扩张,除了时代经济背景和理论支撑外,还有社会现实原因的考量。一方面，美国青年失业率不断上升，社会矛盾加剧。继20世纪70年代之后，西方许多国家的国内生产总值大幅度下降，甚至开始出现负增长。美国经济也出现了不同程度的衰退迹象，经济衰退的直接后果就是劳动力市场萎缩，这导致美国失业率开始飙升。不仅大量已经参加工作的劳动者面临失去工作的威胁，而且劳动力市场对新晋青年劳动力的需求大量减少，甚至几乎没有新晋招聘计划。在这样的经济环境下，大量的失业青年充斥着社会。不仅失业使他们缺乏必要的经济来源，美国里根政府继而推行的私有化改革，更使这部分人的生活雪上加霜。因而一时间各种社会问题，如犯罪、暴力、吸毒、流浪者增多等在美国接连出现。另一方面，日益严重的社会两极分化，也使社会矛盾愈加尖锐。在20世纪70年代中期以后，随着资本主义黄金时代的结束，西方社会结构也开始发生变化。从图5-1可以看出，虽然在美国，总工资收入最高的占比5%的美国人与最低的占比40%的美国人之间一直都存在着差距，但这个差距自20世纪80年代开始愈加显著。社会人口占比最小的精英掌握着最多的社会财富，而社会人口占比最大的群体却因收入低而处于社会的底层，中产阶级不断减少。这样的社会结构使美国社会处于一个极度不稳定的状态，社会矛盾尖锐，暴力、犯罪等社会问题突显。

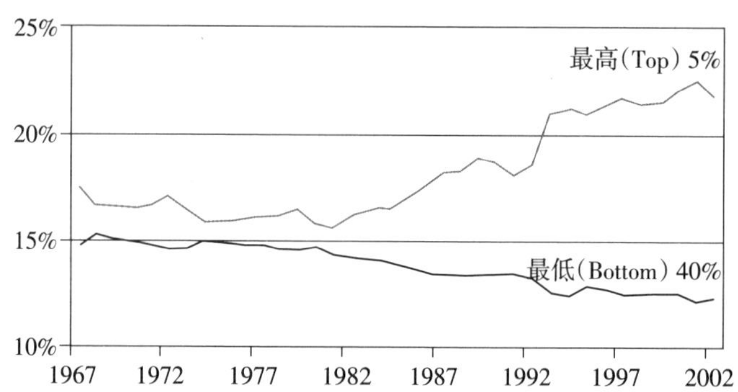

图5-1　1967—2002年最高5%和最低40%美国人总工资收入趋势图

数据来源：Saegert, S.C. et al.（2006）. Report of the APA Task Force on Socioeconomic Status. American Psychological Association.

因此，为了缓和因青年人失业导致集中突显的社会矛盾，也为了缩小社会两极分化，调整和优化社会结构，美国政府希望通过扩大高等教育规模来缓和社会矛盾，扩充美国中产阶级的数量，改善国家社会两极分化局面。

最后,国际竞争战略的需要。进入知识经济时代以来,随着经济全球化的不断推进,国家间对高等教育入学率的攀比和对拥有高技能劳动者规模的竞争意识的加强也成为国家推行高等教育扩张的主要原因。

一方面,高等教育入学率或本国内部受过高等教育公民的比例不仅是衡量一国高等教育发展水平的重要指标,更是衡量国家竞争力和综合实力的评价指标之一。世界各国几乎都致力于提高国家的竞争力排名,高等教育扩张也就成为必然之举。美国也不例外。奥巴马就曾提出:“那些在教育上超越我们的国家,必将在未来的竞争中超越我们。”[①]为了获得未来竞争的胜利,就必须保持在教育上的优越性,即保证较高的高等教育入学率。二战后,美国自高等教育迅猛发展并取得世界领先地位之后,在接下来的几十年中,无论在高等教育入学率还是在获得大学学位的学生人数方面都独占鳌头。但进入知识经济时代以来,随着世界各国都开始重视和发展高等教育,高等教育规模也出现了不同程度的扩张,这威胁到美国高等教育发展在世界上的领先地位。因此,为了维持高等教育入学率领先的优势地位,美国自20世纪80年代以来也一直坚持不断地扩大高等教育规模。当2009年美国高等教育入学率和受过高等教育公民的比例在31个OECD国家中位列前十名开外时,[②]美国政府立即发布“2020年高等教育发展目标”,把提高年轻人进入大学并获得学位的数量和比率确立为高居首位的战略目标。可见高等教育入学率在国家竞争中的重要地位和作用。

另一方面,随着全球化进一步深化,各国对高技能劳动力的培养和争夺日益激烈,并把拥有高技能劳动力的规模看成新经济下国家间竞争优势的一种表现形式。特别是随着经济全球化进程的加快,发展中国家开始参与到知识的生产与竞争之中,以美国为代表的发达国家要想在知识竞争中获胜,拥有高技能、创造力的知识工人的规模将成为他们保持竞争优势的唯一源头。在这场知识战争中,教育特别是承担培养高技能劳动者责任的高等教育则站在了国际竞争的最前方。美国总统奥巴马提出:在全球竞争中,要

① 杨明全.“后金融危机时代”美国教育发展战略规划及启示[J].全球教育展望,2012(7):70.

② U.S. Department of Education.(2011). U.S. Department of Education Strategic Plan for Fiscal Years 2011~2014.

入学机会的均等化，该法律旨在为让经济困难的学生获得进入高等教育的机会而努力。

到2009年，奥巴马一上台就表示了对美国高等教育的偏好。他在第一次向国会的致辞中提到：在全球经济中，最有价值的是知识，所以成功不仅仅取决于好的教育，好的教育仅仅是前提条件。[①]因此他号召高等教育要为所有的人，希望人人都能从高等教育机构中毕业。这也奠定了奥巴马政府接下来的一系列关于高等教育的政策措施的基础。

经过20世纪90年代初的高等教育扩张之后，在之后十年左右的时间内，美国在25~34岁年龄阶段的人群中，接受并完成高等教育的人口占整个年龄群体的比例在世界中排列第一位。但在2009年，美国的该项排名下降至第十六位，且与世界其他国家的差距正在逐渐扩大。[②]在这样的背景下，美国总统奥巴马在2009年的首次国会演讲中提出了美国2020年高等教育发展目标，提出在2020年使美国成为世界上接受高等教育并拥有大学学位的人口比例最高的国家。美国总统奥巴马的这一目标成为美国教育部门工作的“北极星”和指向标。美国教育部门紧接着提出了2011—2014财政年战略规划。在这一战略规划中，提出：通过扩大和提高高中毕业生的比例来使更多人满足并符合进入高等教育机构的条件；通过扩大进入高等教育的比例，特别是扩大低收入家庭的学生、残疾学生等群体进入高等教育的比例，以缩小进入高等教育的机会差距，以增加和提高高等教育学位获得者(25~34岁)的人数和比例，六年内完成并获得学士学位的学生的数量和比例，三年内完成并获得副学士学位的学生的数量和比例。以这些措施来实现美国总统奥巴马提出的宏伟目标。[③]根据美国社区调查(ACS)，在当前美国获得大专及以上学位的人口占39%，而根据估算，为了实现2020年高等教育发展目标，美国大学毕业生总数还需要增加近50%，也就是说需要新增加800万

① Erica, T. (2009). Obamas Budget Plan: What Does It Mean for Higher Education. *The Hispanic Outlook in Higher Education*, 14.

② U.S. Department of Education. (2011). U.S. Department of Education Strategic Plan for Fiscal Years 2011~2014

③ U.S. Department of Education. (2011). U.S. Department of Education Strategic Plan for Fiscal Years 2011~2014.

左右的大专或本科毕业生。[①]为了实现这一目标,美国政府提出的具体措施是:降低高中辍学率,提高毕业率,提高大学入学率;增加社区学院的毕业生,改善社区学院的基础设施;改革大学生贷款、助学金等项目;等等。[②]接着美国联邦教育部在2010年3月通过了《改革蓝图——初等与中等教育法修订》,该教育改革蓝图要求保证每个学生都享有同样的机会,确保在2020年前实现美国高等教育培育出世界上最多的大学毕业生的目标。[③]

因此,自20世纪末以来,在美国历届政府的积极推动下,美国高等教育规模呈现出了持续扩张的发展势头。

三

高等教育扩张的具体表现

美国高等教育扩张首先表现为入学率的增长。按照美国教育学家马丁·特罗(Martin Trow)对高等教育发展阶段的划分,高等教育毛入学率[④]在15%~50%为高等教育大众化阶段,当毛入学率高于50%为普及化阶段。那么,美国在1950年左右,高等教育就已经开始进入大众化阶段,而在20世纪末,当美国进入到知识经济时代之后,高等教育更是出现了质的飞跃,美国进入到高等教育普及化阶段。在1991年,美国高等教育毛入学率达到51%,在1995年,则已经高达81.8%,[⑤]虽然在1995年之后的五六年间,美国高等教育毛入学率有所下降,在2000年和2001年为69%,但在之后的近十年时间里,美国高等教育毛入学率一直以上升的趋势发展,到2010年时,达到95%(如图5-2所示)。[⑥]

---

① U. S. Department of Education. (2011). Meeting the Nations 2020 Goal: State Targets for Increasing the Number and Percentage of College Graduates with Degrees.

② [美]约翰·奥布雷·道格拉斯. 寻求高等教育的明智增长——美国高等教育结构的历史与趋势[J]. 徐丹,译. 常桐善,校. 大学教育科学, 2010 (5).

③ U.S. Department of Education (2010). *ESEA Blueprint for Reform*, Washington, D.C.

④ 备注:高等教育入学率即高等教育规模占高等教育适龄人口的比例。美国在高等教育入学率计算中惯常采用高等教育在校生人数占全国18~24岁人口的比例。

⑤ 潘懋元. 中国高等教育大众化的结构与体系[M]. 广州:广东高等教育出版社, 2009: 25.

⑥ The World Bank. Jobs Data-United States.

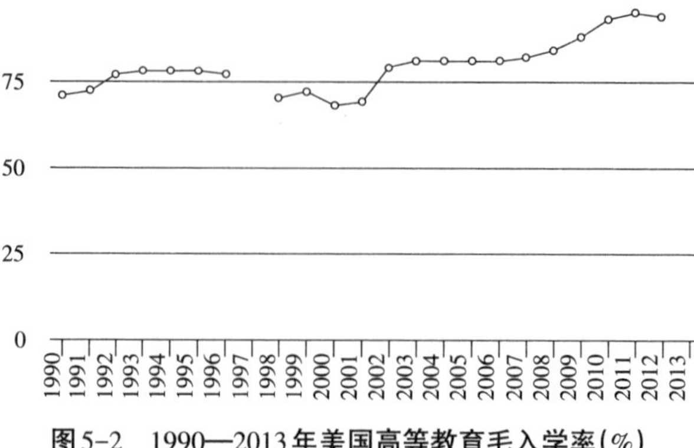

图5-2 1990—2013年美国高等教育毛入学率(%)

数据来源:The World Bank. Jobs Data-United States.

从高等教育净入学率来看,2009年美国智库皮尤研究中心的一份研究报告显示,美国18~24岁人口的高等教育入学率在2008年10月达到历史峰值。美国18~24岁人口的大学入学率从1973年的24%攀升到2008年的39.6%。其中,四年制大学入学率从1973年的17.1%上升到了2008年的27.8%。[①]从图5-3中可以直观地观察到20世纪80年代以来的美国高等教育扩张的趋势。另外,从高中毕业生的大学升学率来看,2009年美国总共290万高中毕业生,其中210万升入各类大学,升学率达到历史新高的72.4%。[②]

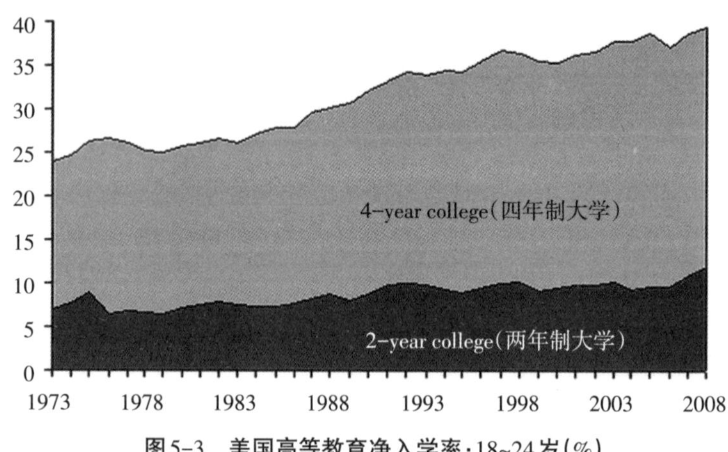

图5-3 美国高等教育净入学率:18~24岁(%)

数据来源:Fry, R. (2009). College Enrollment Hits All-time High, Fueled by Community College Surge. *Pew Research Center Publications.*

① Fry, R. (2009). College Enrollment Hits All-time High, Fueled by Community College Surge. *Pew Research Center Publications.*

② Bureau of Labor Statistics, U.S. Department of Labor. The Economics Daily, College Enrollment Up Among 2009 High School Grads.

与入学率提高相伴随的是大学在校生人数的增加。自20世纪中期开始美国高等教育在校生的人数不断增长,进入到21世纪,美国大学本科在校注册学生的数量更是显著增长。在2001—2011年的10年间,大学本科在校注册学生的比例增长了32%,学生人数从1370万上升至1810万。[①]美国国家教育数据中心预计2011—2021年美国高等教育在校注册学生的规模将再提升13%左右。虽然高等教育在校注册学生规模的增长与国家人口规模的增长有关,但同时与在校注册率也有关系。以大学适龄人口在18~19岁和20~24岁两个年龄段为例,在2001—2011年,美国18~19岁年龄段的人口增长了8%,但该年龄阶段的大学生在校注册率从44%上升到了50%;而20~24岁年龄段的人口增长了12%,但该年龄阶段的大学生在校注册率从34%上升到了40%。[②]

随着高等教育入学率的持续增高和大学在校生数量的增加,美国大学毕业生的人数也越来越多。据美国相关调查显示:从1975—1994年的20年间,在美国25~29岁年龄段人口中,获得学士及以上学位的人口比例徘徊在21%~24%的范围内。自此之后,该年龄段人口的学士及以上学位获得率稳步攀升到了2009年的31%。从25岁以上的年龄段来看,该年龄段人口的本科及以上学历的获得率则从1970年的11%稳定上升到2009年的30%。[③]从图5-4可以看出,自20世纪90年代以来美国学士学位获得率在持续稳步地上升。到2012年,美国25~29岁年龄段人口中至少拥有学士学位的比例已经上升到33.5%,比1995年增长了将近10个百分点。[④]

① U.S. Department of Education (2012). National Center for Education Statistics 2013. Digest of Education Statistics.

② Snyder, T. D., & Dillow, S. A. (2013). Digest of Education Statistics, 2012(NCES 2014-015). *National Center for Education Statistics*.

③ Ryan, C. L., & Siebens, J. (2012). Educational Attainment in the United States: 2009. US Census Bureau.

④ Rampell, C. (2013).Data Reveal a Rise in College Degrees Among Americans. The New York Times.

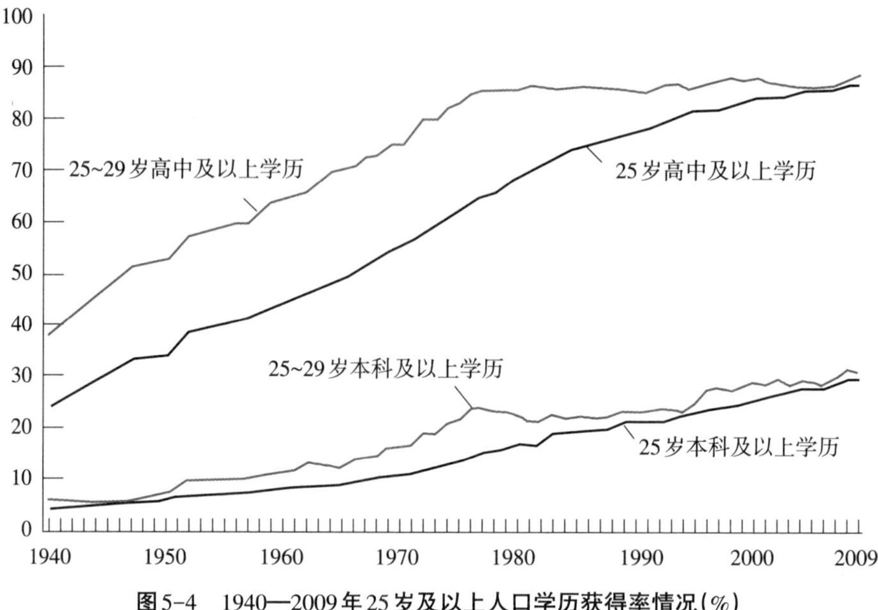

图5-4　1940—2009年25岁及以上人口学历获得率情况(%)

数据来源:Ryan, C. L., & Siebens, J. (2012). Educational Attainment in the United States: 2009. US Census Bureau.

因此,从入学率、在校大学生人数和大学毕业生人数等方面的分析都可以看出,自20世纪80年代开始,美国高等教育规模呈现出不断扩张的趋势,进入高等教育的人越来越多,这也就意味着进入知识经济时代以来,美国知识劳动力规模也在不断增加。

第二节

MEIGUO GAODENG JIAOYU KUOZHANG DUI ZHISHI LAODONGLI GONGJI DE YINGXIANG

美国高等教育扩张对知识劳动力供给的影响

高等教育与劳动力市场尽管是两个相互独立的系统，但是二者又相互联系、相互影响，高等教育作为知识劳动力的供给方，其大规模扩张势必直接从规模、质量、结构几个方面对知识劳动力的供给造成影响。

一

知识劳动力规模膨胀

美国劳工统计局的一份报告显示，虽然受金融危机的影响，严峻的就业形势和高失业率使得2007—2011年美国新毕业大学生的劳动参与率出现了波动，其中2011年的劳动参与率为85.2%，略低于2007年的87%和2008年的88.1%。但是，随着大学毕业生数量增长，2011年的大学毕业生人数达到133.6万，高于2007年的119.2万和2008年的128.1万，这使得2011年美国高等教育新供给的知识劳动力数量依然高于以往。[①]（如表5-1）而且，在新毕业大学生数量增加的同时，美国拥有高等教育学历的劳动者总量也在不断增长。2011年美国25岁以上的人口中拥有学士及以上学位的比例超过了30%，是20世纪60年代的3倍多。与此同时，在美国劳动力市场上，拥有大学学历的人口也增加了4000多万。而从拥有大学学历人口未来的增长趋势来看，预计2010—2020年将有30%的增幅，将从6100万增加到8000万。[②]所

① Spreen, T. L.（2013）. Recent College Graduates in the U.S. Labor Force: Data from the Current Population Survey. *Monthly Labor Review*, 136(2).

② Spreen, T. L.（2013）. Recent College Graduates in the U.S. Labor Force: Data from the Current Population Survey. *Monthly Labor Review*, 136(2).

以，尽管美国大学毕业生的劳动参与率与其经济状况、就业形势密切相关，呈现出一定的波动性和阶段性，但从劳动力市场上不断增加的大学毕业生数量来看，知识劳动力的规模依然是在增加。

表5-1 美国新毕业大学生劳动参与情况

大学毕业生情况	年份				
	2007	2008	2009	2010	2011
大学毕业生总数（千）	1 192	1 281	1 217	1 332	1 336
劳动总参与率（%）	87.0	88.4	85.2	83.3	85.2
男性劳动参与率（%）	88.8	86.0	84.9	83.2	84.9
女性劳动参与率（%）	85.7	90.1	85.3	83.3	85.4

数据来源：Spreen, T. L. (2013). Recent College Graduates in the U.S. Labor Force: Data from the CurrentPopulation Survey. *Monthly Labor Review*, 136(2).

知识劳动力规模膨胀还体现为许多不需要大学学历的工作岗位聘用了越来越多的大学毕业生。也可以说是，越来越多的大学毕业生从事了实际上不需要大学学历的低技能工作。从纵向来看，美国高等教育扩张使得大学毕业生数量日益增长，在提高了高等教育获得率的同时，高学历劳动者的不充分就业率也迅速上升。如图5-5所示，1967年高等教育获得率为10.1%，2008年增长到29.4%。与此同时，大学毕业生的不充分就业率增长更加迅速，从1967年的10.1%攀升到了2008年的35.3%，而在1998年大学毕业生的不充分就业率也仅为16.6%。2008年，美国有1740万大学毕业生从事了并不需要大学学历的工作。其中，有31万的大学毕业生从事了服务员工作，从事收银员工作的大学毕业生超过了36万，从事零售工作的大学毕业生则超过了100万。[①]

① Vedder, R., Denhart, C., Denhart, M., Matgouranis, C., & Robe, J. (2010). From Wall Street to Wal-Mart: Why College Graduates Are Not Getting Good Jobs. *Center for College Affordability and Productivity* (NJ1).

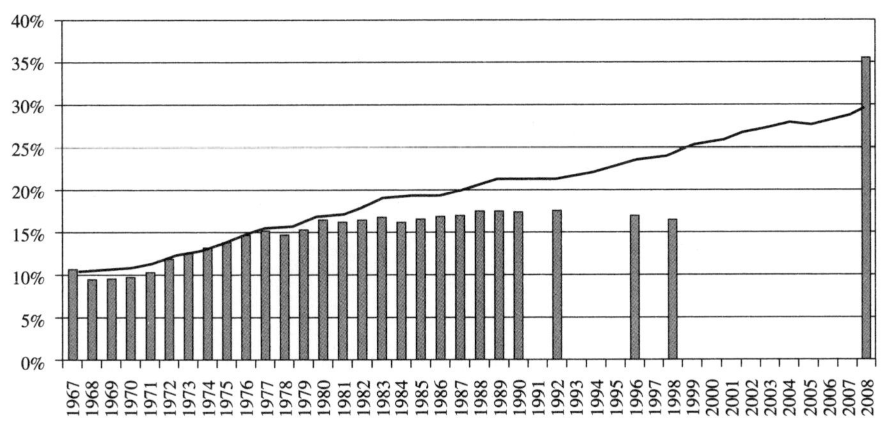

图5-5　美国高等教育获得率与大学毕业生不充分就业率

数据来源：Vedder, R., Denhart, C., Denhart, M., Matgouranis, C., & Robe, J. (2010). From Wall Street to Wal-Mart: Why College Graduates Are Not Getting Good Jobs. *Center for College Affordability and Productivity* (*NJ1*).

从横向来看，在2010年，美国共有约4170万已经就业的拥有大学学历的知识劳动力，其中，从事要求本科及以上学历工作的比例为51.9%，还有37%从事只要求高中及以下学历的工作，剩下的11.1%从事的是要求高中学历以上本科学历以下的工作（如图5-6所示）。[1]另外，纽约联邦储备银行的报告称，2014年美国44%的拥有本科及以上学历的大学毕业生正在从事的工作在实际技能上并不需要本科学历，[2]这几乎占到了大学毕业生总数一半的份额。

① Vedder, R., Denhart, C. and Robe, J. (2013). Why Are Recent College Graduates Underemployed? University Enrollments and Labor-Market Realities. *Center for College Affordability and Productivity* (*NJ1*).

② Abel, J. R., Deitz, R., & Su, Y. (2014). Are Recent College Graduates Finding Good Jobs?. *Current Issues in Economics and Finance*, 20(1).

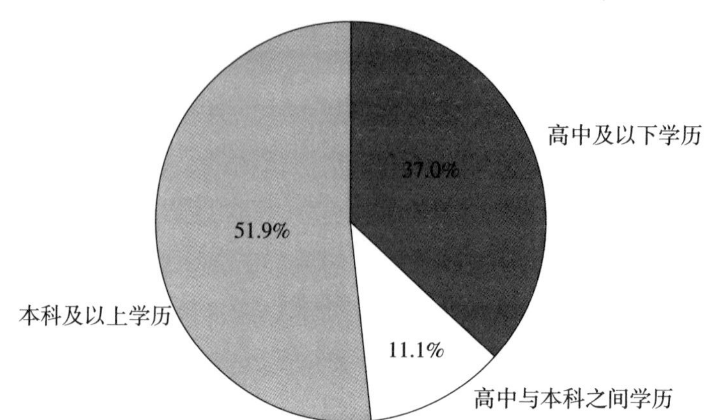

图5-6　美国大学毕业生在不同学历要求工作中的就业比例

数据来源：Vedder, R., Denhart, C., & Robe, J.（2013）. Why Are Recent College Graduates Underemployed? University Enrollments and Labor-Market Realities. *Center for College Affordability and Productivity*（*NJ1*）.

因此，美国高等教育扩张带来了大学毕业生数量的增加，造成高学历劳动力供给规模的日益膨胀，进而给高技能劳动力市场带来了巨大的就业压力。同时，这也为企业招聘门槛的提高提供了条件。大学学历不再是通向好工作的门票，却日益成为人们进入劳动力市场的敲门砖。如果劳动力市场需求的增长难以适应扩张的高素质劳动力供给，那么就会出现高技能劳动力市场的供需失衡，从而导致大学毕业生过度教育，甚至失业等问题。

二

大学毕业生质量下滑

以大学毕业生为主力的高学历劳动力的质量水平很大程度上取决于高等教育系统的培养质量，取决于教学设施、师资水平、学习环境等条件。而这些条件意味着教育经费的投入。如果只是大规模增加在校学生人数而不相应地增加投入的话，那么，就像一幅漫画表现的那样：一把茶壶，多只茶杯，在不增加茶壶、茶叶的条件下只增加茶杯，每只茶杯所分到的茶水势必越来越淡。在学生越来越多而投入没有相应增加的情况下,高等教育质量出现下滑是不可避免的。美国高等教育的扩张是否导致培养质量的下滑呢?

为了考察这个问题,我们先回顾一下美国政府对高等教育管控的发展过程。如欧洲一样,美国政府最初对大学也未加管控,在18世纪以前,美国的大学都为私人所办,政府似乎没有管控的理由。但自1818年美国第一所公立大学——弗吉尼亚大学建立之后,美国政府开始干预高等教育发展。特别是在19世纪60年代开始的“赠地运动”(Land-Gift Movement),使公立大学运动在全美开展。二战后美国公立高等教育机构更是迅速增加,20世纪60年代之后,美国公立高等教育机构成为高等教育的主体,为大部分美国公民提供了高等教育机会。在2007年,大约有74%的美国学生就读于公立高等教育学校,近20%就读于私立或非盈利独立学院,另有6%左右就读于盈利高等教育机构。[①]所以,公立高等教育机构不仅成为知识经济下美国高等教育扩张的主要承担者,而且容纳了美国大部分要接受高等教育的学生。

公立高等教育机构中大学生人数的增加,意味着政府财政需要加大投入力度,才能确保学生获得高质量的大学教育,才能确保大学毕业生转换为高质量的知识劳动力。但事实上,自20世纪80年代以来,美国政府多次压缩教育预算。在1969—1970学年,美国对高等教育的投入占高教经费的比例为58%,而在1989—1990学年则仅为51.3%,[②]二十年间下降了近七个百分点。又由于教育投资的投入周期长、见效慢,在政府的财政预算中最容易被压缩。例如,“9·11”事件后,美国政府的教育开支就开始被大笔的反恐经费所挤占。2007年的“次贷危机”后,由于财政困难,政府也不得不压缩开支,而在政府大力削减支出的项目中,以教育支出为代表的非国防项目再次成为主要削减对象。

经济的衰退同时导致美国各州财政收入减少,预算出现亏空,大部分的州政府也不得不大幅度削减支出。从2008—2009财政年度来看,全美各州的一般预算支出从6873亿美元下降至6577亿美元,降幅达到4.3%,而在

① [美]约翰·奥布雷·道格拉斯.寻求高等教育的明智增长——美国高等教育结构的历史与趋势[J].徐丹,译.常桐善,校.大学教育科学,2010(5).

② 潘懋元.中国高等教育大众化的结构与体系[M].广州:广东高等教育出版社,2009: 26.

2010年又降至6129亿美元,降幅达到6.8%。[①]在美国公立高等教育中,州政府的拨款向来是公立高等教育机构最重要的收入来源。当州政府财政收入下降,预算就会缩水,州政府往往会过度削弱高等教育的财政支出。特别在发生经济危机时,教育财政支出将会受到更大幅度的压缩。历史还表明,经济复苏与财政收入增长存在时间差,一般来说,经济危机对财政状况的影响将发生在经济危机结束后的一至三年。[②]也就是说,即便经济危机结束,国家和地方的财政收入仍不乐观。在2009财政年,美国州政府对高等教育的资助额度为779亿美元,比上一财政年减少了28亿美元,每个全日制高等教育在校生所获得的资助金额也从2008年的7217美元降低到2009年的6928美元。[③]到2010财政年时,至少有39个州削减了公立高等教育机构的拨款。[④]

高等教育财政支出减少的直接后果就是公立高等教育机构经费收入减少。自20世纪80年代以来,在美国政府不断缩减高等教育经费支出的同时,高等教育规模却在不断地扩张,这不仅使美国公立高等教育机构运行雪上加霜,而且严重影响着高等教育质量。因为在高等教育机构面临运行经费紧缺的情况下,高等教育机构一般会采取节省开支的办法来平衡预算。大学往往通过压缩教师招聘计划、解雇教职员工、灵活的工作时间制等方法来达到节省开支的目的。美国公立与赠地大学协会的问卷调查结果表明:在参加调查的公立高等教育机构中,60%的大学因州政府削减高等教育支出而影响对教职员工的招聘和留用;而70%的大学削减了讲师等职位;44%的大学取消了一些终身任职的岗位。另外,政府拨款削减的幅度影响公立大学采取节省开支的力度,在政府拨款削减幅度超过10%的高等教育机构中,大约有80%的大学都对正式职工采取了裁员的办法;在削减幅度小于10%的高等教育机构中,只有10%的学校采取了裁员的办法。[⑤]可见,在高等教育扩张的情况下,政府财政支持减少本来就致使生均经费出现下降,影响教

① National Association of State Budget Officers (2010). The Fiscal Survey of States.

② National Association of State Budget Officers (2010). The Fiscal Survey of States.

③ State Higher Education Executive Officers (2010). State Higher Education Finance FY 2009.

④ Johnson,N. Oliff, P. and Williams, E. (2010). *An Up Date on State Budget Cuts*. Center on Budget and Policy Priorities.

⑤ 马彦利, 胡寿平, 王海东. 经济大衰退对美国高等教育的影响[J]. 清华大学教育研究, 2011 (6).

育质量,高等教育机构又通过压缩开支的方式,使教育质量更加没有保障。

虽然美国政府也通过助学贷款或助学金的方式来解决财政拨款不足的问题。如威廉·福特直接贷款(William Ford Federal Direct Loan Program),又称为联邦直接学生贷款。这是根据1993年《美国高等教育法》的相关条例建立的,该类贷款的资金来源于政府资本,政府充当银行的角色,发放对象是学生或家庭。[①]但是由于州政府的教育财政支出才是维持高等教育机构运行的主要经费来源,仅靠联邦政府一次性的助学金和助学贷款资助仍然无法保证高等教育机构的高质量运行。

另外一种解决政府高等教育财政支出不足的方式是增加学费,把政府的教育财政支出转嫁到学生和家长身上,这是维持高等教育机构运行的又一种方式。在1978—2008年,美国四年制公立大学的学费从2302美元上涨至6585美元,平均每年上涨3%以上。[②]在美国的公立高等教育机构中,生均净学费(即学费减去各种资助的部分)2009年比2008年增加了2%,这部分收入在学校一般经费中占的份额也从2008年的31.9%增加到2009年的33.4%。[③]可见,学费收入在学校的日常开支中占的比重在不断增加。在2009—2010学年度,公立高等教育机构的学费更是出现大幅度增长,平均增加了4.3%,而在2010—2011学年度学费继续上升,上升幅度为4.5%。[④]

但是以增加学费来解决高等教育机构运行经费问题的方式,给个人和家庭带来了沉重的负担。在1978—2008年,美国四年制公立大学的学费年均涨幅在3%以上,而同期美国家庭平均收入的增长幅度仅为0.34%。[⑤]前者的增幅是后者的十倍左右。当大学学费的增长幅度超过了家庭平均收入的增长幅度,教育支出成为家庭支出中的主要部分,教育开支也就成为家庭的一个负担。而且高额的大学学费对于一般家庭而言都是一个较大的家庭开支,更别提来自于低收入家庭的学生,他们面临着更大的经济压力。更严重的是,随着学费的不断增长,学费的增长幅度还快于物价上升指数,这就使

① 张少雄.西方大众高等教育的困境与我们的选择[J].高等教育研究,2006(2).

② 周红安.二战后美国高等教育入学机会政策的发展与变革[J].当代教育论坛(综合研究),2011(5).

③ State Higher Education Executive Officers (2010). State Higher Education Finance FY 2009.

④ 付淑琼.美国奥巴马政府2020年高等教育发展目标、路径与困境[J].比较教育研究,2013(8).

⑤ 周红安.二战后美国高等教育入学机会政策的发展与变革[J].当代教育论坛(综合研究),2011(5).

更多的家庭无力承担这种高额的教育费用。美国人口普查局公布的数据显示,从2000—2006年,美国家庭收入中位值下降了2%。[①]家庭收入在这期间不仅没有出现增长,反而出现了下降的趋势。美国教育部部长玛格丽特·斯佩林斯就曾说,学费的增长使许多学生要么失去上大学的勇气,要么为上大学背负了沉重的债务负担。[②]

所以,美国高等教育规模扩张,虽然为更多的适龄青年提供了接受高等教育的机会,但由于没有相应的财政投入,这就相当于依然是一把茶壶,只是增添了一些茶杯。如果以增加学费的方式来弥补教育财政支出的不足,这不仅使大部分美国人面临家庭教育支出不断升高的压力,而且部分低收入家庭的子女可能因此而丧失获得高等教育的机会。此外,人力资本理论把高等教育看成是提高劳动者的生产效率和劳动能力的主要途径,其中一个潜在条件也是高等教育获得者必须获得高质量的教育。而高质量的教育必须有经费保证。美国教育行政专家罗森庭格(W. E. Rosentengel)所指出的:"学校经费如同教育活动的脊椎。"[③]在缺乏"脊椎"的美国高等教育机构中,即便是获得了高等教育机会,接受高等教育的人们所获得的教育并不一定能使他们具备劳动力市场需要的高质量、高技能的劳动能力。

三

大学毕业生结构变化

大学毕业生结构直接受高等教育结构的影响。在高等教育系统内部,高等教育结构的变化又往往与高等教育规模的扩张相伴而生。一般来说,高等教育扩张可以通过内涵式和外延式两种方式实现,其中内涵式发展模

① Walt, C.E. et al. (2007). Income, Poverty, and Health Insurance Coverage in the United States: 2006. *U.S. Census Bureau.*

② 闵维方. 对《美国高等教育行动计划》的解读[J]. 中国高等教育, 2007(Z1).

③ 蔡保田. 当前我国国民小学教育经费的实际问题[J]. 台湾"国立"政治大学学报, 1970(22).

式是指通过挖掘高等教育内部潜力来扩大高等教育规模,从原有的高等教育结构内部进行规模扩张。外延式发展模式是指在原有的高等教育系统上扩展新的高等教育结构,以新建高等教育机构的方式来实现。这两种高等教育扩张方式都会对高等教育结构产生影响。单从高等教育结构来看,其又是一个复杂的系统,它包含层次结构、等级结构、专业结构等多种形式。高等教育结构的形成、变化和呈现出来的最终形态与社会经济发展阶段、历史文化背景等因素相关。从美国高等教育的结构来看,在高等教育大众化和普及化过程中,美国已经形成了以多层次为代表的高等教育结构,且这样的高等教育层次结构已经趋于稳定。所以,知识经济下美国高等教育扩张对高等教育结构的影响,主要是对等级结构和专业结构的影响,及进一步产生的对美国大学毕业生在等级结构和专业结构上的影响。

(一)大学毕业生等级结构分化

高等教育的等级结构是指高等教育机构之间以声誉、任务、职能等为标准,以次第等级的方式进行排列而形成的结构。伯顿·克拉克(Burton R. Clark)把高等教育的等级结构分为两种形式。[①]第一种形式是以“任务”为划分标准,在各个教育层次之间形成了高低不同的等级结构。也就是说,不同层级之间因承担的任务不同,在等级结构中处于不同的位置。从这一划分标准来看,高等教育的等级结构等同于高等教育的层级结构。由于经过了二战后的高等教育大发展,美国高等教育层级结构已经趋于稳定,所以知识经济下美国高等教育扩张对高等教育等级结构的影响主要体现在第二种形式的划分上。

第二种形式的高等教育等级划分则是以“声誉”来对高等教育机构进行等级划分。不同高等教育机构,其“声誉”具有高低之分。“声誉”一般是通过高校毕业生的社会价值来进行衡量的,也就是高校毕业生所从事的职业、取

① [美]伯顿·R.克拉克.高等教育系统——学术组织的跨国研究[M].王承绪等,译.杭州:杭州大学出版社,1994.

得的社会地位等，这成为区别高等教育机构等级的依据。但现在高等教育机构的“声誉”往往是通过在大学排名中的位次来进行衡量。现在几乎各国都有相关的组织或机构对国内大学、全球大学进行排名，如上海交通大学的“世界大学学术排名”和英国的《泰晤士报高等教育》排名等。虽然不同机构排名所依据的指标可能有所不同，但笼统地看，高等教育机构的等级结构可以分为一流大学（精英大学）、二流大学、三流大学等，或重点大学、普通大学等。

以声誉来划分高等教育结构使大学毕业生之间也出现了等级划分。毕业于精英大学的学生意味着比毕业于普通大学的学生更加优秀。在企业看来，大学的声誉是与质量相挂钩的。毕业于排名靠前的大学的毕业生就意味着其具有更高的素质、更多的知识储备、更优秀的技能技术等。所以，精英大学的毕业生在工作竞争中也比其他普通大学的毕业生更具有竞争优势。但是正是这种以“声誉”为标准的划分方式，使拥有同等学历的大学毕业生之间出现了等级分化。接受相同教育程度的大学毕业生们，他们的学历证书却有着不同的“含金量”。高等教育的等级决定了学历证书的含金量，也决定了大学毕业生的等级，从而使他们在劳动力市场中有不同的境遇，进而影响到他们在工作、收入、社会地位等方面的差异。

所以，高等教育扩张虽然为更多人提供了进入大学接受高等教育的机会，但是高等教育扩张所造成的高等教育机构等级划分又使接受高等教育的大学毕业生间出现等级划分。对于大学毕业生来说，接受高等教育并不意味着就跨入了美好未来生活的大门，接受精英大学的教育才使他们的未来生活有所保障。但是接受精英大学教育的机会似乎并不属于大多数的美国人。一般来自高收入家庭的学生更多地进入到排名靠前的精英大学，而来自低收入家庭的学生则更多地进入到非精英大学。

（二）大学毕业生专业结构失衡

高等教育扩张还影响着高等教育专业结构设置，进而影响到知识劳动力的专业构成结构。由于历史原因，美国高等教育专业结构设置，一直以来都是文科专业占据优势地位,文科专业的大学毕业生也相对较多。特别是经过二战后的高等教育发展和第三次科技革命之后,美国文科专业的在校大学生人数占总学科人数的比例仍超过半数以上,而理科专业的在校大学生人数占总学科人数的比例在1970年之后不断下滑(如表5-2所示)。所以,文科专业的大学毕业生也就远多于其他专业的大学毕业生,且大学毕业生专业结构中的主体是文科专业。

表5-2 美国各学科结构中在校大学生人数所占的比例(%)

学科	年份					
	1960	1965	1970	1975	1980	1990
文科	54.2	55.2	56.0	54.3	53.3	56.9
理科	27.3	27.3	26.0	24.4	19.5	17.3

数据来源:曲恒昌.战后英国高等教育学科结构的调整及其对我们的启示[J].比较教育研究,1997(6).

进入到知识经济社会之后,虽然高等教育大规模扩张,但是文科专业大学毕业生人数仍然远多于理工科专业的大学毕业生人数。从表5-3中可以看出,在1985—2005年,社会及行为科学专业的大学毕业生学位获得人数不仅占据主体地位,而且远多于STEM(科学、技术、工程、数学)中所属相关专业的大学毕业生学位获得人数。从1985年的12.503万人上升到2005年的23.038万人,在20年间获得社会及行为科学专业学位的知识劳动力人数增加了近两倍。而且从整体趋势来看,社会及行为科学专业的大学毕业生学位获得人数还呈现逐年递增的态势。而知识经济下发展最快的计算机科学,在1985年为3.912万人,到2005年为5.056万人,仅增加了25%。而工程学位的授予情况与1985年相比,则下降了20%。[①]

① Archey, W. T., et al. (2005). Tapping America's Potential: The Education for Innovation Initiative. *Business Roundtable*.

表5-3 1985—2005年美国部分专业领域本科学位获得人数(单位:千人)

年份	社会及行为科学	生命科学及农业	工程学	计算机科学	物理学	数学
2005	230.38	85.09	66.13	50.56	18.99	14.84
2004	220.07	81.80	64.68	57.41	18.14	13.76
2003	208.76	81.28	63.77	56.33	18.07	12.88
2002	196.44	79.13	60.64	49.14	18.00	12.27
2001	188.62	79.56	59.26	43.18	18.13	11.46
2000	188.19	83.15	59.54	37.39	18.63	11.74
1999	—	—	—	—	—	—
1998	185.26	85.08	60.91	27.67	19.59	12.09
1997	185.78	82.50	62.35	25.39	19.73	12.72
1996	185.62	78.47	63.11	24.55	19.85	13.08
1995	185.31	71.47	63.37	24.77	19.38	13.85
1994	187.27	65.27	63.01	24.55	18.52	14.83
1993	186.59	59.62	62.71	24.58	17.69	14.85
1992	182.17	54.19	61.94	24.96	17.08	14.93
1991	170.11	48.78	62.19	25.41	16.41	14.78
1990	159.37	46.45	64.71	27.70	16.20	14.67
1989	146.74	45.53	66.95	30.96	17.33	15.31
1988	136.72	46.93	70.15	34.90	17.81	15.98
1987	131.94	48.57	74.43	39.93	20.15	16.52
1986	127.56	50.44	76.82	42.20	21.86	16.53
1985	125.03	51.31	77.57	39.12	23.85	15.39

数据来源:National Science Board (US). (2008). Science & Engineering Indicators 2008.

从各专业大学毕业生的增长趋势来看,文科专业大学毕业生的增长幅度也大于其他专业大学毕业生的增长幅度。随着时间的推移,其他专业的大学毕业生要么没有增长,要么出现负增长。从表5-4可以看出,在1990—2005年,商业法律、人文艺术专业授予学位的年均增长率相较于其他学科出现了增长趋势,特别是商业法律专业授予学位的比例年均增长率远高于其他专业,为1.14%。

表5-4　1990—2005年各学科专业授予学位的比例(%)

学科专业	年份				年均增长率
	1990	1995	2000	2005	
人文艺术	12.5	12.7	12.7	13.1	0.31%
商业法律	18.9	20.8	21.5	22.4	1.14%
工学	10.5	10.6	10.2	10.5	0%
农学	1.9	1.6	1.7	1.4	-2%

数据来源:U.S. Bureau of the Census. The Statistical Abstract of the United States 2009.

可见,进入到知识经济以来,美国高等教育扩张不仅没有改善历史上造成的由高等教育结构的不均衡所引发的知识劳动力专业结构供给失衡的局面,反而延续了高等教育结构的不均衡。而知识经济下,产业结构向高附加值产业的转变却要求劳动力结构发生相应的变化,劳动力市场更需要具有创新性、专业性、技能性的知识劳动力,这种劳动力需求结构的变化又要求高等教育专业结构必须做出相应的调整以适应社会发展的需要。但是从美国高等教育的专业结构来看,即便在高等教育扩张下,也并没有提供劳动力市场急需的科学、技术、工程、数学等学科专业的知识劳动力,反而造成了知识劳动力结构的进一步分化。

所以,从以上分析可以看出,美国高等教育扩张对知识劳动力供给的规模、质量和结构都造成了影响。高等教育扩张使知识劳动力规模膨胀,造成大量的知识劳动力涌入劳动力市场,导致劳动力市场的拥挤局面,加剧知识劳动力对工作竞争的激烈程度,引发价格竞争。高等教育扩张无法确保高等教育质量,影响到高技能劳动力的供给质量,也影响到工作找寻和工资收入。高等教育大规模扩张还使大学毕业生出现等级分化,从而使拥有同等高等教育学历的大学毕业生面临着不同的工作和收入待遇。同时,高等教育扩张导致的高等教育专业结构分化也使大学毕业生专业结构出现失衡局面,使知识劳动者的专业构成与劳动力市场的专业需求不匹配,大学毕业生面临着失业、向下就业等就业问题。因此,由高等教育扩张引发的知识劳动力供给变化对美国大学毕业生就业产生着严重的影响。

第三节

QUANQIU GAODENG JIAOYU KUOZHANG JI DUI MEIGUO ZHISHI LAODONGLI DE YINGXIANG

全球高等教育扩张及对美国知识劳动力的影响

全球高等教育扩张既包括发达国家高等教育扩张,又包括发展中国家高等教育扩张。虽然发达国家高等教育扩张会扩大知识劳动力的供给规模,对美国接受过高等教育的劳动者在就业、工资等方面造成一定的影响和竞争压力。但是由于同属于发达国家,经济发展水平和工资收入水平相差不大,即便是因为劳动力供给增加而对工作和收入产生影响,教育本身所产生的市场价值还是值得肯定的。但是发展中国家的高等教育不仅人口基数大,而且具备低劳动力成本优势,因此,发展中国家的高等教育扩张对美国知识劳动力更具有挑战性。所以本节主要分析全球高等教育扩张,特别是发展中国家高等教育扩张对美国知识劳动力的影响,进而对美国高等教育回报问题做出解释。

一

全球高等教育扩张的表现

自20世纪80年代末90年代初开始,为了迎接技术革命带来的挑战,加速国家的现代化建设,世界上许多国家都意识到高等教育的重要性。除美国之外,其他发达国家也纷纷加入了高等教育扩张的大潮之中。与此同时,一些新兴经济体也走上了高等教育规模扩张之路。从1970—1997年的数据来看,全球高等教育毛入学率翻了一倍,[①]截至2007年,全球高等教育机构的在校生人数总计高达15250万人,这比20世纪初的50万人增长了约305

① 陈国良.发展为主题改革与开放为动力——新世纪中国高等教育展望[J].教育发展研究,2001(2).

倍。[①]

首先,在发达国家中的高等教育扩张情况。虽然二战后的几十年内,美国高等教育一直处于世界领先地位,教育获得率也一路领先。但进入知识经济时代后,特别是从20世纪90年代开始,高等教育规模被发达经济体看成是缩小其与经济竞争对手间差距的主要方式,大多数国家都以高等教育规模最大的国家作为基准来对自身进行衡量。因此,发达国家在高等教育规模上形成了你追我赶的局面,这导致拥有高等教育学历的劳动者规模不断扩大。从图5-7可以看出,与1991年相比,到2005年,除德国以外,其余的OECD国家的高等教育规模都出现了显著的增长,截至2005年,加拿大成为最先实现高等教育获得率超过50%的国家,排名第二的是韩国。[②]

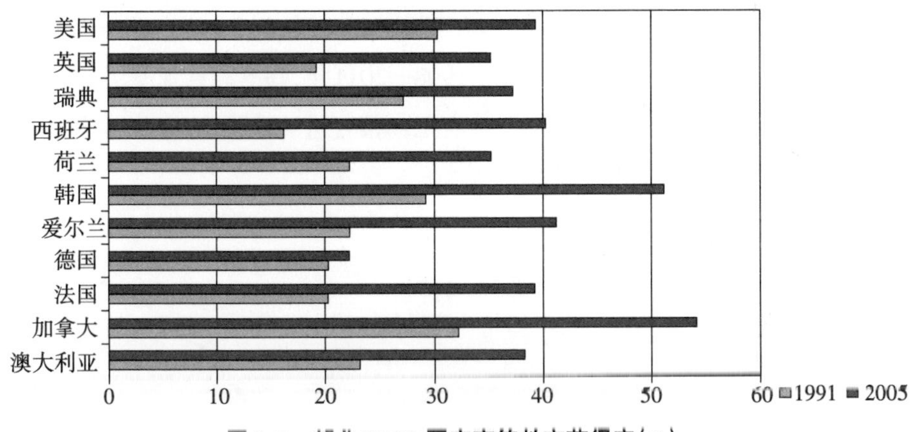

图5-7 部分OECD国家高等教育获得率(%)

数据来源:Brown, P., Lauder, H. Ashton, D. and Tholen, G. (2006). Towards a High-skilled, Low-waged Economy?. In Porter, S. and Campbell, M. (eds). *Skills and Economic Performance*. Sector Skills Development Agency.

其次,在新兴经济体国家中的高等教育扩张情况。进入知识经济时代后,虽然发达国家高等教育平均入学率仍然高于发展中国家,在1991年,发达国家高等教育入学率平均值为40.2%,而发展中国家为14.1%。[③]但是受发达国家高等教育发展模式的影响,以及促进国家经济增长、调整和优化产

① Banks, A. S. (2011). Cross-National Time-Series Data Archive. Computer Systems Unlimited.

② Brown, P., Ashton, D., Lauder, H., & Tholen, G. (2008). Towards a High-skilled, Low-waged Workforce?. *SKOPE Monograph No*, 10(10).

③ UNESCO. (1995). Policy Paper for Change and Development in Higher Education.UNESCO, 40~52.

业结构、构建知识密集型经济国家的内在要求，为了发挥后发优势，自20世纪80年代开始，新兴经济体也积极走上了高等教育规模扩张之路。其中“亚洲四小龙”最早开始进行高等教育扩张，“金砖四国”以及匈牙利、立陶宛、乌克兰和沙特阿拉伯等国家也相继加入了高等教育扩张的浪潮中。这其中以中国、印度的高等教育规模扩张最为显著。

印度和中国作为两个人口大国，人口规模均超过10亿，根据2008年的数据，两个国家总人口分别高达11.86亿和13.27亿。[①]当世界上两个人口大国加入到高等教育规模扩张之后，全球高等教育规模迅速出现大幅度增加。印度自1990年以来，高等教育大肆扩张，独立之初的印度只有27所大学，但截至2006年已经发展到367所大学和1.8万个学院，这些院校的在校生数量达到1300万。[②]中国自1999年高等教育扩招以来，进入高等教育机构的人数逐年上升，如图5-8所示，在1998—2011年，高等教育规模从108.4万人增加到681.5万人。2014年中国政府工作报告进一步指出，在2014年中国将有创纪录的727万高校毕业生。

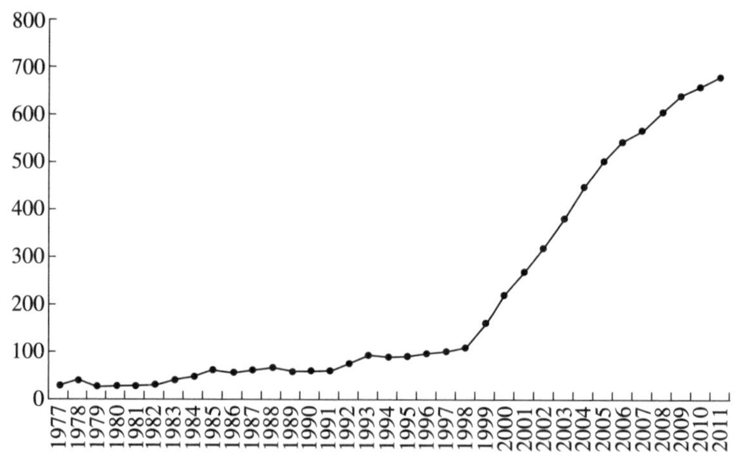

图5-8　中国高等教育规模变化(单位:万)

资料来源:姜尔林.市场转型背景下我国高等教育扩张的社会动力研究——地位竞争的视角[J].北京大学教育评论，2013(3).

①张宇燕，田丰.新兴经济体的界定及其在世界经济格局中的地位[J].国际经济评论，2010(4):15.

② Brown，P.，Ashton，D.，Lauder，H.，& Tholen，G.(2008). Towards a High-skilled，Low-waged Workforce?. *SKOPE Monograph No*，10(10).

所以,知识经济下全球高等教育扩张,特别是发展中国家高等教育扩张,持续地为全球劳动力市场提供着大量的知识劳动力。从1980—2010年,在整个全球劳动力市场中,总共增加了2.45亿大学毕业生。发达国家劳动力市场中大学毕业生增加了1倍,而发展中国家劳动力市场中的大学毕业生增加了2.5倍。[①]特别是在"金砖四国"中,除俄罗斯以外,其他三个国家高等教育规模都呈现不断上升趋势,而且接受高等教育的人数远远超过其他发达国家(除美国以外)。在2007年,中国大学在校生人数与英国相比有大约10倍的差距,也比发达国家中高等教育规模最大的美国还多大约700万(如图5-9所示)。[②]更明显的是,这些国家的高等教育扩张速度甚至比大多数发达国家还快,在短短的几年时间里就超过了发达国家近20年的扩张速度。

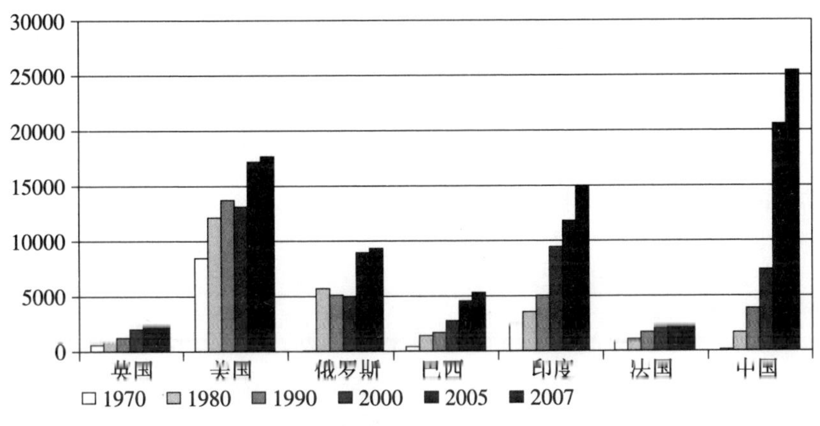

图5-9　各所选国家在校大学生人数(单位:千)

数据来源:Brown, P., Lauder, H. Ashton, D. and Tholen, G.. (2006). Towards a High-skilled, Low-waged Economy?. In Porter, S. and Campbell, M. (eds). *Skills and Economic Performance*. Sector Skills Development Agency.

① Dobbs, R. (2012). The World at Work: Jobs, Pay, and Skills for 3.5 Billion People. McKinsey & Company.

② P. Brown, Lauder, H. and Ashton, D. (2011). *The Global Auction: The Broken Promises of Education, Jobs and Incomes*. Oxford University Press, 33.

二

全球知识劳动力竞争力提高

全球高等教育规模扩张，这仅说明了接受过高等教育的劳动者在全球范围内数量的增加，但这些接受过高等教育的劳动者是否具有全球竞争力，还需要从高等教育质量和结构来进一步说明。一直以来，美国高等教育在质量和结构上都优于全球大多数国家，但总的来说，美国与其他发达国家之间的差距相对较小，与发展中国家相比差距则较为明显。又因为自中国、印度等人口大国进行高等教育扩张之后，来自发展中国家的知识劳动力在全球劳动力市场中占据总量的份额较大。所以，通过分析发展中国家高等教育质量和结构基本可以推断出知识经济下不断增加的全球知识劳动力的竞争力情况。也就可以推断出，他们的知识、技能、素质等能力能否满足知识工作的需要，他们能否与美国知识工人参与同等条件的竞争，并对美国知识劳动者的工作和收入带来挑战。

(一)知识劳动力的质量提升

虽然发展中国家高等教育质量普遍低于发达国家，但是在高等教育机会增加，高等教育规模不断扩张的同时，高等教育质量的提升也逐渐成为发展中国家重点关注的方面。发展中国家通过不断的高等教育改革来提升高等教育质量，从而提升知识劳动力的质量，逐渐缩小与发达国家的差距。

首先，发展中国家政府在推动高等教育规模扩张的同时，还通过优先建立和发展重点高等教育机构来保障部分大学毕业生拥有高素质、高技能，具备较强的参与国际劳动力市场竞争的实力。如中国的“985”“211”工程，就是为培养高水平专业人才和构建世界一流大学而提出的高等教育改革战略。

其次，发展中国家采用高等教育国际化办学方式来提高高等教育的质量和水平，从而提高大学毕业生的质量。他们通过在本土内建立西方式大学的方法，如聘请西方知名的教授、学术人才，模仿西方大学的运行机制和管理方式,采用全英语授课等来提高高等教育教学和管理的标准和质量。与此同时,通过建立国内高校与国外大学的联系,加强国内外大学校际间的项目研究合作或学术交流访问。通过这种方式,发达国家与发展中国家的学生、研究者之间在学术和研究等方面的交流日益密切,各自可以利用所长,互学互用。特别是对于发展中国家的学生和学者来说,更是有机会向拥有较为前沿理论、技术的研究者进行学习。而且也有机会出国去了解和感受国外的民族文化和生活方式,教学方式和学习氛围,学习国外的学术思想和前沿理论、技术等。此外,通过邀请西方国家的一些知名大学到本国来创办分校机构或者合作办校。这样的方式不仅可以使学生不用走出国门就可以直接接受较为纯正的西方教育,还可以使学校利用国外优秀的师资力量、先进的管理模式对国内学生进行教学和培养,以提高学生的质量和素质。而且因为这样的方式几乎是照搬国外的教学模式,所以有利于发展中国家把国外的办学模式作为学习对象,通过学习国外先进的办学理念、课程设置、教学计划等,为本国的大学进入国际先进"一流大学"做准备。而对于外方机构来说,到发展中国家办学,也可以作为一项盈利项目,给机构带来一笔可观的收入。这不仅能扩展自费学生生源,还能获得来自资助机构的赞助以及邀请国的各种优惠政策。这些诱惑条件也很容易吸引一些西方大学进入发展中国家。

最后,直接引进在外留学人员或研究人员回国工作或做研究,也成为发展中国家在高等教育质量方面用来证明高等教育劳动者质量和素质的方法。由于留学生在国外学到了先进的理念、学术规范等,也学到了专门的技能和专业知识,他们回国后可以传播无形的学术思想,也能通过传授专门的技能、知识,或将其直接应用于国内的生产中,为本国经济服务。即便是定居于海外的第三世界的学者或研究人员,他们除了经常与本国的同行保持联系,贡献自己先进的知识和思想外,也经常应邀回到本国的学术机构工作或访问一段时间,并且还有越来越多的科学家在本国学术(有时是政治)形势好转时回国永久定居,他们带回了大量的专门知识。许多人也在本国的科学界和学术机构担任领导职务。以中国为例，截至2000年，已经有成千上万的人选择回到中国，而这些人大都是从1978年左右开始出国留学的学生。据推算，自改革开放到21世纪初的二十几年中，大约有680000位中国留学生在外求学，但有三分之一的学生最终返回国内。[①]毫无疑问，这些受过良好教育的人才的大规模流动对提高国内的高等教育质量和水平都会产生巨大的影响，而且他们还会影响其周围的人，这更会直接提升国内知识劳动力的质量。

通过推行高等教育改革和实施各种提高教育质量的措施后，一些高等教育质量相对落后的国家或地区的高等教育质量有了显著提高。从20世纪末期开始，新加坡、韩国、中国香港、中国台湾等国家或地区的高等教育体系不断完善、发展，在这些国家和地区不断涌现出十分优秀的大学。近年来在中国也有十余所大学接近世界水平。印度理工学院和印度管理学院两所学校的入学条件甚至比一些世界一流大学还高，且印度的大学毕业生在研究和创新上尤为擅长，对印度软件行业的贡献巨大。因此，随着发展中国家高等教育质量的提升，相应地发展中国家知识劳动力的质量也在逐步提升。

（二）知识劳动力的结构优化

在以知识为基础的经济中，创新主要来源于科学和技术领域，所以知识经济中，与科学和技术相关的科学、技术、工程、数学（STEM）等基础性专业是培养高技能劳动者，衡量接受高等教育劳动者在劳动力市场中竞争力的主要因素。从高等教育专业结构来看，随着知识经济的发展，以美国为代表的西方发达国家的大学生对于基础性专业的选择热情不仅没有上升，反而在下降，而以中国、印度为代表的发展中国家选择这些基础性专业的大学生总体规模大于发达国家。这致使以美国为代表的西方发达国家在科学、技术等方面的知识劳动力规模不如发展中国家。

---

① Guruz，K.（2008）. *Higher Education and International Student Mobility in the Global Knowledge Economy*. State University of New York Press，215.

从图5-10可以直观地看出，整体上，亚洲地区科学与工程等相关专业的大学学位获得人数比欧美国家多。由亚洲高等教育培养出来的工程专业的大学毕业生比欧美国家的总和还多。[①]从美国国家科学委员会给出的数据也可以得出同样的结论：在2008年全球1400万大学学位获得者中，科学与工程学科领域占有500万，但据不完全统计，在亚洲获得科学与工程专业学位的人就有240万，且这240万中有100万获得的是工程学专业学位。这些获得科学与工程专业学位的学生主要集中在中国、印度、韩国、日本。但是近年来日本、韩国发展趋势较为缓慢，甚至日本还有下降的趋势。而在整个欧洲（包括俄罗斯在内）有120万，在北美只有70万。[②]但另据统计，在2006年，印度高等教育机构中在校生人数达1300万，这其中有100多万学生学习技术类和专业类学科。[③]而且印度还有培养专业性、技术性劳动力的理工学院、软件学院、技术学院等专门性高等教育机构。

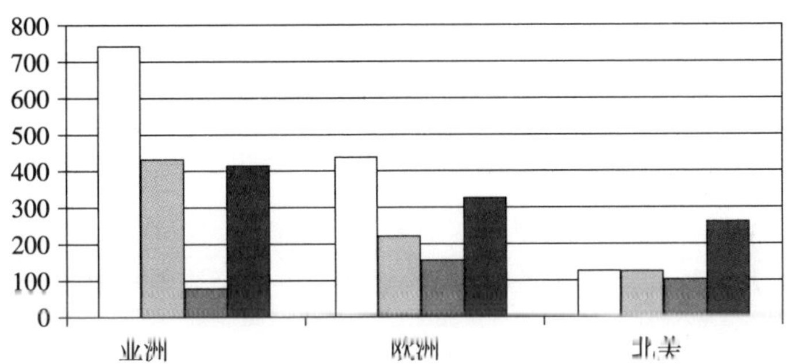

图5-10　亚、欧、北美地区科学与工程专业大学学位获得人数（单位：千人）

资料来源：Brown, P. et al. (2006). Towards a High-skilled, Low-waged Economy?. In Porter, S. and Campbell, M. (eds). *Skills and Economic Performance*. Sector Skills Development Agency.

从前文所述的美国大学毕业生专业结构失衡中可以看出，在美国，虽然高等教育扩张，但是由于选择文科专业的大学生数量远多于科学、工程等相

① Brown, P., Lauder, H. Ashton, D. and Tholen, G. (2006). Towards a High-skilled, Low-waged Economy?. In Porter, S. and Campbell, M. (eds). *Skills and Economic Performance*. Sector Skills Development Agency.

② National Science Board (US). (2012). Science & Engineering Indicators. *National Science Board*, 119.

③ Brown, P., Lauder, H. and Ashton, D. (2011). *The Global Auction: The Broken Promises of Education, Jobs and Incomes*. Oxford University Press, 33.

关专业的大学生，所以文科专业的大学毕业生成为大学毕业生中的主体部分，而理工科专业的大学毕业生不仅增长十分缓慢，而且有些专业的大学毕业生甚至出现了负增长的现象。不仅如此，在美国大学中选择这些理工科专业的学生，还有部分是外国留学生。由于美国作为留学选择的最佳目的国，每年都接受大量的外国留学生。这些留学生中不仅大多来自新兴工业化国家，而且集中在计算机科学、工程学、物理科学、数学和经济学等专业学科中。[①]在美国，选择科学和工程专业的留学生几乎占据了整个留学生的30%(如表5-5所示)，而且外国留学生进入美国大学的规模在逐年增加。[②]在美国2009—2010学年度，外国留学大学生比上一学年增加了5%，而在这些外国留学生中，学习农业科学的学生增加了15%，工程科学增加了7%，数学和计算机专业增加了8%。[③]从学位授予情况来看，在美国工程学、数学、计算机等专业的博士毕业生中，有接近一半的学生是来自其他国家的学生。[④]在这些学习理工类专业的留学生中，中国、韩国、印度等国家是在留学生来源国中排列靠前的几个国家。[⑤]但是，近年来，随着发展中国家经济的发展、国内研发市场的兴起、国内大量创业机会的出现，一个比较明显的趋势是，这些来自发展中国家的留美大学毕业生，要么毕业后在美国工作几年之后回国，要么毕业后直接选择回国，出现了人才循流的现象。大量科学和工程专业的留美大学毕业生回国，在直接增加发展中国家高质量知识劳动力的同时，还使其国内的知识劳动力结构更加优化。

① National Science Board (US). (2012).Science & Engineering Indicators.*National Science Board*, 111.
② National Science Board (US). (2012). Science & Engineering Indicators. *National Science Board*, 105.
③ Institute of International Education (2011). Open Doors 2010: A Report on International Education Exchange.
④ Brown, P., Ashton, D., Lauder, H., & Tholen, G. (2008). Towards a High-skilled, Low-waged Workforce?.*SKOPE Monograph No*, 10(10).
⑤ National Science Board (US). (2012). Science & Engineering Indicators. *National Science Board*, 105.

表5-5 在美留学大学生选择科学和工程学专业的人数(单位:人)

	年份				
	2006	2007	2008	2009	2010
在美留学生总人数	256 090	266 870	281 550	291 440	295 550
科学和工程专业人数	74 740	77 150	81 700	86 950	93 230
其他专业人数	181 340	189 730	199 850	204 480	202 320

数据来源:National Science Board (US). (2012). Science &Engineering Indicators. *National Science Board*, table 2-7.

另外,发展中国家在从事科学和技术等领域也具有一定的优势。一直以来,发展中国家都注重对青少年数学和科学等方面能力的培养,发展中国家的青少年在这些方面也具有扎实的基本功训练。而科学、技术、工程、数学等基础性专业对学生的数学和科学能力又有一定的要求,所以发展中国家科学和工程专业毕业的知识劳动力具有较强的竞争力。从国际教育成就评价协会(the International Association for the Evaluation of Educational Achievement ,简称IEA)所组织的,对当代青少年数学教育和科学教育所进行的国际数学评测和国际科学评测的得分排名来看(如表5-6所示),亚洲地区的新加坡、韩国、中国台湾、中国香港在排名中领先于其他国家或地区,甚至是一些发达国家,也包括美国。这说明亚洲地区的青少年在数学和科学能力上领先于其他国家或地区。而把美国学生与其他发达国家的学生相比时发现,他们在数学和科学能力上也并不具有显著的优势。在2009年国际学生评估项目中,通过对34个发达国家中的学生进行评估排名可知,美国学生在科学知识方面仅领先其中的9个国家,而在数学知识方面仅领先5个国家。①

① Fleischman, H. L., Hopstock, P. J., Pelczar, M. P., & Shelley, B. E. (2010). Highlights from PISA 2009: Performance of US 15-Year-Old Students in Reading, Mathematics, and Science Literacy in an International Context. NCES 2011-004. *National Center for Education Statistics.*

表5-6 第8年级学生国际数学和科学研究趋势排名(TIMSS)

数学		科学	
国家或地区	平均分	国家或地区	平均分
新加坡	605	新加坡	578
韩国	589	中国台湾	571
中国香港	586	韩国	558
中国台湾	585	中国香港	556
日本	570	爱沙尼亚	552
比利时	537	日本	552
荷兰	536	匈牙利	543
爱沙尼亚	531	荷兰	536
匈牙利	529	美国	527
马来西亚	508	澳大利亚	527
拉脱维亚	508	瑞典	524
俄罗斯	508	斯洛文尼亚	520
斯洛伐克	508	新西兰	520
澳大利亚	505	立陶宛	519

资料来源:Gonzales, P. et al. (2004). Highlights from the Trends in International Mathematics and Science Study (TIMSS). National Center for Education Statistics, US Department of Education, 1-104.

三

全球高等教育扩张对美国知识劳动力的冲击

随着全球高等教育扩张,特别是发展中国家的高等教育扩张,大规模拥有高等教育学历,且具有竞争力的知识劳动力涌入全球劳动力市场,这势必对以高技能为竞争优势的美国知识劳动力带来巨大的冲击。

(一)美国知识劳动力竞争优势下降

劳动力质量和劳动力成本是影响企业选择劳动力的两大关键因素。虽然低工资一直以来是发展中国家劳动力的主要特征,但是在发展中国家高等教育发展还较为落后的时期,发展中国家的知识劳动力不仅规模小而且质量和结构都不能满足知识密集型企业的需求。高质量一直以来却是发达国家劳动力的主要特征。发达国家劳动力具备从事高附加值活动所需要的知识、创新能力、专业技能等生产能力,这也使他们在国际劳动力市场竞争中独具优势。因此,当企业在面对劳动力"质量"或"成本"选择时,在以创新为核心的知识密集型企业中,劳动力质量这个关系企业生存和发展的关键因素,在劳动力选择中占据着决定性的主导地位。出于对高技能知识劳动力的需求,一些知识密集型企业也只能选择以美国为代表的发达国家的知识劳动力。但是企业在选择发达国家高技能知识劳动力的同时,必须放弃对劳动力成本的追求。也就是说,企业必须为这些高技能知识工人支付高工资,而支付高工资就意味着提高了劳动力成本,企业的利润也就相对降低。可以说,在企业面对要么是"质量",要么是"成本"的选择时,选择发达国家的高技能、高工资劳动力是知识密集型企业不得已的选择。

但随着全球高等教育扩张,高技能知识劳动力开始在全球大规模出现,这为知识密集型企业选择高技能、低工资劳动力提供了可能。以芯片设计师为例(如表5-7所示),发达国家芯片设计师的年薪收入远高于发展中国家的芯片设计师,而年薪收入最高的美国芯片设计师与年薪收入最低的中国苏州芯片设计师相差更是10倍以上，前者为300 000美元，后者为24 000美元。[①]所以，当企业在面对既可以有“质量”保证，又有“成本”选择时，必然会把劳动力成本作为劳动力选择的决定因素。按照德鲁克的话来说就是：在一个企业里，只有成本，成本才是企业的中心。[②]因此，当劳动力市场中出现具备相同劳动生产能力但价格不同的知识工人时，低成本劳动力将决定企业的劳动力选择，低成本劳动力在劳动力市场竞争中也更具有竞争优势。所以，全球高等教育扩张使发展中国家的知识工人因其具有的低劳动力成本特征在高技能劳动力市场中更具有竞争优势。而以美国为代表的西方发达国家的知识工人在全球劳动力市场中正逐渐丧失他们的高技能竞争优势，同时，也因为他们的高工资劳动力特征使其在全球劳动力市场中变得愈加被动。

表5-7　2002年不同国家或地区芯片设计师年薪收入情况（单位：美元）

国家或地区	年薪	国家或地区	年薪
美国	300 000	中国台湾	60 000
加拿大	150 000	印度	30 000
爱尔兰	75 000	中国上海	28 000
韩国	65 000	中国苏州	24 000

资料来源：UNCTAD, G. (2006). World Investment Report 2005, 174.

因此，全球高等教育扩张，特别是发展中国家高等教育扩张以及全球知识劳动力竞争力的增强，打破了西方发达国家通过扩大高等教育规模来维持国际分工的梦想。即便是“全民高等教育”也并不能继续维持他们在全球知识竞赛中的竞争优势，反而高劳动力成本使发达国家的知识工人在全球知识工作竞争中丧失优势。所以，美国意在通过高等教育扩张，增加知识劳动力规模来维持其在国家间竞争中的竞争优势的想法似乎越来越难以实现，反而使大量的美国大学毕业生面临着严峻的知识工作竞争形势，对美国

① Brown, P., Ashton, D., Lauder, H., & Tholen, G. (2008). Towards a High-skilled, Low-waged Workforce?. *SKOPE Monograph No*, 10(10).

② [美]彼得·F·德鲁克.后资本主义社会[M].傅振焜，译.北京：东方出版社，2009:35.

知识劳动力的工资收入造成严重影响。

（二）外国知识精英加剧美国劳动力市场竞争

全球高等教育扩张产生的大量的高技能、低工资劳动力不仅使美国知识劳动力竞争优势下降，而且当他们自由流动到美国劳动力市场时，更直接地对美国知识劳动力的就业、收入等方面造成威胁。由于发展中国家的高技能、低工资劳动力具有的低成本劳动力优势深受企业欢迎，企业通过在全球招募知识精英的方式来使这些低成本劳动力进入到以美国为代表的发达国家的劳动力市场。近年来，有大量的发展中国家知识劳动力进入到发达国家，这可以从西方国家的移民政策和高技能知识工人海外移民的情况直观地反映出来。OECD 2006年的数据显示，自20世纪80年代以来，世界经合组织成员国中的移民水平总体呈上升趋势，而且移民对象越来越偏向于高端技术型人才。[①]在1990—2000年，全球范围内的高技能移民增长的速度是低技能移民的2.5倍。[②]

在美国劳动力市场中，同样有大量来自发展中国家的知识劳动力。美国政府也不断放宽高技术移民限额，并通过临时工作签证和永久移民吸引了许多最顶尖的外籍知识劳动者。其中，临时工作签证类型主要包括H-1B签证、L-1签证、国际学生实习工作签证（OPT）。H-1B签证是一种雇佣型签证，有效期为6年，旨在引进急缺的高级人才在美长期工作。它对申请人的学历有一定要求，应当具备相当于美国学士或以上的学位。签证每年都有配额限制，政府可以根据市场需求形势随时调整配额数。L-1签证是一种跨国公司高管和外国专家到美国长期工作的签证类型。它分为A、B两类，其中A类适用于跨国公司的高级经理，B类则适用于外国专家。OPT是国际留学生可以在毕业前申请的实习签证。美国在2008年继续放宽外国留学生的签证和就业规定，凡在美国大学主修科学、技术、工程和数学等基础性专业的毕业生，毕业后实习期从12个月延长至29个月。

① OECD (2006). International Migration Outlook 2006. *OECD*.

② Brown, P., & Tannock, S. (2009). Education, Meritocracy and the Global War for Talent. *Journal of Education Policy*, 24(4).

从以下数据可以看出，美国持有上述三类工作签证的外籍知识劳动者数量持续增加。在2001年，三类签证总计达到37.2万张，其中H-1B签证是数量最大的吸引高技术人才的签证类型，其最初每年平均发放6.5万张，1999—2000年增加至11.5万张，并在2001年增至19.5万张。而计算机与互联网行业的外籍科技人才是H1-B签证的最主要来源，在1998—1999年几乎70%的H-1B签证都是关于计算机及其工程职业的。[①]虽然2001年之后，随着互联网泡沫破灭，H-1B签证的数量有所降低，但经过几年的震荡，直到2008年金融危机之后，持H-1B签证的高科技人才开始重新增长。从图5-11可以更加直接地显示出这一变动趋势。[②]另外，从获得H-1B签证者的来源国来看，主要集中于印度、中国等发展中国家。在2003年，位居第一位的是印度，获得H-1B签证的印度人占该签证总数的36%，居于第二位的是中国大陆，占9%。在2009年，印度同样位居第一，占48%，中国大陆为10%。[③]关于L-1签证的发放情况，在2011年美国签发了70728张给予跨国公司的高管和科技精英，他们大多就职于美国计算机企业或者IT行业的外包公司。而在L-1签证的申请者中，几乎一半的申请者都是印度籍的科技人才。同样，国际学生实习工作签证（OPT）的数量也从2008年的7万张增长到2010年的8.9万张。[④]从前文分析也可以了解到，美国的国际留学生中大多数也是来自发展中国家。

---

① 李其荣. 发达国家技术移民政策及其影响——以美国和加拿大为例[J]. 史学集刊，2007(2).

② Salzman, H., Kuehn, D., & Lowell, B. L. (2013). Guestworkers in the High-skill US Labor Market. Economic Policy Institute, 2.

③ 姬虹. 美国技术移民与人才引进机制研究[J]. 美国研究，2013(3).

④ Salzman, H., Kuehn, D., & Lowell, B. L. (2013). Guestworkers in the High-skill US Labor Market. *Economic Policy Institute*, 2.

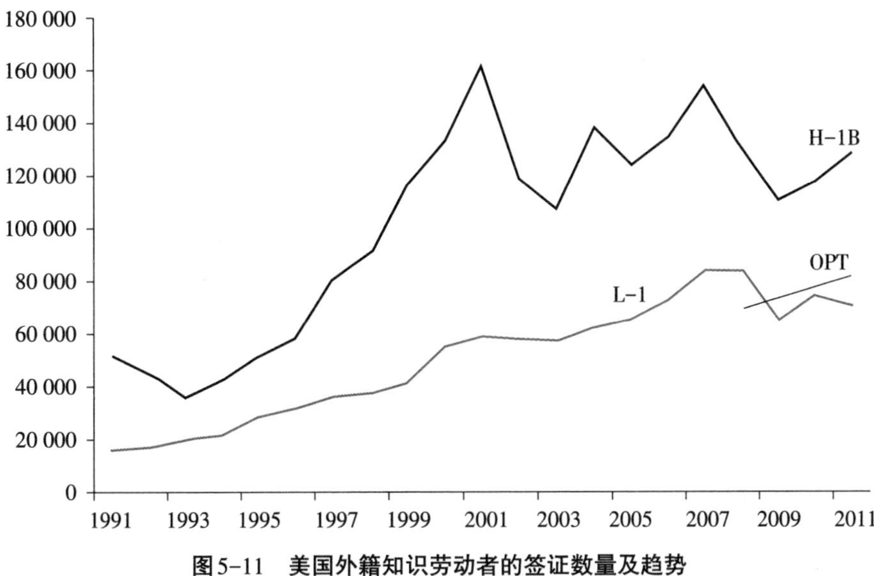

图5-11　美国外籍知识劳动者的签证数量及趋势

数据来源:Salzman, H., Kuehn, D., & Lowell, B. L.(2013). Guestworkers in the High-skill US Labor Market. *Economic Policy Institute*.

从上述分析看出:一方面,美国外籍知识劳动力数量的增加说明发展中国家的高技能、低工资知识劳动力对美国企业具有很强的吸引力;另一方面,外籍知识劳动力的增加挤占了美国部分高技能知识工作岗位。同时,外籍知识劳动力的持续增加势必在一定程度上影响美国高技能劳动力市场的供需结构和工资水平。尤其是美国的高科技公司不断游说美国国会,鼓吹美国高科技行业的知识劳动力存在缺口,希望能够进一步放宽临时工作签证,增加H-1B签证的数量,从而不出国门便能获取来自于发展中国家的高技能、低工资的知识劳动力,并最终赚取更高的利润。这些因素进一步加剧了美国高技能劳动力市场竞争的激烈程度,使得美国本土的知识劳动力不得不面临着来自于全球知识劳动力低价格的竞争,从而加速了美国劳动力市场高技能与高工资格局的破灭。

第六章 Chapter Six

劳动力市场变革:美国高等教育回报问题的需方成因

高等教育扩张虽然为劳动力市场提供了大量接受过高等教育的劳动力,知识劳动力供给规模也大大增加,但如果有足够大的劳动力需求,这些持有大学文凭的人还是能够找到用武之地的。那么,在知识经济条件下,劳动力市场对知识劳动力的需求情况是怎样的呢?是否如人力资本理论所预测的知识经济社会中,劳动力市场将减少甚至取消对低技能工人的需求,而对知识工人产生大规模的需求呢?

第一节

ZHISHI JINGJI XIA MEIGUO LAODONGLI SHICHANG BIANGE

知识经济下美国劳动力市场变革

人力资本理论认为，在知识经济条件下，由于知识在生产过程中的作用日益加强，从而使得拥有知识的劳动者的作用和地位也日益加强和提升。他们甚至声称，在知识经济时代，主导生产过程的将不再是“资本家”，而是“知本家”。这将会改变劳动力市场的供需关系，简单点说就是，在社会生产过程中劳动者能够自己当家做主了，需求自然会变大。事实果真如此吗？

一

美国劳动力市场变革缘起

知识经济的兴起，使拥有知识、技能的被雇佣方在劳动力市场中扮演着越来越重要的角色。不可否认，知识经济下，知识劳动者的地位有了一定的改善，但是对于劳动力市场的雇佣方，他们是否甘愿把权力、利益等拱手相让呢？

首先，企业出于对知识生产主导权掌控的要求，促使劳动力市场发生变革。在经济生产中，产权的归属是决定其他各种权力和利益的基础。随着工业经济向知识经济形态的转移，企业的关键资产也由产权明晰的有形物质资产向一些与知识相关的无形资产转移。人力资本理论提出在以知识为基础的生产中，企业的生存和发展将越来越多地依赖于知识工人对知识和技能的应用。企业中最有价值的资本是知识资本，而这些资本现在不是由企业而是由在企业中起着关键性作用的知识工人所掌握，对人的所有权也已经随奴隶制的废除而消失。[①]知识劳动者成为新的“资本家”,生产主导权也就由原来物质资本的所有者和管理者转移到知识工人手中。

但是企业对生产主导权的丧失就是对盈利能力的丧失,这是与企业生产的初衷相背离的。[②]虽然在知识经济下,知识密集型企业愈加依赖于知识工人的知识、技能及表现出来的各种能力,依赖于知识工人对生产力提高做出的贡献。而且知识劳动者的能动性和他们拥有的知识、技能是一些无形的资产。随着知识密集型企业中知识工人规模的扩大,资本与劳动者之间的关系势必会产生一定的变化,对企业的所有权形式也会造成一定的威胁。但是为了股东的利益、企业高管们的奖金、企业投资者高利润回报,企业绝不会把生产主导权拱手相让于知识劳动者。企业往往会进行劳动力市场改革、调整劳动力需求。在不削弱企业创新能力和市场竞争力的前提下,加强对知识产权的保护,努力把留存在知识劳动者身上的知识、技术及能力等转化为企业的附加值,以实现对知识的掌控,也就实现了对生产主导权的掌控。从这个意义上说,知识经济并不会改变资本主义社会最基本的生产关系,资本家仍然牢牢地主导着社会生产。用马克思一百多年前的话来说就是:“资本家所以是资本家,并不是因为他是工业的领导人,相反,他所以成为工业的司令官,因为他是资本家。”[③]

其次,企业出于对利润最大化目标的追求,促使劳动力市场发生变革。利润最大化原则是指行为主体作为理性行为人,基于对自身利益的考虑,以追求自身利益最大化为目标。在劳动关系中,由于劳动力市场上雇佣双方都作为理性行为者,追求利润最大化也就成为他们各自的目标。这样的利润在劳动力市场中是通过价格(工资)来体现的。也就是说,工资成为雇佣双方争夺各自最大化利润的焦点。在知识生产过程中,知识劳动者想凭借自身拥有的知识和技能来提高其劳动的市场价值,获得高工资收入报酬。但是工资作为企业雇佣和使用劳动力,支付给工人的劳动报酬,对企业来说

① Drucker, P. F. (1993). *Post-capitalist Society*. Routledge, 22.

② Hölzl, W., & Reinstaller, A. (2003). The Babbage Principle After Evolutionary Economics. MERIT, Maastricht Economic Research Institute on Innovation and Technology.

③ 中共中央马克思 恩格斯 列宁 斯大林著作编译局. 马克思资本论: 第1卷[M]. 北京: 人民出版社, 1975: 369.

是一项不可忽视的成本支出。高额的人力成本影响着企业的利润和市场竞争力。在其他条件不变的情况下,企业支付给工人的工资越高,企业的利润就相应地减少,反之,企业支付给工人的工资越低,企业的利润就相应地增多。因此,出于对利润最大化目标的追求,企业会把人力成本控制在一定的范围内。一旦劳动者对工资提出更高的要求,劳动力需求调整就成为企业最为有效的应对办法。

虽然企业对劳动力的支付能力或者支付意愿是有限的,但企业购买劳动力的目的不是为了消费,而是把劳动力与其他生产要素相结合并进行生产,将生产的产品出售给消费者以获取利润。所以企业调整劳动力需求将是在确保生产有序进行、竞争力不断增强、生产力逐渐提高等的前提下进行。在知识密集型企业中,获得具有创新性思维、创新性想法的知识工人对于企业的生存、发展起着决定性作用,也是企业获利的关键。为了获得这部分知识工人,企业必然以高工资作为回报。但是出于对人力成本的严格控制,对一部分人支付了高工资,就意味着将压缩对其他人的工资支出。所以,在以知识工人组成的知识密集型企业中,企业必须对知识劳动力需求结构进行调整,才能在满足企业生产需要的同时,实现人力成本的最小化,获得企业最大化利润。

第三,“数字化泰勒主义”的出现,为劳动市场变革提供了条件。“数字化泰勒主义”的概念来源于对20世纪“机械化泰勒主义”核心特征——“标准化”生产的继承。工业革命时期的标准化生产是为了在大规模生产时消除对熟练劳动者的需要,企业开发出流水线,对产品进行标准化生产。这不仅使企业减少了对手工业者技能的依赖,继续使用低技能工人,降低人力成本,而且企业还可以利用标准化、机械化、自动化进行大规模生产,大大提高生产效率,获得规模效益。但是知识经济不同于其他经济形态,这是一个追求创新、消费个性化、多元化的时代。知识能否实现标准化生产呢?德鲁克和弗里德曼(Milton Friedman)一致认为在以知识为驱动的经济下,生产力的发展和经济的繁荣不再依赖于大规模的生产,不再局限于把“知识应用于工作”,而应拓展为“应用知识于知识”上,用知识创造知识才是促动生产力进步的根源。

但安纳尔(Anell)和威尔森(Wilson)对知识的标准化生产提供了解决办法,他们认为要对知识进行标准化生产就需要对停留在个人头脑里的知识和思想进行挑选,并对其进行编码。①随着新技术、信息化、自动化为代表的信息技术革命的开展,这又为企业进行知识标准化生产提供了可能。新技术不仅被企业用于对知识型、管理型、专业型等知识工作进行数字化、模块化提取和分解处理,而且也保证了数字化软件在终端的应用。

那么,知识标准化的过程就是先通过对高级研究员、顶层设计者和管理者头脑中的思想和知识进行提取,并用数字化软件进行编码和处理,然后把这些生成的软件包和模块进行转移并在终端运用于生产之中。从知识标准化生产的整个流程可以看出,当停留在人头脑中的知识经过编码软件包和模块转移到生产中时,就实现了"想"(创新)和"做"(执行)的分离。这就意味着知识标准化生产的出现,使原来一些知识创新性工作转变为常规性工作。虽然知识标准化生产的前提是企业需要先拥有具备创新性、创新力的知识工人,但是一旦创新完成,企业就将把这些具有个人属性的知识通过标准化生产应用于实践中。这也为企业进行劳动力市场变革提供了条件。企业不仅能因新技术的应用和数字化的处理而压缩知识工作岗位,而且知识"想"和"做"分离的实现,使企业能对知识劳动力需求结构进行调整,企业仅需要少量拥有"想"能力的知识工人,而减少对从事"做"工作的知识工人的需求。

二

劳动力市场变革的具体表现

在企业对劳动力市场变革提出要求及"数字化泰勒主义"提供的现实变革条件下,知识经济时代的劳动力市场发生了以下变革,集中表现为知识工

① Anell,B. I and Wilson, T. L. Prescripts: Creating Competitive Advantage in the Knowledge Economy. *Competitiveness Review*, 12(1).

作岗位的缩减。

第一，生产组织转型削减管理岗位。战后资本主义大发展时期事实上也是福特制普遍盛行的时期，福特制的管理模式实际上是一种典型的科层制：通过把组织中的职权分层、分级，由最高指挥者下达指令，然后层层监管，层层落实、执行。这样的科层制组织结构不仅规模庞大，而且层级众多，产生了大量的管理型工作岗位。然而，进入知识经济后，后福特制逐渐取代福特制成为占主导地位的生产方式。在后福特制生产方式下，生产组织结构也发生了相应的变化。首先，组织规模缩减。由于人们对产品需求更加多样化和精细化，个性化的生产方式适合小巧、灵活的组织，科层制下的大规模组织被小规模组织取代。其次，组织层级结构简单。知识经济下，信息传递的速度和效率决定了企业能否把握住成功的机会。科层制组织结构中的多层级、层层节制的组织结构不仅影响信息传递的速度和效率，还影响信息传递的准确性，因而在知识经济下被逐渐取代，形成了层级简单的组织结构，这使得管理层级减少，管理过程也相对简单。最后，等级制管理削弱。由于现代组织大都由具有专门性、技能性的劳动者构成，这些劳动者之间是平等的，不分贵贱，科层制组织结构中上级对下级发号施令般的等级管理模式也就不再适用。企业更像是一个合作的专业团队，每个成员的贡献都不可缺少，少了其中一个人的贡献，生产任务都可能无法完成，人与人之间往往是以网络化而非直线式方式联系在一起。

可以说，知识经济下，生产组织结构已经从纵向的金字塔结构向横向的网络化、扁平化组织结构转变。这样的组织结构中虽然也有“领导”，但是“领导”的作用更多的是为整个组织的顺利运行做好协调性工作，而非命令性的安排。这样的组织就好比一个交响团队，除了一名指挥外，别无其他“管理者”。所以，在这样的组织结构中，大部分管理职衔的岗位都将被取消，也就意味着知识型工作岗位将逐渐减少，这将严重影响劳动力市场对知识工人需求的规模。

第二，模块化生产压缩重复性岗位。知识经济时代，绝大多数新兴产业都开始引入“精益生产”模型。这是一种借助自动化来缩减规模、外包服务、外购商品和劳务等的新型生产模式,其中最显著的表现为模块化生产。所谓模块化生产是指在标准化作为前提的情况下,按照功能把产品分解为其最基本的组成部分,而这些组成部分可以根据客户、组织、任务、战略等需要进行重新配置或组合。模块化也因此具有通用性、兼容性和重复利用与组合的特征。最为常见的模块化形式在企业的生产和应用中主要表现为模块化产品,汽车是用来解释模块化产品最好的例子。汽车生产中不同的部件或组合的部件就称为模块,而最后根据不同组合搭配生成的汽车就称为模块化产品。

但是,模块化生产并不仅仅局限于有形产品。受竞争市场的影响,出于对企业核心竞争力和竞争优势的关注,加之个性化、多元化消费市场的出现,对企业在创新和标准化生产方面提出的更高要求,使得企业更加关注员工生产力和企业生产力。所以,现代企业已经开始把模块化形式应用、推广到了工作角色和企业角色。知识密集型企业通过把企业内部的工作进行功能分解,这样的分解过程好比当年亚当·斯密用大头针的生产制造来解释社会分工一般,把企业内部各个组件都分别开来,企业最后对内部的业务进行简化,仅仅把核心工作留下,而把其他一些事务性或服务性的工作以外包的形式承包出去,由其他专门性的公司来承担。查尔斯·汉迪(Charles Handy)把这种现象形象地称为"甜甜圈原理"(Soughnut Principle)。[①]随着企业内部工作角色的细分,工作模块化又直接推动了企业角色的转变,现代企业也越来越呈现出模块化的特征,模块化公司应运而生。市场中的企业结构也就由许多具有专业性的模块公司组成。每一模块公司仅专注于自身的核心工作,而把其他的杂项工作外包给其他专业性的模块公司。

然而,由于模块化具有可重复利用和组合的特点,模块化生产的出现必然使企业内部的工作角色呈现专门性,这将压缩不同部门间的同种工作岗位,减少对相同角色劳动力的需求。在企业之间,工作岗位的压缩将会更加明显。在模块化公司仅专注于核心工作的情况下,其他杂项工作的外包使工作岗位削减。而且随着模块化公司的大量出现,以前在每一个综合性公

① 刘云杉.从"人力资本"到"公民生活"——乌尔里希·贝克《美丽的工作新世界》的启示[J].北京大学教育评论,2008(3).

司都会设置的工作岗位,现在仅在这一家专业性公司设置即可。所以,不管是企业内部的模块工作方式还是外部的模块公司的出现,知识经济下的模块化生产都将使知识工作岗位大量缩减。

第三,弹性工作制威胁全日制岗位。自工业社会以来,工作开始成为人们社会生活的核心,成为整个社会的重心,人也通过工作参与社会经济生活,这样的社会一度被称为“工作社会”。德国社会学家乌尔里希·贝克(Ulrich Beck)在其《风险社会》一书中提出,终身工作将会消失,工作社会面临终结。在他看来未来社会中的失业率将不断上升,而且这样的失业现象不再是短期的,而更多的将会是长期甚至是永久失业。英国社会学家安东尼·吉登斯(Anthony Giddens)在其《社会学》中较为保守地提出了“工作无保障”,他认为未来社会中无工作保障现象将不断加剧,人们对工作和职业的不稳定性将深感担忧。

不管是工作无保障还是工作社会的终结,随着科学技术的进步,生产方式的变革和生产组织的变迁,知识经济社会下的工作逐渐显现出弹性化的特征。弹性化也就意味着工作越来越短,不再有终身职业一说。晋升、报酬、解雇等“旧规则”也不再适用。对于个人而言,弹性化工作意味着劳动者将在不同种类的工作之间进行选择和流动,个人的工作经历也由一系列不连贯的工作组成。对于企业而言,弹性化工作意味着企业可以根据单项工作任务去寻找与此相符的短期工,即时工资就是工人劳动所获的全部收入,企业不用再承担额外的福利保障等支出成本。所以,随着弹性化工作模式的出现,工作不再是一个连续的职业。劳动力市场中的全日制工作岗位将不断缩减,人们对于工作的竞争也将变得愈加激烈。

第四,职业内部分化减少知识工作岗位。工业经济时期,职业与职位等级是相对应的,可以说职业在一定程度上反映了职位的等级。随着标准化生产方式把“想”和“做”分开,使企业中原来掌握技术的手工业劳动者因丧失了自由判断和自主决定权而沦为一般的劳动工人,而在科学管理的要求下使得处于管理层的“监工”出现。这一时期主要通过“监工”和一般工人来区分工作类型(职业),但是由于在“等级森严”的科层制组织中,从事不同职业的劳动者间，层级结构十分明确。“监工”是管理层，处于较高等级的职位，一般劳动工人处于低等级职位。在工业经济时期，大量的“监工”等级职位的出现，使白领工作岗位大量增加。

虽然彼得·德鲁克认为知识经济下，“职务”将取代“职位”，职位等级的区分将不再存在。他提到：“未来的组织形态中，我们会看到对传统那种依据职位高低作为奖赏原则的大改变。未来组织一定没有那些高低职位……垂直的上下职位改变为平行的职务分配。”[①]但是随着科学技术的发展，“数字化泰勒主义”出现，知识经济下，职位等级的区分不仅没有消失，反而区分“想”和“做”的那条线向上移动了，也就是说，区分计划者与执行者的那条线向上移动了。这意味着原来的大部分白领阶层的工人，随着数字化、标准化革命的应用，同样丧失了对工作的自由判断和自由决定权，他们沦为一般的知识工人，而具有创新能力的位于职位顶端的精英知识工作者不仅能监管蓝领阶层的工人，还能监管部分白领阶层的工人。这正如哈罗德·维伦斯基(H. Wilensky)所说，那些曾经将泰勒主义应用于劳工阶层的人，现在也被泰勒化了。[②]

所以，随着区分职位等级那条线的不断上移，原来位于白领阶层的劳动者间出现了内部分化，即从事同一职业的知识工人出现了内部等级划分。企业往往把处于顶端的，从事创造性工作的高级研究者、规划者和专业人员看成事关企业生存和发展的精英知识工人，而把借助数字化工具、软件去实施或执行精英知识工人想法或概念的人划分为中层知识工人，把一些仅从事单调乏味的类似数据录入工作的人划分为基层知识工人。企业虽然需要精英知识工人，但这样的知识工作岗位的数量毕竟有限，而对于中层或基层知识工作岗位，因为数字化处理和标准化生产的广泛应用，这样的工作岗位将出现大幅度压缩。因此，知识经济下，随着职业内部等级划分的出现，劳动力市场不仅为精英知识工人提供的工作岗位有限，而且一般知识工作岗位也出现压缩。

第五，技术进步替代人工技能岗位。在动态经济生产过程中，包括劳动

---

① [美]彼得·F·德鲁克.后资本主义社会[M].傅振焜，译.北京：东方出版社，2009：67.

② Wilensky, H. (1960). Work, Careers, and Social Integration. *International Social Science Journal*.

投入、资本投入以及技术进步等不同生产要素的投入变化均会引起劳动生产率的变动。其中,资本投入的增加可以提高单位劳动所能使用的资本要素,从而能够提高劳动生产效率。而技术进步的影响则不同,其可以进一步细分为中性的和非中性的。有些技术进步的效果是中性的,即它能够同时提高资本和劳动的生产效率,从而不会对生产过程中的资本-劳动比率产生影响。还有一些技术进步则不是中性的,而是与某种特定生产要素紧密相关的偏向型技术进步。其中,资本偏向型的技术进步倾向于更大幅度地提高资本的使用率,而劳动偏向型的技术进步则会使劳动要素的使用率获得更快的提高,技能偏向型的技术进步对劳动要素内部结构(高技能劳动与低技能劳动)产生影响。这几类技术进步会对生产过程中的生产要素使用比率产生显著影响。其中,资本偏向型技术进步常见于设备更新、技术引进、技术模仿等,并与资本依附在一起,倾向于减少劳动的投入。技能偏向型技术进步主要表现为技术研发、专利等,对高技能劳动的需求增加。在偏向型技术进步下,不仅资本与劳动更加体现为一种相互替代的关系,而且在资本偏向型技术进步下,技术与技能也是一种替代关系,技能偏向型技术进步则使得高技能劳动替代低技能劳动。因而,技术进步的偏向性特征在很大程度上决定着技能劳动者的需求和劳动技能的价格。资本偏向型技术进步容易导致资本与劳动之间的需求分化和收入极化,而技能型技术进步则容易引起高技能劳动者和低技能劳动者之间的需求分化。

美国20世纪五六十年代的技术进步更多是技能或者人力资本倾向型,即技术进步对高技能劳动力的需求日益增加,并对低技能劳动力产生了替代。与此同时,随着高等教育的扩张,大学毕业生数量急剧增加,带来了高技能劳动力的大规模供给,从而使得技术进步加速。高等教育效率的提高使得人们学习知识与技能的时间和金钱成本降低了,进而激发了人们进一步投资更高层次教育,最终使得高技能劳动力随之增加。随着高技能需求的扩大和供给的增加,高技能市场形成的市场规模效应导致高技能与低技能劳动力之间的收入差也将增大。然而,20世纪八九十年代以来,美国的技术进步是资本偏向型的,不仅对低技能劳动力有替代作用,而且一定程度上替代了大量的高技能劳动力。例如,人工智能新技术就是资本倾向型而非技能倾向型的,这将导致智能机器取代高技能人员而非增加技能需求,从而推动高技能劳动力相对价格的下降。另外,信息技术的广泛应用使中产阶级的工作岗位需求出现流失。特别是软件管理系统取代了日常的办公室工作,信息技术整合了供应链和生产链,从而使制造业的工作可由海外的低工资工人来承担。

第二节

QUANQIU LAODONGLI SHICHANG DE CHONGJI

全球劳动力市场的冲击

哈佛大学经济学家理查德·弗里德曼(Richard Friedman)指出,现代经济社会,“全球劳动力正在成倍地增长”。但现实远不只如此,全球拥有高技能的劳动力也正在成倍地增长。从全球高校大学在校学生的数量来看,在1996—2007年翻了近一倍,从7250万上升到1.361亿。[①]高技能劳动力在全球的出现,不仅有利于全球高技能劳动力市场的形成,而且致使高技能、低工资劳动力竞争市场的出现,这对美国高技能劳动力市场产生了猛烈的冲击。

一

全球高技能劳动力市场形成

在全球高技能劳动力市场中,与专业、管理、技术等相关的高技能知识工作机会突破长期以来被西方发达国家知识工人垄断的局面,不仅该类型工作岗位的地域界限越来越模糊,而且全球知识工人也能在开放的劳动力市场中自由地流动,参与知识工作岗位的竞争。进入到知识经济时代,全球高等教育扩张使整个全球劳动力市场充满了高技能知识工人,这为全球高技能劳动力市场的形成提供了人力条件。但除此之外,还有其他驱动因素促成全球高技能劳动力市场的形成。

首先,经济全球化促使全球高技能劳动力市场形成。在20世纪80年代末90年代初,以美国为代表的西方发达国家先后进入知识经济时代的同时,经济全球化节奏也随之加快,这成为全球高技能劳动力市场形成的推动

① Freeman, R. (2007). The Great Doubling: The Challenge of the New Global Labour Market, *In Ending Poverty In America: How to Restore the American Dream*.The New Press.

力。其主要表现为以下几个方面。一是,经济全球化为知识密集型企业在全球的自由贸易和全球劳动力资源战略选择提供了机遇和条件,有利于知识工作在全球的自由流动,进而为全球高技能劳动力市场的形成提供了可能性。二是,经济全球化下,国家之间的产业结构关联程度越来越高,发展中国家借机进行国内产业结构调整与升级,产生大量的高技能知识工作机会。因为在发展中国家经济发展水平相对落后时,高科技产业发展也不够充分,第一、二产业占据份额相对较大,呈现出产业结构分布不合理的态势。但在经济全球化下,国家之间相互影响、相互渗透不断加深,特别是发展中国家在早期的国际分工中获得了西方发达国家制造业转移中的技术积累,从而带动了发展中国家企业技术水平提升和创新能力提高。这将使其在逐渐缩小与发达国家之间的技术差距的同时,实现产业结构优化升级,创造大量的高技能知识工作机会。三是,随着经济全球化进程的加快和自由贸易的推动,大量的高技能劳动力在全球自由流动,特别是来自发展中国家的高技能劳动力打破国家间的界限流动到发达的国家内部,这同样促使着全球高技能劳动力市场的形成。正如罗博恩·依戴尔(Robyn Iredale)指出,全球化和机会的自由主义化从各方面推动了临时或永久的技术运动,[①]高技能劳动力将通过技术移民在全球自由流动。四是,发达国家的高技能劳动力在全球流动。经济全球化以来,随着发达国家大量的知识密集型企业或知识密集型企业中的部分生产、研发部门向发展中国家的转移,必然会伴随着部分来自发达国家的高技能知识工人向发展中国家转移。

其次,信息化促进了全球高技能劳动力市场形成。随着第三次科技革命的推进,以信息为核心的科学技术不断地改善着人们的生产和生活方式,特别是电子计算机和信息技术的迅猛发展,全球网络、多媒体技术的发展使各种销售资料、贸易数据、分析报告等资料都可以通过通信网络在全球进行传播,这为企业的全球交易提供了可能。但企业在全球交易中也不限于知识、技术、概念、服务等方面的内容,劳动力全球交易成为企业在全球交易中的一个重要内容。信息技术的发展改变了人们的求职方式,也改变了企业的招聘方式,更重要的是它拓展了劳动力交易的范围。信息技术通过把来

① 李其荣.发达国家技术移民政策及其影响——以美国和加拿大为例[J].史学集刊,2007(2).

自全球的高技能知识工人聚集到一个数字平台上，高技能知识工人可以在互联网站上创建个人简历，接收来自网络推荐的各种职位招聘信息，也可以参与远程网络招聘。企业也可以在网络上发布各种招聘信息，并通过网络收集求职者的信息以发掘企业所需的专业性人才。这样的劳动力交易方式，在拓展求职者求职范围的同时，也缩减了应聘成本。对于招聘方的企业来说，这不仅提高了对专业人才的招聘效率，降低了常规招聘的人力成本，而且企业还可以从更广泛的地理范围和更多的专业人才中挑选更符合岗位需求和企业利润考虑的知识工人。据法国一家著名咨询公司凯捷集团(Capgemin)人力资源部负责人透露，他在2013年通过网络招聘的方式在印度招聘到了33个管理岗位的专业性人员，而且他表示，即使是招聘高级职员，他们也没有花巨资去找猎头公司。[①]可见信息技术革命为全球高技能劳动力市场形成所做出的贡献之大，而且这样的网络招聘方式越来越受到企业和求职者的欢迎。

所以，全球高技能劳动力市场的形成可以用体育赛事中的"非公开赛制"向"公开赛制"转变来形象地比喻。[②]它不仅有利于知识密集型产业在全球进行自由贸易，也有利于知识劳动者在全球自由流动。但是对于最初在高技能劳动力市场上具有明显优势地位的美国来说，由于后发国家所具有的后发优势作用，对美国劳动力市场也带来了一定的冲击。这样的冲击主要表现为大量的高技能知识工作岗位向发展中国家转移。

二

高技能、低成本劳动力竞争市场出现

发展中国家在英语表达中常被表述为Low-wages Countries，即低工资国家，这形象地说明了发展中国家代表着低成本劳动力市场。长期以来，发展

① The Economist. 2014). Linkedln: Workers of the World.

②［英］菲利普·布朗. 资本主义与社会进步：经济全球化及人类社会的未来［M］. 刘榜高，译. 北京：中国社会科学出版社，2006: 153.

中国家的低成本劳动力又是与低技能相联系的。因为发展中国家教育发展较为落后,劳动力知识、技术等生产能力也较低,大量的劳动力都从事低附加值产品的生产活动。低技能、低成本劳动力也就成为发展中国家劳动力市场的基本特征。这样的劳动力市场特征使理查德·罗斯克兰斯通过“脑力国家”和“体力国家”[①]来区分发达国家和发展中国家。他认为前者主要是以北美、西欧、日本等发达国家为代表的,集中于从事高附加值生产活动。在这样的国家中,劳动力市场更具有“质量”优势。而后者则主要是以中国、印度等发展中国家为代表的,集中于从事低附加值生产活动。在这样的国家中,劳动力市场更具有“价格”优势。

劳动力市场的不同划分也成为全球化初期国际分工的主要依据。且这样的国际分工被认为是一个“双赢”的局面,不同国家可以通过发挥其比较优势在国际市场中占得一席之地。对于发达国家来说,由于在20世纪六七十年代的大规模、标准化生产时期,发达国家中的企业为了把生产的产品卖出去以获得规模效益,选择了对国内的低技能劳动者支付高工资的办法来促进消费。但是全球化、新通信技术、便宜的交通运输等条件的出现,促使企业开始寻找低成本劳动力市场,逐渐把大量低附加值产业转移到发展中国家,以降低劳动力成本,获得更大的企业利润。随着大量的低附加值产业向发展中国家迁移,发达国家政府不仅没有阻拦,反而更努力地推动全球自由贸易和推行灵活的劳动力市场交易原则。在他们看来,不仅大多劳动密集型产业都对环境造成严重的污染,而且当低附加值产业向发展中国家迁移,一方面能使他们集中更多力量发展高附加值产业,从事高科技、高技术等活动的研究和开发,另一方面,从低附加值劳动活动脱离出来的劳动力更有机会从事高附加值产品和服务的生产活动。这样就会使发达国家更集中于发展高附加值产业,发挥高质量劳动力市场的优势。对于发展中国家来说,由于国内整体劳动力素质和技能水平较低,经济发展较为缓慢,当大量劳动密集型企业进驻国内市场后,不仅能吸收大量的国内劳动力,解决就业问题,而且能因大量外国企业在转移过程中所产生的技术溢出效益,对国家

① Rosecrance, R. (1999). The Rise of the Virtual State. Basic Books.

技术进步和产业升级提供帮助。所以,发展中国家也一度把低技能、低劳动力成本看成是国家在国际竞争中的比较优势。

但是这样的劳动力市场划分对于企业而言,则面临着"质量"或"价格"的选择。虽然发达国家劳动力市场具有高技能特征,但是高劳动力成本同样是发达国家劳动力市场的另一特征,而发展中国家劳动力市场体现出来的则主要是低技能、低劳动力成本特征。所以,在这样的劳动力市场划分下,如果企业追求的是高技能劳动力则需要支付高额的工资报酬,如果企业追求的是低劳动力生产成本则会获得低技能劳动力。这致使企业将根据不同国家劳动力市场的特征,把不同种类的工作放在国家间进行分配。一般而言他们把低技能、低附加值的工作划分到低工资的发展中国家劳动力市场,而把高技能、高附加值的工作留在发达国家内部。但对于知识密集型企业来说,为了保持企业在市场中的竞争力,他们必须把质量放在首位,不得不为了追求质量,而放弃对价格的考虑。所以大量的知识密集型企业在人力资源战略选择上存在国家地理界限的限制。

随着发展中国家高等教育的持续扩张,高等教育质量与发达国家的差距逐渐缩小,在高等教育结构上越来越注重培养科学和技能型专业人才,发展中国家也开始拥有了具有最新科技思想、软件应用能力、管理技术和英语能力的高技能劳动力。而且随着信息技术在全球的应用和发展,质量标准化的不断推广,企业发现发展中国家的劳动力也能达到他们原本以为只有发达国家中的劳动力才能达到的水平。发展中国家拥有高技能劳动力,同时,每个国家经济发展水平不同,工资收入水平也存在差异,发展中国家的工资收入水平往往低于发达国家。所以,发展中国家的劳动力市场逐渐呈现为高技能、低工资特征。

发展中国家高技能、低工资劳动力市场的形成,使企业在可以获得"质量"的同时,还可以获得"价格"。这为企业的人力资源战略规划提供了更多的备选方案,人力资源的配置不再受到国家间不同分工的限制。正如德国《明镜》杂志的记者所指出的:"国家变得可以被人任意敲诈勒索,如果康采恩提出要求,它们就会获得补贴或税收的照顾优惠,否则的话,它们就要迁往邻国。”他论证的例子是，“耶拿光学仪器厂的老板洛塔尔·施帕特说：‘竞赛者们自己会决定，他们在什么地方嬉戏玩耍，如果他们对场地不满意，就会搬迁到别的什么地方。’”[①]

因此，随着全球高技能劳动力市场的形成以及高技能、低成本劳动力竞争市场的出现，大量的知识工作岗位正逐渐向高技能、低成本劳动力市场转移。美国企业除了把大量的低附加值产品和服务向发展中国家转移之外，离岸外包业务也越来越向高附加值产品和服务活动转移，甚至许多离岸外包业务涉及企业的核心业务，如设计、研发、营销等企业的关键业务。世界经济合作与发展组织在2007年发布的一份国际报告指出，离岸外包已经涉及一些需要高技能劳动力才能完成的工作，离岸外包已经扩散到了知识密集、技术密集型产业中。[②]同样，美国《经济学家》杂志下属机构——经济情报部门对50多家世界跨国公司的调查报告显示：在20世纪90年代，企业中有大约一半的技术竞争力来源于企业外部，也就是说企业的外包技术已经从非核心技术向决定企业未来竞争优势的研发、设计等项目转变。[③]又由于高科技服务业具有可以分割的特性，使知识密集型企业中的大量业务可以从美国转包到发展中国家。以印度为例，因劳动力普遍精通数理化并能迅速掌握高精度技术，且没有语言障碍，工作勤奋，具有其他发展中国家劳动力难以企及的优势，印度从而成为美国软件“外包”业务的主要接受者，吸收了大量的美国知识岗位。所以，大量知识工作岗位的外移，必然减少美国劳动力市场中知识工作岗位的供应数量，对美国高技能劳动力市场造成极大的冲击。

① 张世鹏，殷叙彝编译．全球化时代的资本主义[M].北京：中央编译出版社,1998: 83.

② Organisation for Economic Cooperation and Development. (2007). Offshoring and Employment: Trends and Impacts.

③ 王晓红．新一轮服务业离岸外包的理论分析[J]. 财贸经济, 2007 (9).

第三节

MEIGUO GAO JINENG LAODONGLI SHICHANG XUQIU BUZU

美国高技能劳动力市场需求不足

人力资本理论认为,随着科技进步和自动化技术的应用与发展,以计算机为核心的科技革命将会导致一些低技能工作消失,相反一些高技能知识工作却因知识在社会生产中的作用日益加大而大量产生,这将使劳动力市场产生大量的知识工作岗位,需要大规模的接受过高等教育的劳动者。然而,随着知识经济下美国劳动力市场的变革和全球劳动力市场带来的冲击,美国劳动力市场对接受过高等教育劳动者的需求远远小于知识劳动力的供给,知识劳动力供需失衡严重。

一

知识工作岗位总体性需求不足

知识经济确实为美国创造了一些知识工作岗位,但是在劳动力市场的一系列变革下,知识工作岗位不仅没有如人力资本理论所预期的那样大规模增加,而且知识工作岗位的数量远小于知识劳动力供给的数量。在2010年的美国劳动力市场中,知识劳动力的总量为4170万,而知识工作岗位的总量为2860万,有1300多万富余知识劳动力。[①]从知识劳动力供需的增长幅度来看,增加的知识工作岗位更是难以满足日益增长的知识劳动力的就业需求。具体来看:

首先,从美国劳动力市场的现实情况来看,纵向上,随着美国知识经济

① Vedder, R., Denhart, C., & Robe, J. (2013). Why Are Recent College Graduates Underemployed? University Enrollments and Labor-Market Realities. *Center for College Affordability and Productivity* (*NJ1*).

的发展，劳动力市场提供的知识工作岗位确实出现了增加，但是增长幅度较小。如图6-1所示，在美国知识工作岗位中，办公室工作是在经济形态变化过程中上升速度最快的一种工作类型，但从该类型工作占所有工作类型总量的比例来看，即便它从1959年的30%上升到2003年的39%，自20世纪90年代之后，该类型工作占工作类型总量比例的变化幅度则较为平稳。从教育与卫生部门的工作来看，该类型工作占工作类型总量的比例从1959年的10%，上升到2003年的16%，但该类型工作的增长时期也仅限于这段时间中的前十年，其后的三十几年几乎没有什么变化。[①]

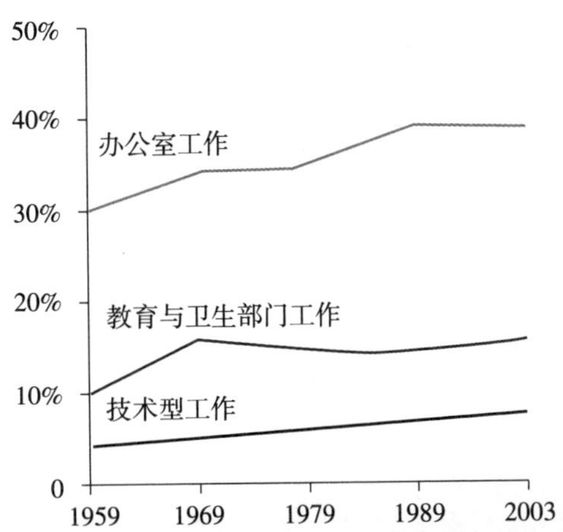

图6-1　美国不同知识工作岗位占工作岗位总量的比例(1959—2003年)

数据来源：Desrochers,D.(2006). Higher Education's Contribution to The Knowledge Economy. The Project of the Solutions for Our Future.

横向上，劳动力市场提供的知识工作岗位数量在整个工作岗位中并不是主体，而且远低于劳动力市场提供的中、低技能工作岗位的数量，特别是技术性、专业性强的知识工作岗位的数量在整个工作岗位中占的份额更是相当小。最具复杂性、专业性的技术型工作，如工程师、电脑编程人员、科学家等这样的知识工人所从事的工作，在2003年，工作岗位占工作类型总量的比例还不足7%(如图6-1所示)。[②]在2012年，也仅有27%的工作要求具有

① Desrochers,D.(2006). Higher Education's Contribution to The Knowledge Economy. The Project of the Solutions for Our Future.

② Desrochers,D.(2006). Higher Education's Contribution to The Knowledge Economy. The Project of the Solutions for Our Future.

副学士及以上学位。但是在2012年，劳动力市场对高中以下学历劳动者需求占整个劳动力市场的比例为26%，而对具有高中及同等学历的劳动者需求占整个劳动力市场的比例为40%（如图6-2所示），也就是劳动力市场对中、低技能劳动者的需求为66%。[①]从劳动者从事的职业来看，截至2011年在美国劳动者分布最集中的前十名职业中，大多数职业，如售货员、收银员等，都不需要劳动者具有高等教育学历。同时，在占整个劳动力市场35%份额的排名前三的职业中（办公室行政助理、销售及其相关职业、和食品配送及服务相关的职业），劳动力不需要高等教育学历就可以获得相关的工作。[②]

可以看出，美国现实劳动力市场中知识工作岗位增长的幅度非常小，而且也并没有出现低技能工作岗位逐渐消失的趋势或高技能知识工作岗位被大量提供的局面，反而是中、低技能的劳动者仍然是劳动力需求的主体。

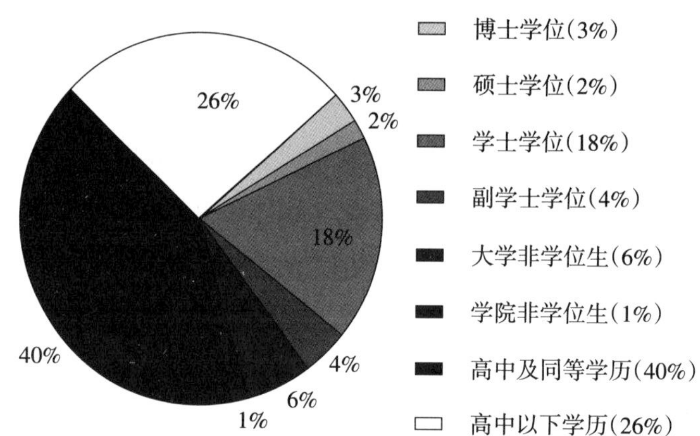

图6-2　2012年美国劳动力市场不同学位要求的工作分布

数据来源：U.S. Bureau of Labor Statistics.（2012）. Education and Training Outlook for Occupations.

其次，从美国劳动力市场未来发展趋势来看，劳动力市场对知识工人的需求的增长幅度也并不乐观。根据美国劳工统计局一份劳工月度评论的预测，如表6-1所示，到2022年美国经济将出现大约5060万个空缺的工作岗

① U.S. Bureau of Labor Statistics.（2012）. Education and Training Outlook for Occupations, 2012~22.

② Vedder, R., Denhart, C., & Robe, J.（2013）. Why Are Recent College Graduates Underemployed? University Enrollments and Labor-Market Realities. Center for College Affordability and Productivity（NJ1）.

位,而仅有23%左右的空缺岗位提供给具有学士及以上学位的劳动者,如果算上从社区学院毕业的劳动者,这个比例则为27.1%,[①]但是即便如此,这个数据与1996年的数据相比,才仅仅提高了2.1%而已。[②]

表6-1　2012—2022年不同教育程度下的美国劳动者的就业情况(单位:千人)

工作岗位对学历的要求	就业人数		2012—2022年变动比例	2012—2022年职位空缺
	2012	2022		
全部岗位总计	145 355.8	160 983.7	10.8%	50 557.3
高中以上学历	48 963.8	55 802.6	14.0%	16 975.6
博士学位	4 002.4	4 640.8	16.0%	1 426.8
硕士学位	2 432.2	2 880.7	18.4%	950.8
学士学位	26 033.0	29 176.7	12.1%	8 618.7
副学士学位	5 954.9	7 000.9	17.6%	2 269.5
大学非学位生	8 554.2	9 891.2	15.6%	3 067.2
学院非学位生	1 987.2	2 212.2	11.3%	542.6
高中及以下学历	96 392.0	105 181.2	9.1%	33 581.7
高中学历	58 264.4	62 895.2	7.9%	17 667.4
高中以下学历	38 127.6	42 286.0	10.9%	15 914.3

数据来源:U.S. Bureau of Labor Statistics. (2013). Occupational Employment Projections to 2022. *Monthly Labor Review.*

在美国未来劳动力市场中,从新产生的工作来看,知识工作岗位在新产生的工作岗位中仍然不是主体,也就是说美国未来劳动力市场对拥有高等教育学历劳动者的需求也并不是劳动力需求的主体,主体仍然是中、低技能的劳动者。美国劳工统计局预测在未来近十年,在新产生的工作中,劳动力市场对拥有高中及同等学历劳动者的需求将排在劳动力需求的第一位,大约有460万个的新工作需要高中及同等学历劳动者,而需要高中以下学历劳动者的工作岗位位居劳动力需求第二位,大约有420万个(如图6-3所

① U.S. Bureau of Labor Statistics. (2013). Occupational Employment Projections to 2022. *Monthly Labor Review.*

② Too Many College Graduates or Too Few? [EB/OL]. http://www.pbs.org/newshour/making-sense/many-college-grads/.

示)。[①]而这些新产生的要求高中或高中以下学历的工作岗位主要集中在零售业的售货员、食品配备员、服务员、秘书、助理管理员等方面。

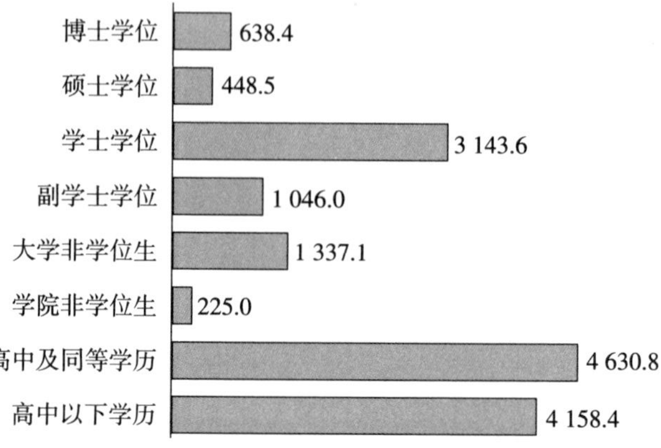

图6-3　2012—2022年美国新产生工作岗位的学历要求情况(单位:千人)

数据来源:U.S. Bureau of Labor Statistics.(2012). Education and Training Outlook for Occupations.

再次,从美国未来知识劳动力供给与需求的发展趋势来看,未来美国不仅知识劳动力供给增长的速度快于劳动力市场对知识劳动力需求增加的速度,而且前者增加的规模也比后者大,这表现出劳动力市场对知识工作岗位提供的速度和规模都不够充足。美国劳工统计局的一份研究报告对2010年到2020年的美国劳动力市场进行了预测。该报告显示,2020年美国劳动力市场中需要大学本科及以上学历的工作数量将比2010年增长14.3%,而与此同时,美国拥有大学本科及以上学历的人口数量将增长31.1%,其增长速度两倍于知识工作的增长(如图6-4所示)。从增加的规模来看,2010年到2020年美国劳动力市场中要求大学本科及以上学历的工作岗位预计将增加约700万个,而美国大学毕业生却将增加约1900万名,是劳动力市场需求量的2.7倍(如图6-5所示)。[②]

① U.S. Bureau of Labor Statistics.(2012). Education and Training Outlook for Occupations, 2012.

② Vedder, R., Denhart, C., & Robe, J.(2013). Why Are Recent College Graduates Underemployed? University Enrollments and Labor-Market Realities. *Center for College Affordability and Productivity* (*NJ1*).

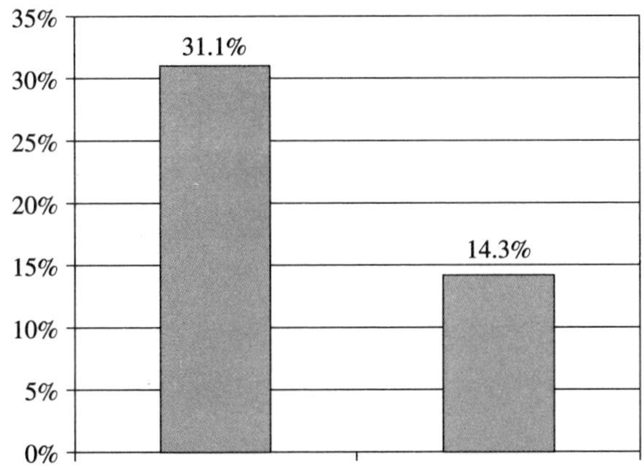

图6-4　2010—2020年美国知识劳动力供需增长幅度

数据来源:Vedder, R., Denhart, C., & Robe, J.(2013). Why Are Recent College Graduates Underemployed? University Enrollments and Labor-Market Realities. *Center for College Affordability and Productivity*(*NJ1*).

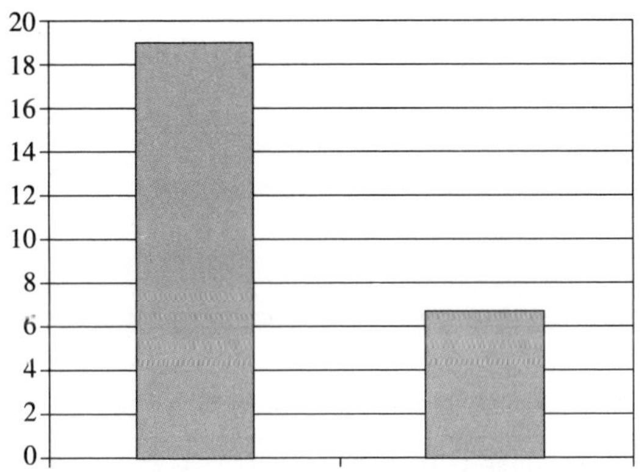

图6-5　2010—2020年美国知识劳动力供需增长规模(单位:百万)

数据来源:Vedder, R., Denhart, C., & Robe, J.(2013). Why Are Recent College Graduates Underemployed? University Enrollments and Labor-Market Realities. *Center for College Affordability and Productivity*(*NJ1*).

总之,从美国劳动力市场对高技能知识劳动力的总体需求来看,在知识经济社会中,劳动力市场对知识工人的需求规模虽然有所增加,但并没有出现人力资本理论所预期的大规模增长,知识经济下劳动力市场也并没有提供大量的知识工作岗位。同时,劳动力市场中、低技能工作岗位也并没有因进入知识经济社会而逐渐消失,反而是劳动力需求的主要组成部分(劳动力市场对中、低技能工人的需求量)仍然很大。而且,高等教育扩张带来了大规模知识劳动力供给,知识岗位的增加无法满足这一供给所增加的就业需求,在未来一段时期内,这一状况依旧难以改善。知识岗位的增长速度也远远跟不上知识工人的增加速度。这种知识劳动力供需失衡现象的出现和不断加重将导致并加剧知识劳动者不充分就业,甚至是失业,进而弱化了知识劳动者通过投资高等教育来获得好工作、高工资收入回报的预期。

二

知识工作岗位结构性需求分化

随着经济结构和产业结构向知识型方向转变,美国劳动力市场对知识劳动力总体性需求不足的情况下,劳动力市场对知识劳动力的需求还存在结构性差别。这种结构差别一方面体现为劳动力市场对从事不同职业的知识劳动力需求的差别;另一方面劳动力市场对从事同一职业的知识劳动力的需求也存在差别。

(一)不同职业间的需求分化

劳动力市场对从事不同职业的知识工人的需求存在着相当大的差异,使得不同职业间大学毕业生就业难易程度和工资收入水平也迥异。这种职业间需求的分化可以从不同专业的大学毕业生的就业情况和工资收入情况体现出来。

首先,由于不同职业对大学毕业生需求不同,不同专业的大学毕业生的失业风险也存在很大区别。从美国2009—2010年的数据来看,非技术性专业的大学毕业生的失业率比技术性专业的大学毕业生更高。例如,艺术类专业新毕业大学生失业率为11.1%,社会科学毕业生为8.9%,法律与公共政策毕业生为8.1%,而工程类专业新毕业大学生失业率为7.5%,科学类为7.7%。另外,计算机和数学类相关专业毕业生的需求情况也取决于具体专业的技术性特征。企业雇主依然更喜欢雇佣能够编写软件和发明新应用工具的计算机系统专家，而不是用软件去操作、挖掘信息的专业人员。符合雇主需求的计算机科学和数学类专业的新毕业大学生失业率分别为7.8%和6.0%，而不符合需求的如信息系统专业的新毕业大学生失业率则高达11.7%。①

其次，有相应对口职业的相关专业的大学毕业生失业率较低。专业与职业越对口，大学毕业生的失业率就越低。诸如卫生保健与教育、商学等专业与相关职业较对口，而且其所在行业本身处于上行行情，所以劳动力市场对这些专业毕业的大学生的需求量就比较大，这些专业的毕业生也比人文学科这样缺乏对口职业的大学毕业生面临的失业风险要低。美国2009—2010年的数据同样显示出，卫生保健和教育专业新毕业大学生的失业率为5.4%，而人文学科新毕业大学生的失业率则为9.4%。教育专业的毕业生有四分之三可以从事教育工作，而人文学科的毕业生从事对口职业的人数却不超过20%。②

最后，由于大学毕业生的工资水平很大程度上取决于其所学的专业和所从事的职业，所以工资收入一定程度上也反映了劳动力市场对不同专业大学毕业生的需求情况。在劳动力市场中，部分专业的大学毕业生不仅面临的失业风险较小，而且能够获得较高的工资。例如，卫生保健、工程类、计算机科学、商学等专业拥有工作经验的毕业生不仅其失业率较低，而且其工资水平也处于所有专业的最前列。根据美国2009—2010年的数据，商学专业中具有工作经验的大学毕业生（30~54岁大学毕业生）的年均工资收入为84000美元，卫生保健类专业为81000美元，计算机专业为91000美元。同时，教育、心理学和社会工作专业的毕业生尽管失业率较低，但是其工资水平却不高，其中教育专业中具有工作经验的大学毕业生年均工资为56000美元，心理学和社会工作专业的为45000美元。当然，人文专业的大学毕业生，

① Carnevale, A. P., Cheah, B., & Strohl, J. (2012). Hard times: College Majors, Unemployment and Earnings: Not All College Degrees Are Created Equal. Center on Education and the Workforce.

② Carnevale, A. P., Cheah, B., & Strohl, J. (2012). Hard times: College Majors, Unemployment and Earnings: Not All College Degrees Are Created Equal. Center on Education and the Workforce.

不但失业风险较高，而且工资水平也比较低，其具有工作经验的大学毕业生年均工资收入为50000美元。[①]因此可以说，不同专业大学毕业生找工作的难易程度很大程度上受到不同职业对相关专业大学生的需求的影响，大学毕业生的工资收入水平在一定程度上也反映出同样的规律。

所以，总体上看，劳动力市场对文科专业的大学毕业生的需求量相对较小，而对偏重于技术、数学、科学、工程等相关理工科专业的大学毕业生的需求量相对较大，前者的工资收入水平也低于后者。

（二）职业内部的需求分化

在知识竞争市场中，具有创新性、个性化的产品和服务是企业开创市场、获得竞争胜利的唯一法宝。因此，在这场脑力的竞技场上，具有创新思维和创新意识的知识工人则关系着企业的生存和发展，必将是企业争夺的主要对象。但是由于“数字化泰勒主义”的出现，在“想”与“做”能够实现分离的情况下，这不仅为企业进行知识的大规模生产、降低生产成本等提供条件，还使企业对知识工人的需求产生分化。企业需要的是能从事创新活动，具有创新能力的知识工人，而因为知识的标准化生产对知识工人的知识、技术、技能等生产能力的要求降低，所以企业对一般知识工人的需求也降低了。也就是说，在知识标准化生产中，劳动力市场将减少对一般知识工人的需求，而增加对高级知识工人的需求。这就导致了同一职业中知识劳动力出现需求分化的情况。

同一职业内部的需求分化可以通过企业对知识工人支付的工资体现出来。工资收入越高，对企业的贡献价值越大，这类知识工人则被认为是企业急需的知识劳动力，相反，企业则需求较小。在企业中，一般把知识工人分为精英知识工人（A）、中层知识工人（B）、基层知识工人（C）三类。[②]他们认为A类员工对公司的未来非常重要，决定着公司未来的走向和发展潜力，是为公司做战略规划的人。企业会通过提供高薪、晋升机会等尽力留住这类员

① Carnevale, A. P., Cheah, B., & Strohl, J. (2012). Hard times: College Majors, Unemployment and Earnings: Not All College Degrees Are Created Equal. Center on Education and the Workforce.

② Michaels, E., Handfield-Jones, H. and Axelrod, B. (2001) *The War for Talent*. Harvard University Press,126.

工。B类员工是执行层,具体来做事情的一类人,他们一般是具有丰富经验的员工,能很好地完成规定的任务。C类员工就是指工作表现力不强,对公司来说,随时都可以找到替补的员工。这类人不是因为缺乏技能,而主要是因为他们在工作态度、对工作的热情或者团队精神等方面不如B类员工。

由于这三类知识工人对企业的价值贡献不同,所以他们获得的工资收入回报也有差异。有研究表明,一个最好的软件开发者与一般的开发者相比,在相同时间内写出的可行程序在内容上是十倍的差距,而在产品的价值效益上则有五倍的差距。一位一流的工程师与五位能力相当的同事一起创造的生产价值能超出200位普通工程师创造的价值的总量。[①]所以,企业也相应地对这三类知识工人进行等级排名,形成企业内部的人才梯队,并根据等级排名来支付工资。处于人才梯队顶端的A类知识工人,被认为是对企业做出最多贡献的人,也将得到相应最高的回报。而对于B和C类知识工人,企业为了降低劳动力成本,则会尽量压低工资,把挤压出来的大部分劳动力成本支付给企业最想留住的A类知识工人。

如图6-6所示,在传统知识型工作(计算机编程师、律师、大学教师、医生)中,不仅知识工作出现了等级分化,而且不同等级的知识劳动者之间的工资收入也存在差异。整体上看,A类知识工人的工资收入往往是B、C类知识工人的2~3倍。从工资增长的幅度来看,在1998年和2005年中,C类知识工人的工资收入水平变化不大,甚至在有些知识型工作中还出现了下降,如计算机行业中,2005年C类型编程师的工资收入水平低于他们在1998年的工资收入水平。而在1998年和2005年中,B类型知识工人的工资收入水平增长幅度较小。但随着时间的推移,A类型知识工人在1998年和2005年中的工资收入水平,则表现出现大幅度的增长趋势。

① Michaels, E., Handfield-Jones, H. and Axelrod, B. (2001) *The War for Talent*. Harvard University Press,3.

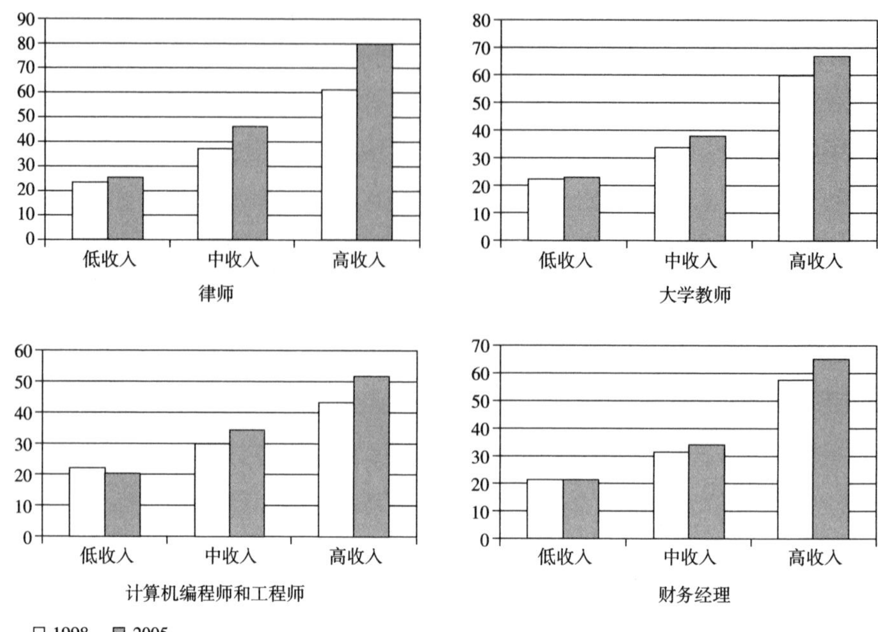

图6-6　美国同一职业中知识工人每小时工资收入差异情况(1998年、2005年)

资料来源:Brown,P., Lauder, H. and Ashton, D.(2011). *The Global Auction*: *The Broken Promises of Education, Jobs and Incomes*. Oxford University Press,120.

A类员工往往被称为精英知识工人,是对企业贡献最大的人,也是企业最需要的一类知识工人。企业间不仅为争取这一类知识工人展开着激烈的竞争,而且也愿意为他们提供高额的工资报酬。B类和C类员工,往往被统称为一般知识工人,由于随着高等教育扩张,这类知识工人的供给量大,所以企业的相对需求就小,企业往往为其提供竞争性工作岗位和竞争性工资报酬。也就是说,这类员工需要与其他同类员工相互竞争才能获得工作岗位和相对于精英知识工人更低的工资报酬。这就说明,在知识经济社会中,劳动力市场对拥有同等学历的劳动者存在不同的需求程度,而且随着时间的推移,劳动力市场更趋向于对精英知识工人的需求。

第七章 Chapter Seven

美国高等教育回报问题与美国社会的治理危机

在人力资本理论的鼓动下，教育、特别是高等教育，曾经甚至现在仍然被许多国家视为实现富国强民的途径，大学曾经甚至至今仍然被许多人视为实现梦想的快速通道，是实现社会流动的重要途径和维护社会稳定的重要机制。因此，自进入知识经济时代以来在该理论的发祥地、同时也是该理论最流行的美国，从联邦政府到亿万民众，都给予了高等教育高度的重视，注入了极大的热情，投入了大量资金。然而，无论在个人层面、社会层面还是国家层面，高等教育都没有给人们带来预期的回报，这会引发怎样的社会后果？

高等教育对美国大部分知识劳动者在经济收益、社会地位等方面都没有达到个人回报的预期，这种现实和预期之间的落差会直接反映在大学毕业生知识性失业问题上。所谓知识性失业，其实质就是教育投资的成本与收益不对等，即劳动者为获得较高的教育层级而投入大量的时间、金钱、精力等成本，但在劳动力市场上却找不到工作或者找不到与所受教育层次相匹配的能满足其在工资收入、职位要求、技能水平等方面期望的工作，从而导致知识劳动者无法就业或者选择自愿性失业、向下就业等。这样的知识失业会引发一系列的后果。

第一节

ZHISHI SHIYE XIA PINKUN XUESHENG DE KUNJING HE JIAOYU YIHUA

知识失业下贫困学生的困境和教育异化

大学毕业生找不到工作或者从事低技能工作会引发青年知识劳动者的收入和生存问题。特别是那些家庭经济条件相对较差的大学毕业生，为了能够接受高等教育，其家庭和个人都付出了相对高昂的金钱成本和时间成本。各州政府面临财政赤字，不断削减教育经费，使得美国公立大学学费不断飞涨，远远超过了工资收入和其他物价的上涨。为获得大学文凭，贫困大学生难以支付高昂的学费，却又不能像20世纪五六十年代那样通过勤工俭学完成大学学业。他们只能更多地依靠美国政府提供的助学贷款来完成学业，从而在大学毕业之前就已经债台高筑。2012年，美国大学生债务规模已经成为仅次于房贷的第二大债务。他们毕业后的工作收入将成为偿还贷款的主要来源和整个家庭的经济支柱。但是，随着居高不下的大学毕业生失业率和大量毕业生涌入低技能工作岗位，使得他们不仅没有足够的工资收入用于偿还助学贷款，而且也无力回报家庭的投资，同时还不得不时刻挣扎于自身的生存问题。对于家庭背景比较优越的大学生，如果没有实现就业或者就业不理想，可以选择接受更高层次的教育以规避失业风险和等待更好的时机，而对于家庭经济条件差的毕业生而言，则很可能无力承担进一步学习的费用，也承担不起进一步的机会成本和时间成本。这就使得来自社会底层家庭的大学毕业生容易陷入既找不到工作又无力升学的两难困境，从而在残酷的劳动力市场上落入贫困的陷阱。另外，从大学生个人的职业发展来看，大学毕业生的第一份工作在其职业生涯中起着非常重要的作用。从事非全日制工作、低技能工作或非本专业对口工作等对来自底层的贫困大学毕业生以后的长期职业生涯也有着不利的影响。所以，来自社会底层的大学生通过高等教育改变自己及其家庭不利处境的良好愿望越来越难以实现。

首先,美国高等教育回报的落差改变了个人和家庭的人力资本投资行为。知识失业问题会使个人和家庭重新评估高等教育投资的价值。对于少部分家庭背景优越的学生而言,接受高等教育是他们延续家庭社会经济地位的重要途径,而且即便面对日益上涨的学费,他们也还尚可承受,因而会继续选择接受高等教育,并且会不惜一切地挤进私立的精英大学。然而,对于来自中下层家庭的学生而言,由于不堪高等教育重负,他们可能会考虑要不要上大学,是否选择网络教育以及选择哪些专业等问题。即使选择了上大学,面对日益高额的贷款,不少贫困大学生也不得不选择中途退学,从而使得美国大学生整体辍学率不断升高和毕业率降低。

其次,文凭贬值则会导致个人和家庭选择另外一种缺乏集体理性的人力资本投资形式,即不断地追加教育投资以获得竞争优势。当同样的学历证书没有原来的价值大时,在工作找寻中,同样的学历证书只能获得比以前更低的职位。这种情况就是通常所说的"学历通货膨胀",当学历通货膨胀出现,文凭的交换价值就减弱了。大学文凭的贬值通常会导致个人教育投资的"逆向选择"行为,从而引发与向下就业相反的选择,即向上继续深造。所谓"逆向选择"指的是劳动力市场上劣质品排斥优质品的现象,其本质是一种市场失灵。与人们通常所认为的高学历意味着高能力的看法相反,此时高等教育的高学历并不一定代表高能力,反而可能代表了低技能,这是教育投资中"逆向选择"的结果。在受教育者供给过度的劳动力市场里,相当一部分人能力不足,在竞争中处于下风,不得已而选择继续深造。同时,即使对于能力足够的大学毕业生来说,如果他们想提高交换价值,也必须继续回到学校,拿到更高的学位。但是可以想象,如果这样不断循环,当拿到硕士、博士学位的人,最终可能从事的就是本科学位完全能胜任的工作,那么,人们为此付出的时间、精力、金钱等就完全是浪费。在美国,名牌大学的本科生竞聘小学教师、幼儿教师岗位已经变得很常见了。而这类岗位,普通院校的毕业生显然能够胜任。所以说,过度教育可能推动"逆向选择",而这种"逆向选择"行为的加剧也将使过度教育更加严重。

最后，过于激烈的知识竞赛导致个人和家庭采取赛手策略，造成教育的异化。所谓“赛手策略”是指把获得工作岗位仅仅视为一种通过一定策略以赢得职位的游戏行为。它背离了能人主义的原则，看轻真才实学，更不主张勤学苦练，而是主张在摸清市场状况的同时，评估自身在市场中的位置。在此基础上，选择自身的竞争策略，根据不同雇主对职业能力的要求选择恰当的方式对自身进行包装和推销，从而获得一种职位优势。它强调走捷径，认为最重要的任务就是争取精英培训机会、美化职业经历甚至欺骗雇主以获得职业岗位。这种“赛手行为”使得越来越多的精力、时间和金钱被浪费在这种竞赛之中，而不是用于教育最本质的目的上。学生把学习的机会和时间留给了锻炼应试技巧、获取人脉和寻找捷径上，而不是用于提高知识水平和真正的生产能力上。为了赢得职位的竞争游戏，个人和家庭日益被商品化，始终考虑的是自身在市场中的位置，忧心于如何打造符合市场定位和个人风格的包装形式与营销策略。学生的学习动机不是获取知识和掌握技能，而是如何以快捷的方式获取雇主的认可，比如通过课外活动和资格证书美化个人简历。学习成为一种基于个人理性计算的游戏，因而学习和教育更为纯粹的本质不见了。同时，随着“选手”的年龄越来越小，大多数小孩一生下来就加入了这场竞赛，使得这种赛手行为也对儿童教育产生了严重影响。为了不让儿童输在起跑线上，并在激烈的竞争中胜出，儿童教育不再将实现德智体美的全面发展作为目标，而是沉迷于分数的竞争。对于知识和兴趣驱动的探究性学习已经被消费者驱动的掌握性学习排挤出去了。长此以往，整个教育体系甚至会因此失去应有的价值，出现异化现象。赛手行为不但浪费了人才资源，而且长期处于竞赛状态的人们所形成的恐惧感，还会进一步滋生出普遍的对社会的漠视与仇恨，败坏社会风气。

第二节

SHEHUI JIECENG GUHUA HE "YINGJIA TONGCHI" SHEHUI GEJU DE JIAJU

社会阶层固化和"赢家通吃"社会格局的加剧

以往人们通常认为，个人凭借自己的能力和努力就有机会进入到精英大学，获得优质的高等教育机会。然而，自进入知识经济时代以来，美国高等教育却逐渐形成了一个"赢家通吃"的格局。这种赢家通吃主要表现为精英阶层对名校的通吃和名校对优质教育资源的垄断。上层精英对高等教育的通吃主要来自于其经济实力、社会地位、文化资本和政治影响力等。美国精英阶层的世家子弟削尖脑袋也要挤进常春藤名校，为的是延续经济和文化上的上流社会地位。这种世家门第的出现和延续，是高等教育投资对精英阶层的重要回报。由于精英阶层是美国大学的重要捐款来源，很多精英大学都会在录取其子女时给予理所当然的照顾。美国普利策奖获得者丹尼尔·金(Daniel Kim)在其新出版的著作——《大学潜规则》中提到，如果你能给哈佛大学捐款至少100万美元，你就能获得哈佛学校资源委员会(COUR)会员资格。哈佛的本科录取率不到　成，在获得美国全国高等院校招生标准考试(SAT)满分的申请者中，有一半的人将会被哈佛拒绝。但据统计，在424位资源委员会会员的子女中，有至少336人被哈佛录取。而从一项对30所美国知名大学入学申请的最新研究中可以发现，向父母亲所毕业的大学提出入学申请的申请者，获得邀请函的平均概率是与该校毫无关系申请者的7倍。[①]另外，随着哈佛大学、普林斯顿大学和耶鲁大学这些名校的学费越来越高，中下阶层越来越难以承受，从而在择校时会放弃考虑名校。因此，美国的精英大学尽管日益多种族化和包容化，但唯一不变的是精英子女的主导和垄断。与此同时，即使当前的这些精英大学面对社会舆论压力，有可

① Kane, T. J. (2010). *The Price of Admission: Rethinking How Americans Pay for College*. Brookings Institution Press.

能减少一些特权名额并且提供更多的全额奖学金，但是美国上层精英为了争取延续其下一代的常春藤名校教育，已经将教育竞赛延伸到了高中，甚至托儿所和幼儿园教育，使得美国各级私立贵族学校和升学及课业辅导产业的蓬勃发展。一些精英预科学校的发展使得对高等教育资源的竞争和分配提前到了中学阶段。精英阶层因为拥有更多财富、社会资源等，其子女可以得到比中下阶层子女更好的私立贵族学校的教育资源、成长环境，因而更容易在起跑线上取得领先地位，并相对轻松地拿到进入精英大学的入场券，从而加剧高等教育的阶层分化。

同时，美国的高等教育市场不仅正在出现两极分化，而且这种两极分化正以更多其他形式表现出来，即精英大学对教育资源和优质生源的垄断。一方面，在高等教育领域，研究型的私立精英大学越来越加强对教育、科技与学术资源的把持，而美国公立大学在私立精英大学全方位的挤压下，逐渐陷入了发展困境。美国常春藤联盟8所学校加上斯坦福大学和麻省理工学院共10所私立大学依靠它们的名声、一流的师资和丰硕的科研成果正在对美国的高等教育市场进行垄断。顶尖名校都有超过百亿的雄厚校产基金，同时他们还在不断接受校友的慷慨捐款。《商业周刊》的文章说，除去耶鲁大学、斯坦福大学、普林斯顿大学、麻省理工学院和哥伦比亚大学等6所大学，2007年度，美国所有大学校产基金的总和也没有哈佛大学一个学校的多；2007年，美国所有大学得到的捐款中常春藤名校就占了一半。财大气粗的私立精英大学不仅可以用高价钱吸引人才，包括从公立大学挖走学科带头人，而且可以斥巨资营建先进的科研中心，建设豪华学生公寓，缩减每个教学班的人数实行小班教学等，从而使得自身的品牌效应越来越大，实力越来越强，得到的科研经费也越来越多。而公立大学随着政府对公立教育财政投入的日益缩减，同时，各州和联邦政府不但没有能够增加向学生提供的奖学金数额，反而增加了学生的贷款额，从而造成公立大学财政资金不足，科研经费越来越少。在资金匮乏和名牌大学挤压的双重夹击下，公立大学的发展举步维艰，教学质量不升反降。

另一方面，精英大学正是利用所赢得的学术资源优势进而领先于优质生源上的竞争。就读于精英大学就意味着拥有优越的教育环境，更好的校友圈子，以及更加诱人的校园招聘机会，而且在劳动力市场上的杰出医生、律师、投行员工等都来自于哈佛大学、耶鲁大学、哥伦比亚大学等著名学府。同时，在生源争霸战中，精英大学可以提供更丰厚的奖学金、更好的学习和生活环境、更优秀的师资力量，也可以采取更强大的宣传攻势。因此，这些优势使得越来越多的国家优秀学生正在集中于少数的一些精英大学。美国著名经济学家库克（Philip J. Cook）和法兰克（Robert H. Frank）在《赢家通吃的社会》中通过研究发现，在1989年110万学生中只有不到1%的学生SAT语文的分数在700分以上，而他们之中的43.8%都毕业于“最具竞争力”的33所学校。①

在劳动力市场上，人力资本理论认为不同于古代的“丛林法则”或者权力世袭，现代社会中的人们只要接受了良好的教育，拥有更深厚的人力资本，就能获得更高的收入。然而，现实却是，大学毕业生在劳动力市场上的竞争也成为一场赢家通吃的锦标赛，即只有少数毕业于美国名校的知识和技术精英能够找到好工作，并获得超高收入回报。名校的学历证书日益成为劳动力市场上的金牌敲门砖，而这些能够获得精英大学入场券的人又大多来自于精英家庭。所以，精英阶层仍然垄断了劳动力市场中优质的工作机会，并获得高的工资收入报酬。同时，从劳动力需求来看，随着高等教育的扩张，拥有大学学历的劳动者越来越多，在劳动力市场上形成了知识劳动者之间的两极分化，一方面是高级知识劳动者的稀缺，另一方面是从事一般性与知识相关工作的劳动者的过剩。在日益激烈的工作竞争中，越来越多的人去竞争极少数的顶尖人才的职位，使得精英们可以待价而沽，而其他绝大多数普通人为了就业，或者说是为了糊口，只能自降身价去从事低技能工作、兼职工作等，从而使得劳动力市场赢家通吃格局的形成。另外，在全球化浪潮下，高级技术专业人才的全球性劳动力市场已经出现，同时各国在争夺人才方面展开了异常激烈的竞争。最优秀的人才不仅在国内劳动力市场，而且可以在全球流动，使得他们可以通吃全球的劳动力市场，从而进一

① [美]罗伯特·法兰克，菲力普·库克．赢家通吃的社会[M]．席玉苹，译．海口：海南出版社，1998.

步加剧劳动力市场的两极分化。

这种赢家通吃的教育市场和劳动力市场不仅造成了严重的人才错置和浪费，而且导致了收入分配的两极分化，使得穷人越穷，富人越富，贫富差距拉大，进而形成赢家通吃的社会。在美国，长期以来人们一直以为，教育与收入、与人们的社会地位紧密相连。教育一直被认为是社会的均衡器，是社会流动的助推器。高等教育将有助于实现社会公平的推论就是由此而来的。但事实上，在当下的美国，人们接受优质高等教育的机会是不均等的，优质教育资源过度集中在少数精英手中。这种精英阶层对优质教育资源的通吃又进一步延续到劳动力市场上，使来自美国著名学府的精英子女把持着劳动力市场上最好的工作岗位。这也就使美国的教育不仅在历史上缩小收入差距和促进社会流动的功能大打折扣，而且开始成为加剧收入分化和阶层固化的精英延续机制。布鲁金斯学院的报告指出：美国的社会不公和阶级固化已经超过了欧洲，阶层分化越来越大，跨越阶层的楼梯也越来越窄。通过个人的自身努力就读美国名校并以此改变命运的梦想对于绝大多数美国穷人来说已经是越来越难以实现了。

美国社会在高等教育和劳动力市场上形成的赢家通吃社会格局不仅拉大了贫富差距，使得富人越富，穷人越穷，而且在巨富阶层通吃的情况下，美国中产阶层自身的收入也在缩水，人数也在下降，中产阶层的贫困化问题日益突出。这表现为以下几个方面。

首先，美国中产阶级家庭的收入在下降。美国人口普查局的调查发现，美国中产阶级的收入在1999年到达顶点。2012年，年收入少于2.5万美元的美国家庭占24.4%，比四年前提高了2.7个百分点；年收入在5万~10万美元之间的所谓中产阶级中低阶层的比例由31.2%降到29.9%。美国越来越多的中产阶级的中下层逐渐落入低收入和贫困家庭的行列。[①]同时，美国的智库皮尤研究中心报告显示，中产阶级家庭的收入已经从2001年的72956美元下降到2010年的69487美元。可见，美国的中产阶级的收入总体在下降，

① DeNavas-Walt, C., Proctor, B. D., & Smith, J. C. (2013). Income, Poverty, and Health Insurance Coverage in the United States: 2012. Current Population Reports.

而中下层的中产阶级正在贫困化。[①]

其次,美国中产阶层占总人口的比例不断在萎缩。美国传统的社会结构为橄榄型,中产阶级人数稳定在全国人口的60%左右,穷人和富人都只占少数。自进入知识经济时代以来,美国中产阶级队伍的人数非但没有如许多未来学家和人力资本理论家所预测的那样增加,反而在不断稳定地下滑。美国智库皮尤研究中心的报告将家庭收入在美国全国中位数三分之二至两倍区间内的成年人定义为中产阶级。该报告显示,美国中产阶级在全国总人口所占比例从1971年的61%下降到2011年的51%。与此相伴的是人数向两端阶层的分散,其中高收入阶层的比例从1971年14%上升至2011年20%,而低收入阶层的比例也从25%上升至29%。[②]

再次,富人阶层与中产阶层的差距在拉大。美国经济学家克鲁格曼认为,美国社会的不平等正在增长,底层收入者和中产阶级占有的财富越来越少,收入和财富越来越集中到少数精英手中。智库皮尤研究中心报告称,中产阶级家庭收入占全国家庭收入的比例从1971年的62%下滑至2011年的45%,低收入阶层的收入占比也比40年前下降了一个百分点,而高收入阶层的收入占比则在过去40年间由29%大幅提升至46%。20世纪70年代末以来,美国最富裕阶层的实际收入的年增长率达到400%。[③]因此,克鲁格曼质疑美国是否还是一个主要由上层和中层两个阶层构成的"中产阶级"社会。如今受过高等教育的劳动者的就业形势总体上虽然好于没接受过高等教育的劳动力,但同样也遭受着收入停滞和加剧的经济安全风险。事实上,拥有高学历的劳动者的工资自2000年以来根本没有增长过,甚至接受过良好教育的人也不再能够期望获得一份高工资回报的工作。在当今美国,占比例极小的一个富裕阶层正在日益成为国家经济和政治的主导力量。

中产阶级向来是美国社会的脊梁,被认为是美国社会的稳定器,是美国经济重要的社会消费者,因此对美国社会经济的繁荣至关重要。特别是三

① Kochhar, R. and Morins, R. (2012). The Lost Decade of the Middle Class Fewer, Poorer, Gloomier.

② Kochhar, R. and Morins, R. (2012). The Lost Decade of the Middle Class Fewer, Poorer, Gloomier.

③ Kochhar, R. and Morins, R. (2012). The Lost Decade of the Middle Class Fewer, Poorer, Gloomier.

四十年前,美国的中产阶级占据社会重心位置,中产阶级的生活方式就代表着美国梦。然而,今天美国的高等教育体制已经变成一场由精英阶层主导的竞赛,劳动力市场上的少数知识精英与普通劳动者的差距日益呈现两极分化态势。美国底层年轻人实现美国梦的最重要途径变得越来越不现实了。因此,中产阶级的衰落意味着美国梦的衰落。越来越多的美国人已经不敢奢望美国梦,因为当高等教育和劳动力市场的通吃格局使得底层难以通过教育获得好工作和高工资,进而改变人生命运,而只能挣扎于生计时,梦想就变成了一句空话。

第三节

GAODENG JIAOYU HUIBAO WENTI DUI MEIGUO CHUANGXIN YOUSHI FA DE XUERUO

高等教育回报问题对美国创新优势法的削弱

人力资本理论认为,进入知识经济时代后,由于知识在经济生活、从而在整个社会生活中的作用日益加大,国家的职能也必须做相应调整。前面提到,美国哈佛大学教授、克林顿总统时期的劳工部部长罗伯特·赖克于1991年出版了一本风靡一时的书《国家的作用——21世纪的资本主义前景》。他认为,在知识经济时代,"一个国家劳动大军的智慧和教育程度更高,他们就能为世界增加更多的财富"。[①]因此,"国家的经济作用不是为挂该国国旗的公司增加盈利率,不是为它的公民扩大在全世界拥有的财富,而是通过提高公民为世界经济所做的贡献的价值来提高他们的水平"。[②]因为在他看来,在知识经济时代,"一国劳动力的技能和该国基础设施的质量是使该国在世界经济中独具特色并且具有特殊吸引力之源泉。……一支在进行复杂劳动方面知识丰富、训练有素的劳动大军,一支很容易把他们的劳动成果融入全球经济中去的劳动大军,将把全世界的钱吸引过来"。[③]这也就是克林顿之所以声称他要做教育总统的原因。美国的决策者们当时相信,通过发展高等教育,通过建设一支高素质、高技能的劳动大军,美国经济将变成一种"磁性经济",将会把全世界的钱吸引到美国,美国将持续在全世界独占鳌头。

① [美]罗伯特·赖克.国家的作用——21世纪的资本主义前景[M].上海市政协编译组,东方编译所,译.上海:上海译文出版社,1998:311.

② [美]罗伯特·赖克.国家的作用——21世纪的资本主义前景[M].上海市政协编译组,东方编译所,译.上海:上海译文出版社,1998:304.

③ [美]罗伯特·赖克.国家的作用——21世纪的资本主义前景[M].上海市政协编译组,东方编译所,译.上海:上海译文出版社,1998:268.

然而,美国高等教育回报落差的出现却造成了美国期望通过发展高等教育来建立高技能、高工资的磁性经济体系的失灵。正如本书研究中所指出的,由于知识经济并没有创造出如预期中的那么多的高技能、高工资收入报酬的知识工作岗位,且由于知识工作本身随着知识的标准化生产,越来越转化为日常性工作,以前需要高技能劳动者的工作越来越简单化,企业已经不需要支付高工资以聘请知识工人去承担低技能劳动者就可以完成的这部分工作,从而使得高级知识劳动者可以被低级知识劳动者或低工资的非知识劳动者替代。再加上一些特别优质的教育资源和特别优厚的岗位在事实上被一些所谓的赢者通吃,即被一些特权阶层垄断,这就使得在美国,高等教育的实际回报远远低于人们的心理预期。正如菲利普·布朗在其《全球拍卖》一书中所指出的,大学文凭的贬值、知识人才的过剩,使得美国的大批知识劳动力已经处在了被全球降价拍卖的境地。[①]更为严峻的是,随着欧洲一体化的稳步发展,随着包括中国在内的"金砖五国"以及其他一些新兴经济体的强势崛起,美国所谓的磁性经济的吸引力似乎已经黯然失色,美国在世界经济中的强势地位正在减弱。

其次,美国高等教育回报的落差削弱了其以创新为基础的国家竞争优势。在国家竞争优势中,由创新驱动而非财富驱动的竞争优势对保持国家长久竞争力极为重要。人力资本作为知识经济时代一种重要的、高级的生产要素,也是知识贡献于国家经济和实现创新的载体。人力资本和高技能已经主导了当今各国经济政策的话语权,国家间的全球竞争归根结底是对高技能劳动者和知识性人才的争夺,即拥有更多高技能劳动力的国家在全球市场上就更具竞争力。美国经济政策一直强调将教育和人力资本作为国家竞争优势的核心,大力发展高等教育,同时还吸引了全世界最多的外国技术移民,通过知识和技能的领先在全球市场上保持竞争优势。金融危机之后,美国奥巴马政府在2009年和2011年相继两次发布了《美国创新战略》报

① Brown, P., Lauder, H. and Ashton, D. (2011). *The Global Auction: The Broken Promises of Education, Jobs and Incomes*. Oxford University Press.

告，并将教育、科学研究和基础设施作为美国创新的关键基础，认为它们是美国未来持续繁荣的根本动力。

然而，随着高技能、高工资教育承诺的破灭以及磁性经济体系的失灵，通过全球国家间的人才争夺战以实现提升国家竞争力的宏伟目标变得越来越遥远了。尽管美国拥有世界上最健全的高等教育体系，拥有世界领先的科学研究成果，但是美国的研发投入已经不足，研发总投入占国内生产总值（GDP）的比重已经落后于日本、德国等其他发达国家，而且美国的研发投入偏重于国防研究，一般的非国防研究投入的比例不高。在一些新兴工艺和新产品方面，其他发达国家的科研水平和竞争力已经超越美国。同时美国的大量优秀大学毕业生都流向了医生、律师和金融等高收入行业，或者进入其他更易成功和回报较高的领域，比如娱乐、房地产等，而进入技术领域的杰出人才的数量正在减少。另外，美国的职业培训系统并没有其高等教育那么强大，公司培训项目也落后于其他一些发达国家，使得许多工人和管理者缺乏升级自身技术水平的培训体系。

尽管美国拥有全球最庞大、最顶尖的知识人才队伍，在人才质量上具备世界最强的竞争优势，但是发展中国家，特别是中国和印度都进行了影响深远的高等教育扩张和改革，生产了大批量的高学历毕业生。在全球高技能劳动力市场中，来自发展中国家的大批高技能劳动者以低价格的优势参与全球知识工作竞争，在造成全球劳动力市场知识劳动力供给过剩的同时，还不断挤占美国知识劳动力的工作岗位和压低人力资本的市场价值。这将造成高技能、低工资知识劳动者的数量越来越多，并使许多知识劳动者不得不选择低技能、低工资工作，兼职工作等，甚至面临失业，从而引发人才错置和浪费。同时发展中国家也在大力发展高新产业，调整和升级产业结构，创造更多的高技能知识工作，并到全球劳动力市场上同发达国家争夺顶尖技术人才，从而使得最顶尖的知识精英可以跨越国界。

同时，美国精英阶层对高等教育资源和劳动市场的把持与通吃同样会导致高等教育对国家回报的破灭，不仅使得高等教育成为精英阶层再生产的机制,而且当高等教育制度和劳动力市场变得越来越不平等,国家的经济政策又只顾及精英阶层利益的时候,由此导致的阶层固化和贫富分化挑战的不仅仅是美国的民主制度,而且将严重危及美国的国家竞争力。

综上所述,可以得出这样的结论:在美国,高等教育不仅没有给人们带来预期的回报,反而使人们掉进了机会陷阱。

第八章 Chapter Eight

美国高等教育回报问题与社会冲突的理论阐释

第五章和第六章分别从劳动力供给与需求两个方面，分析了高等教育回报在美国出现如此之大落差的原因。其实，除了供需这两方面的原因之外，还有一个更深层次的社会根源，即职位冲突。

第一节

CHUANTONG CHONGTU LILUN

传统冲突理论

在20世纪60年代末，冲突理论开始受到西方学者的广泛关注，并被当成解释当时一系列社会问题的重要理论依据。然而冲突理论最早发端于德国思想家马克思(Karl Marx)和韦伯(Max Weber)，他们被认为是现代冲突理论流派的两大开山鼻祖。纵观他们对冲突理论的论述可知，产生冲突的根源都是来自于社会对财产和资源分配的不平等，主要表现形式是各种利益集团之间以及利益占有者和丧失者间的冲突。[①]但是马克思更加注重从阶级的角度来研究冲突，而韦伯更多地是从社会身份团体、社会阶层的角度来研究冲突。基于马克思和韦伯对冲突的不同理解，在20世纪70年代，冲突理论在教育问题的研究中也逐渐分化为"新马克思主义"冲突理论和"新韦伯主义"冲突理论。前者仍然延续马克思冲突理论的核心观点，从社会政治、阶级结构出发来研究教育问题；而后者则偏重从多层因素，如社会、政治、经济、文化等因素来研究教育问题。

一

"新马克思主义"冲突理论

以美国经济学家鲍尔斯(S. Bowles)和金蒂斯(H. Gintis)为代表的新马克思主义，承袭了马克思关于阶级冲突理论的思想核心，他们对冲突理论的贡献主要表现在对资本主义教育制度的批判上。鲍尔斯指出，资本主义的教育制度虽然宣称任何人只要通过教育就能获得才能，取得教育成就，就有机

① 钱扑. 冲突论及其教育目的功能观——对一种教育社会学理论流派的剖析[J]. 外国教育资料, 1999(4).

会获得上层阶级的职位，从而实现向上流动。但是这看似公平的教育制度，其实质是维护资本主义现行的经济结构和社会结构的隐蔽手段，是对不平等社会分工进行复制的工具。

因为在资本主义经济中，阶级冲突因劳资双方对工资和利润的分配不均而始终存在着，资方虽然在冲突过程中占据主动的优势地位，掌握着主导权，但是其颁布法律、出动警察等强硬的方式越来越容易引起工方的反抗，而教育恰好能为他们提供一个温和的统治手段，不仅能通过控制教育培训内容，来使受教育者满足资本主义生产的需要，而且还能灌输资本主义思想和价值观，使他们认同社会分工的标准。因而，在鲍尔斯等人看来，教育是为资本主义经济服务的，它不断复制着不平等的经济结构和社会结构，以及不平等的社会分工。[①]

二

“新韦伯主义”冲突理论

新韦伯主义的代表人物是美国社会学家兰德尔·柯林斯(Randall Collins)。他首先对“教育就是培养专门技术人才的场所”的观点提出质疑。他通过大量的调研得出以下结论。第一，技术进步并非对高技术人才具有大量的需求。第二，接受过高等教育的人未必就拥有较高的生产能力。第三，对经济发展有利的专门技术也不一定来自于正规学校的教育和培训，往往正规学校的教育与职业需求的联系并不十分紧密。他甚至提出“教育除了为人们提供普遍读写的基本能力外，对经济发展毫无供需”。[②]基于此，他转而认为教育是各社会团体用来实现自身利益的工具。他认为，教育的功能是与社会支配团体的根本利益相关的，学校教育为支配团体所制约和决定。从这可以看出柯林斯深受韦伯关于“社会结构是由各种身份团体构成”观点的影响。

---

① 钱扑．冲突论及其教育目的功能观——对一种教育社会学理论流派的剖析[J]．全球教育展望，1999(4)．
② 杨莹．教育机会均等——教育社会学的探究[M]．台北：师大书苑有限公司，1995:75．

他还进一步指出,学校教育被支配团体用于传播自己的“身份文化”,是为了满足社会生产组织的需要,对符合的社会团体的筛选。以前的“身份文化”传播由教会承担,但慢慢地过渡到由学校来承担此职能,因而教育就成为“文化通货”。又由于身份团体总与一定的职业相联系,当面临接受同等教育的求职者时,社会生产组织总是选择与自己身份团体相符的应聘者,以更好地维护自己集团的权力和利益。这样的观点也就呼应了柯林斯所提出的,教育的功能并不一定就在于培养人们高的、专门的技术技能,只要学校教育能培养出符合本社会团体所需的“身份文化”,即便没有职业所需的专门技术水平,人们也能够进入到他所属身份的职业圈。

而当学历成为当今社会获取工作的依据时,对教育和学历的争夺就成为各社会团体产生冲突的根源。因为学历不仅是个人获取工作岗位的入场券,也是限制个人获得工作的阻碍力。人们对教育的追求表面是对教育资格的追求,其实是对精英职位、精英文化控制的追求。支配团体力图通过教育传授“身份文化”,获得精英职位来维护其支配地位,而受支配团体希望通过教育来脱离受支配的处境。因而,柯林斯认为,社会冲突的焦点主要集中在身份团体间而非个人之间,各种身份团体为了取得有利的地位、经济利益和社会声誉而展开斗争,教育则是这种斗争的工具。[①]

① 马和鸣.西方“新韦伯主义”教育观概述[J].国外社会科学,1988(3).

第二节

ZHIWEI CHONGTU LILUN

职位冲突理论

从传统冲突理论可以看出，不管是新马克思主义还是新韦伯主义，都是着力于社会阶级或阶层对教育资格的争夺，把教育当成是阶级或阶层再生产的工具。但是随着高等教育扩张，接受高等教育的人不断增加，仅仅获得学历不再能够反映其阶层属性。除了拥有学历之外，更重要的是对职位的占有，职位成了反映阶层属性的新因素。那么，阶层之间的冲突也从对教育的争夺转移到对职位的争夺上。职位成为冲突的焦点和根源。但在现代社会中，对职位的占有又建立在对学历拥有的基础之上，也可以说对职位的争夺是对教育争夺的延续，所以对职位冲突的研究必须以传统冲突理论对教育问题的研究为出发点。借鉴传统冲突理论中的核心思想，本章试图通过对职位冲突概念的界定、职位—竞争—冲突模式的阐述和职位冲突产生的条件及过程等方面的研究，归纳、提炼出职位冲突理论，以期从理论层面进一步解释美国高等教育现实回报与预期之间为什么出现巨大落差。

一

职位冲突的概念界定

职位冲突是由“职位”和“冲突”两个核心词组成的，那么对职位冲突概念的界定和职位冲突内涵的理解，必须先对职位和冲突进行解析。

职位是指在社会生产组织中处于不同层级的劳动岗位。从职位的界定可以看出，职位是以“劳动”这一生产基本要素为起点。对于“劳动”，柯林斯把生产组织中的劳动分为“生产性劳动”和“政治性劳动”。在生产组织中，与从事生产性劳动相对应的是生产性职位，承担着物质财富的生产；与从事政治性劳动相对应的是“闲职职位”或闲差(Sinecure)，承担着组织的管理和宏观运作，他们的行为与组织的运行高度相关，对组织的影响力更强。“生产性劳动”和“政治性劳动”的划分不仅表明了劳动者所从事的生产活动类型和性质的区别，也表明了职位的层级性特征。职位在性质上是分层的，每一层级间具有一定的等级，一般把位于生产组织顶端的少数闲职职位称为精英职位或高级职位，而位于生产组织中、低层的大量生产性职位称为中层职位和基层职位。

本书中的职位主要是指位于生产组织金字塔顶端的精英职位。虽然不同时期精英职位的内涵有所区别，但是任何时期，位于生产组织金字塔顶尖的精英职位总是少数，这也是冲突产生的原因所在。

关于“冲突”的概念，不同学科领域对其界定各有侧重，但是其中却包含着共同点，如冲突主体是两个及以上，冲突都是因要达到某种目的而产生的。一般意义上，冲突被认为是人与人之间或群体与群体间在社会关系中的一种互动表现形式，是“以利益、观念、政策、纲领、个人或其他实体的敌对性遭遇或对抗为特征的相互活动”。[①]根据这一定义，冲突的内涵包括以下几个方面。第一，冲突具有互动性。冲突往往发生在一定的社会关系之中，这种关系由两个或多个主体构成。冲突是各主体相互作用的一种方式，冲突的范围、规模、强度取决于各主体的范围、规模及内部构成。第二，冲突具有对抗性。当各主体间由稳定发展为互不相容时，冲突也即产生。美国政治学家多伊奇(Karl W. Deutsch)就这样说道：“只有当两个或两个以上的个人、团体或国家之间产生互不相容的行为时，才会发生冲突。”[②]

基于对职位和冲突概念的描述和限定，本书的职位冲突概念是指职位竞争者之间为了实现自己(群体)对精英职位追求的目标，而与其他职位竞争者(职位竞争者群体)产生的一种对抗性行为。

根据对职位冲突概念的界定，本书对精英职位有以下两点说明。

第一，精英职位不仅指涉劳动岗位，而且与物质财富、社会地位、权力、

① [美]杰克·普拉诺.政治学分析辞典[M].胡杰，译.北京：中国社会科学出版社，1986: 27.
② 王浦劬.西方当代政治冲突理论述评[J].学术界，1991(6):43.

机会等各种社会资源密切相关。正如柯林斯所说，财产已经不再局限于对物质商品或金钱等方面的拥有，"职位"也是劳动力市场中最直接的财产形式。[①]获得精英职位就意味着获得相比较于其他职位更多的物质财富、机会和更高的权力、社会地位等社会资源。因此，英国经济学家弗里德·赫希(Hirsch, F.)提出，职位是一种定位性商品，[②]不仅能定位劳动者在生产组织中的等级，而且还能定位与职位等级密切相关的收入、身份、地位、权力等。

第二，精英职位具有稀缺性和排他性特征。职位分为生产性职位和"闲职职位"。但在社会生产组织中，生产性职位总是占据劳动岗位的绝大部分，而位于金字塔顶端的精英职位数量有限。当一部分人拥有了精英职位，就意味着另一部分人失去了获得精英职位的可能。正如有学者所说，无论什么行业，处于顶端的位置只有那么几个，一些人获得了该位置便意味着另一些人失去。[③]

由于"稀缺性是社会不可更改的事实"，有些人总是能获得比他人更多的收入，有些人总是能获得比他人更高的社会地位。虽然每个人都希望获得比他人更多的收入和更高的社会地位，但并不是每个人都能如愿以偿，这就是社会运行的方式。社会中的精英总是少数。但即便如此，在精英职位的争夺中，仍然没有人甘愿待在金字塔的低端，都希望站得比别人高一些。更何况与职位获得相关的还有物质财富、社会地位、机会等各种附加的利益。因此，作为理性的个体行为人，人们都渴望获得精英职位，最大限度地获得财产、地位、权力等社会资源。那么，人们对精英职位展开竞争和争夺是必然的，但是人们如何展开对精英职位的竞争？精英职位配置的方式和决定因素又是什么？职位—竞争—冲突模式则是对职位竞争过程及其可能带来的结果的描述。

① Collins, R. (1979). *The Credential Society: An Historical Sociology of Education and Stratification*. Academic Press, 53~54.

② Hirsch, F. (1977). *The Social Limits to Growth*. Routledgeand Kegan Paul.

③ [澳]西蒙·马金森. 教育市场论[M]. 金楠，译. 杭州：浙江大学出版社, 2008.

二

职位—竞争—冲突模式

“竞争”最早来源于生物学,是用于解释在同一时空条件下,不同物种之间为争夺资源以实现维持自身物种生存及发展演化这些行为的一个词。对于人类来说,竞争也一直存在于我们周围,我们生活在一个物质资料和社会财富都十分有限的世界之中。这样的有限性或稀缺性说明物质资料和社会财富只能为社会上的部分人所有,而不能满足所有人的愿望。因此,竞争在人类社会从来就没有停止过,只是竞争的方式在不断地发生变化。这从另一个方面也说明了只要稀缺性存在,竞争就不会停止。韦伯甚至认为“竞争就是非暴力的斗争”。那么对于具备稀缺性特征的精英职位,竞争也就同样存在。而在精英职位的竞争中,谁最终获得职位?决定精英职位获得的因素是什么?

为了更清晰地分析职位竞争过程和职位归属,本书把精英职位看成一种商品。精英职位商品可以在劳动力市场上自由买卖,由雇佣双方以某种媒介为流通货币进行交换,以实现雇佣双方相互的需要满足,此种交换的进行是以雇主向雇员提供工作、支付薪酬等作为雇员向雇主出卖劳动的回报。所以,雇主是卖方,求职者是买方。在自由市场中,对于稀缺商品的归属,往往是买方在价格竞争的基础上,由其所能支付的货币的多少来最终决定。因此,对于精英职位的归属也就涉及两个主要因素,一是职位力,二是流通货币。

首先,职位力是指职位竞争者通过培养而获得的并在争夺职位过程中所表现出来的竞争能力,它可以表现为某一种能力,也可以是多种能力组合而成的综合能力。职位力的大小决定着职位竞争优势的强弱。职位力越大则在职位竞争中越具有优势,将越容易获得职位。在竞争职位的过程中,职位竞争优势一方面可以表现为竞争者优于他人的独有能力或特质,另一方面,当竞争者们在某方面拥有相同的特质时,竞争优势也可以从个人优于其他竞争者所处的位置表现出来。

其次，流通货币。职位竞争中，在劳动力市场处于信息不完全的情况下，雇主同样需要用一个类似货币的标准化评价指标来对求职者的能力、知识等进行评估，以挑选适合职位需求的求职者，决定职位的归属，也就是说，工作职务的任职资质要求与求职者的实际资质之间，需要一个类似货币的衡量指标。在职位进行市场化竞争以前，对职位的配置经历了国家权力、社会关系等配置方式，但是竞争的方式被认为是最为公平的。如何延续这样的公平性，衡量指标的选择就非常关键。学历被认为是“一种以最少的劳动和时间的代价，去鉴别成绩的完全有效的方法”。[①]迈克尔·史潘斯(Michael Spence)认为文凭相对于其他信号，如年龄、性别、种族、经历等来说是一种最有效且相对公平的信号，[②]具有很高的社会信任度，能够得到人们的认可。所以，把学历看成是决定职位获得的最佳衡量指标具有合理性和正当性，学历也成为获取职位机会的交换媒介或流通货币，成为企业挑选劳动力的评价指标。

因而，学历或文凭也成了职位力的表现形式。职位力的大小就由个人受教育程度或水平表现出来，一般来说，竞争者拥有的学历越高，在职位竞争中的职位力就越大。职位竞争优势也就表现为高于其他竞争者的受教育程度。在职位竞争中，拥有高学历的竞争者也就拥有更大的职位力和绝对的竞争优势，也就容易获得精英职位。“高学历-精英职位”，这被称为职位竞争中的“对等性原则”，但这样的“对等性原则”是建立在个人拥有其他人缺少的独特能力或特质，也就是高学历的基础上，接受高层次教育的个人可以凭借高学历把其他更低学历的人排斥在精英职位的竞争之外，从而拥有竞争优势，获得精英职位。

但是一旦拥有高学历的人增加，在职位竞争中，学历就不再成为决定竞争优势的唯一因素，职位竞争中的对等性原则也被打破，虽然学历仍然作为流通货币，但是职位力却由除了学历以外的多种因素组合而成。由于在界

---

① [英]罗伯特·蒙哥马利.考试的新探索[M].黄鸣，译.南宁：广西人民出版社，1984: 17.

② [美]迈克尔·史潘斯.筛选假设——就业市场信号[M]//曾满超，等.西方教育经济学流派.北京：北京师范大学出版社，1990.

定职位力时，职位力既可以代表一种能力，也可以是由多种能力组合而成的综合能力，也就是说，当竞争者们都拥有同等高学历条件时，职位力的大小取决于除学历以外的其他构成要素。又因为在这样的情况下，拥有高学历已经不足以获得竞争优势，并排斥其他竞争者，所以职位竞争优势就需要对不同竞争者所拥有的职位力大小进行排序，职位竞争优势也就表现为个人相对于其他竞争者所处的位置。

因此，在精英职位的竞争中，获得职位的方式：一是通过排斥方式获得职位。即把学历作为职位力代表，拥有高学历的竞争者获得精英职位，而不具备高学历的竞争者则被排斥在外。二是通过排序的方式获得职位。即当人们都获得高学历时，除了学历以外，还有其他因素参与到职位竞争之中，个人在职位竞争队列中的位置成为取胜的关键。

在职位竞争过程中，职位获得方式是否公平，是否具有合理性和正当性则决定着职位冲突是否发生。从第一种职位获得方式来看，由于学历在职位竞争中是被大多数人认可的一种竞争力，也就具有了合法性和正当性。所以，在精英职位竞争中，以学历作为职位力，以学历高低来衡量精英职位的归属，是正当的职位竞争，不会产生职位冲突。从第二种职位获得方式来看，采用这种方式的前提是获得高学历的人越来越多。虽然在这种方式中，学历在精英职位商品的买卖中仍然充当着流通货币的角色，但是学历不再成为衡量职位力大小的唯一指标，职位竞争优势也从由排斥转变为由排序来衡量。那么在精英职位竞争中，是否具有正当性和合理性就由组成职位力的其他要素所决定，也就是说，除学历以外的其他职位力构成要素决定了职位冲突是否产生。因此，从对这两种不同职位获得的方式及其是否产生冲突的分析可以得出职位—竞争—冲突两大模式。

三

职位冲突的产生

从第五章的分析来看，知识经济以来，美国高等教育迅速扩张，进入大学、获得高等教育学历的人数也在不断增加。第六章分析的结论得出，知识经济下，美国劳动力市场对知识工人的需求并没有大量增加，反而表现出对知识劳动力需求不足的现实情况。因此，在美国大学毕业生供大于求的情况下，美国劳动力市场不仅展现出职位供给稀缺性的特征，也满足高学历劳动力大规模供给的前提，这符合职位—竞争—冲突模式的第二种类型。以下就基于美国大学毕业生在知识工作竞争中的现实情况来归纳和提出职位冲突理论，同时，也从理论层面对美国高等教育回报落差进行原因解释，以说明为什么会出现少部分来自精英群体的大学毕业生获得好工作、高收入，而大部分大学毕业生都无法通过高等教育改变自身和家庭的命运；为什么高等教育扩张不仅无法保障社会公平正义的实现，反而使人们在工作竞争中延续着不公平境遇，加剧着社会两极分化；为什么高等教育扩张无法提供高质量的劳动力以促进国家经济增长、增强国家竞争优势。

（一）文凭社会的学历膨胀

当人类进入到工业社会，社会化大生产就对教育提出了要求，学校教育成为从事社会生产的必要经历。按照马克思的话说，劳动者要从事生产，就必须掌握一定的文化科学知识和技能，为此，就必须对劳动者进行教育和培训。[①]但教育不仅是培养劳动者知识和技能的途径，还被当成一种公平的方式用来进行工作配置，而由于工作与物质财富、社会地位和机会等各种社会资源紧密相连，各种社会资源的拥有程度决定了人们所处的社会阶层。所以可以说，文凭或学历决定着社会结构，是实现社会流动的工具，这印证了马克思所说的“教育或技术资格是划分社会阶层结构的重要依据”。作为理

① 范先佐.教育经济学[M].北京:人民教育出版社, 1999: 12~13.

性行为人的个体都为获得精英职位、实现社会流动而追逐高学历，但是当每个人都抱以这样的想法和采取同样的行为时，“文凭社会”也就出现。托夫勒也把这看成是一个“证书社会”，“在那样的社会里，成就的证明——通过大学毕业、专业考试、许可证——成为取得高等职位的一项条件”，“进不了教育阶梯意味着被排挤出社会上的特权地位”。①

但是，文凭社会的出现，不仅意味着竞争精英职位的人不断增加，而且也意味着学历通货膨胀的出现。在职位商品的购买中，学历作为一种“文化通货”，当“文化通货”大规模供给时，学历的含金量必然会降低，用与原来同等的“文化通货”不能购买到与原来价值相同的职位商品。这也就表明当越来越多的人拥有高学历时，高学历已经不足以排斥其他职位竞争者，学历也就不再成为职位力构成的唯一要素，高学历也不再具有竞争优势。所以，高学历与精英职位的对等性原则被打破，排斥原则也不再适用于竞争激烈的精英职位争夺战，对精英职位竞争中的职位力构成要素和职位竞争优势需要重新衡量。

（二）学历贬值基础上的竞争升级

文凭社会导致的学历膨胀使精英职位竞争的激烈程度加大，高学历从获得精英职位的充分条件，转化为参与精英职位竞争的必备条件。弗里德·赫希曾形象地说道，当大家都踮起脚尖时，没人能看见前方更好的风景。②对这句话的解释可以分为：如果你不踮起脚尖，你就失去看见前方风景的机会；如果你踮起脚尖，你看见的风景却和之前的一样。也就是说，高学历不再成为获取精英职位的充分条件，但不具备高学历的人连参与精英职位竞争的机会都没有，更别说能否成功获得职位。所以，拥有高学历仅等同于拥有一张参与精英职位争夺的入场券，也就是说，随着高等教育学历获得者的增加，竞争精英职位的门槛被提高了，高学历也由竞争性优势转变为了防御性条件。

① [美]丹尼尔·贝尔.后工业社会的来临——对社会预测的一项探索[M].高铦等，译.北京：商务印书馆，1984: 456~457.

② Hirsch, F.（1977）. The Social Limits to Growth. Routledgeand Kegan Paul, 5.

既然拥有高学历不再成为取胜职位竞争的绝对优势，排斥原则也就不再适用于精英职位的争夺，那如何才能重新获得职位竞争优势？衡量职位力大小的因素又是什么？我们可以从赫希的比喻中得到答案。当大家都踮起脚尖时，如果想看见更多，就必须比其他人踮得更高，也就是，当面对激烈的职位竞争时，竞争者除了拥有高学历外，还需要从多方面来增加职位力，从职位竞争序列上获得高于其他竞争者的相对位置。

由于随着拥有高等教育学历劳动者的增加，劳动力市场对大学毕业生的需求并没有大幅度增加，高学历劳动者的供给事实上超过了需求。雇佣方为了从众多应聘者中挑选出符合职位要求的劳动者，必然要提高原有的招聘条件，对拥有高学历的应聘者进行第二次划分，应聘者要想获得稀缺的精英职位，必须满足雇佣方提出的更严苛的条件。所以职位竞争者之间如何增加职位力、提升职位竞争优势，就必须参照劳动力市场开出的招聘条件。从目前的企业来看，他们主要从以下几方面来提高招聘条件。

首先，当企业面对蜂拥而来的大量应聘者时，企业在以学历为衡量指标的基础上，不断抬高入职条件，对求职者的学历提出更高要求。企业提高学历要求的原因有：第一，虽然应聘者的增加会给雇佣方提供更多的选择机会，使其从中挑出更符合条件的雇员，但是过多的应聘者却让雇佣方在筛选简历、面试等招聘环节增加过多的人力成本。因而为了精简应聘者，节省招聘成本，企业最简单、直接、快捷的方式就是对学历提出更高要求。第二，当学历被看成是衡量个人能力和知识拥有量的指标时，更高的学历意味着更强的生产能力，将会在生产过程中为企业带来更大的经济效益。第三，在面对大量应聘者时，企业可以对持有更高学历的应聘者支付低于其学历要求的薪酬，即企业在支付原来同等薪酬的情况下，招聘到了更优秀的员工，这对于企业而言则是变相地降低了人力成本。所以当面对大量的符合条件的应聘者时，企业往往以提高学历要求的方式来获得更优秀的员工。可见，学历在工作寻找中为人们提供机会的同时，却又给人们增添了限制条件，文凭正在成为被许多企业用来限制个体取得较高报酬和较高声望的职业的工具。①

① 蓝秀华. 试析帕森斯与柯林斯的主要教育观点[J]. 教学研究, 2003(1).

其次，对拥有同等学历，但毕业于不同等级大学的应聘者区别对待。企业不会一味地对应聘者的学历提出越来越高的要求，因为拥有高学历的求职者进入到工作岗位之后，他们对自身的价值有一种过高的看法，对工作、薪酬、工作环境等也有着更高的期待。如果企业不能满足他们的期待，他们则会出现工作满意度不高、消极怠工等现象。这不仅会让企业达不到预期的产出效益，反而还可能导致人员流失，进而给企业造成额外的重复招聘成本。因而对企业而言，单纯以提高学历的方式来筛选大量的应聘者并不是一个万全之策。所以，当面对大量应聘者时，除了用纵向的提高学历的方式来挑选大量的应聘者外，企业还在横向上把大学等级作为挑选求职者的另一衡量指标。来自于一流精英大学的毕业生往往在劳动力市场中更受到企业的欢迎，在职位竞争中占据优势。其原因一方面是，毕业于精英大学的学生本身就是精英的代表，他们从高中毕业后需要经过层层筛选才能进入到一流大学中继续学习，能进入精英大学本身就意味着他们具备超越他人的能力，企业也把他们所具备的能力看成是有助于企业成功的能力。虽然不可否认普通大学中也有一些符合企业需要的优秀毕业生，但是毕竟数量较少，企业不愿意出动人力资源部门仅为获得这少部分人而花费高额的招聘成本。在筛选简历过程中，通过提高学校等级还能降低招聘成本。还有一方面的原因来自于“名牌效应”。毕业于一流大学的学生暂不说是否具有高于其他人的生产力，单就其毕业的名牌学校也能为企业带来额外的价值。在信息化时代，人们对产品的消费更多是以品牌为依据，逐渐淡化了对质量或者功能的追求，企业员工队伍的构成是衡量企业品牌的一个重要方式，拥有大量的毕业于一流大学的员工成为企业提升自身品牌的一种重要方式。

第三，除了从硬指标对职位竞争者提出更高要求外，竞争者的软实力也被企业纳入应聘要求中。在现代企业生产中，除了对学历提出要求外，企业越来越注重劳动者个人的软实力，如判断力、性格、态度、言谈举止、人际交往能力、团队合作精神等软技能，这被认为是对企业生产效率具有更大贡献的生产能力。因为在管理性和专业性工作岗位中，企业的价值越来越通过员工直接地表现出来，“你是谁”意味着“你知道什么”，员工的穿着、言谈举止也代表着企业的形象。当大量持有大学学历的应聘者出现时，这为企业挑选既具有学历这一硬实力又具有软实力的劳动者提供了可能。因而在现代企业的招聘条件中，不仅用大学学历、学校排名等作为硬指标来筛选符合要求的应聘者，还通过面试等招聘环节来挑选具有人际交往能力更强、言谈举止更加得体等软实力的应聘者。

所以，文凭社会导致学历膨胀，拥有高学历已经不再成为获得精英职位的竞争优势，这种情况下，职位竞争优势依赖于更高的学历、更高等级的大学和各种软实力等因素，因此，学历贬值的情况下，职位竞争升级。

（三）生存竞争诱发职位冲突

随着职位竞争激烈程度加剧，竞争成本不断升级，但对于职位竞争者来说，是否继续参与这样的竞争取决于竞争的性质。一般而言，竞争分为生存竞争和发展竞争。生存竞争是自人类脱离动物界至今都一直存在的根本规律。在一个物质资料和社会财富匮乏的生存环境中，为了保证个人或家庭成员生命的维持，为了满足人们基本的生存需要，生存竞争是人类不得不参与的竞争。而发展竞争则是指人们在基本生活有保障的前提下，为了过得更好而参与的竞争，这不仅包括对物质的更高追求，还包括对精神层面的需求。

对于职位竞争，自20世纪80年代以后，随着里根政府推行的私有化、市场化改革，使原来福利制时期为经济状况不好的人所提供的基本生活保障、安全保障等福利措施越来越少。工作越来越成为人们获得物质财富、社会地位、机会等各种社会资源的基础和依据，个人和家庭的命运也从对国家政府的依赖转为对自身在就业市场中成功的依赖。

对美国中产阶级而言，随着科技的进步和以知识为基础的经济的出现，中产阶级群体除了拥有知识和技能等资源外，别无其他。他们只有通过投资高等教育，积极参与职位竞争，才能在获得职位的同时，获得经济财富、社会地位等其他社会资源。如果他们不投资高等教育，在没有其他社会安全福利保障的情况下，中产阶级已有的经济资本和文化资本并不足以支撑他们的生活方式，他们将面临向下的社会流动的危险。所以大部分中产阶级家庭都会倾其所有进行教育投资，把已有的资源转化为参与职位竞争的职位力。但是投资高等教育后的他们剩下的也仅有“脑力”，因而他们的生计也就只能依靠在劳动力市场中出卖“脑力”，并通过获得的工作转换为经济收入、社会地位等其他资源。所以，职位竞争对中产阶级来说就是生存竞争。

同样，对美国工人阶级而言，虽然高等教育的扩张，使工人阶级进入高等教育的机会增加，但是对于从事传统职业的工人阶级来说，他们本来是不需要文凭、学历等正规学校教育认可的教育资格证书就可以获得工作。但在文凭社会中，随着劳动力市场中拥有学历的劳动者越来越多，凭借学历参与工作竞争的人也就越来越多，在企业偏向于用文凭来挑选工人的情况下，拥有学历的人更容易找到工作，如果没有学历面临的就是失业或更低工资的工作，所以工人阶级为了不被隔离在工作找寻之外或削弱竞争工资的能力，他们也不断参与到竞争大学、甚至好大学的群体之中。另外，知识经济下，生产组织结构也从多层的官僚制向精简的线性组织结构转变，这使工人期待从工厂底层一步步通过自己踏实的工作获得职位晋升的愿望落空。同时企业一般也不再从普通工人中提拔上一层级的管理人员，而是直接从劳动力市场招聘具有较高学历的劳动者。所以工人阶级的生存也不得不依靠高等教育和在工作中获得高职位来保证，职位竞争对于工人阶级而言也同样成了生存竞争。

所以，在私有化改革后的美国社会，对于占据社会大多数人的中产阶级和工人阶级，他们除了依赖在就业市场中的成功外，并没有其他途径来保障其生存或实现个人的社会价值。但对于少部分的精英阶层来说，他们的生存安全却并不依靠职位获得来保障，因为美国本来就是一个社会两极分化十分严重的国家，再加上美国继承法修改之后，精英阶层更加容易将大部分财产转移到下一代子女手中，因而，对于这一小部分精英群体来说，他们已经获得了生存的安全。所以，职位竞争对于中产阶级和工人阶级才是一场决一生死的生存竞争，他们不得不参与其中。

（四）职位竞争引发社会冲突

由于职位竞争对于美国的中下阶层而言是一场不得不搏的生存竞争，

所以当他们面对学历社会的出现，不仅需要不断地提高自身参与竞争的资本，花费大量的时间、金钱、精力等去获得一个相对靠前的位置，而且个人在求学过程中对自由、兴趣、爱好等与创造力密切相关的追求都被以生存为目的的竞争盖过。个人除了在经济上倾其所有地投资高等教育以外，在专业、能力培养、学习目标等选择上，也不再以自己知识和能力的提升为求学的最终目标，而是将全部心思都放在如何迎合企业，如何获得优于他人的相对位置之上。

但职位竞争遵循的是零和博弈的游戏规则。如果失败，个人投资成本将遭到严重损失，甚至面临生存危险；如果成功，则将获得职位及与职位相关的所有经济财富、社会地位、权力等各种社会资源。对于孤注一掷投资高等教育的大部分人来说，他们的命运到底能否因接受高等教育而改变？这需要回到劳动力市场从三个方面开出的更高的招聘条件，职位竞争者如果能在更高学历、学校等级、软技能的某方面或几个方面高于其他竞争者，他才可能在职位竞争中获得比其他竞争者更高的相对位置，从而获得职位竞争优势。但是这对于一般的大多数人来说，能否实现呢？

首先，在学历上，延伸学历，获得比其他竞争者更高的学历。延伸学历，是个人在职位竞争中获得比他人更高相对位置的一种最直接方式。这种方式主要表现为当大部分竞争者拥有本科学历时，人们希望在学历上获得比其他竞争者相对较高的位置，而选择继续深造，追求硕士、博士学位。但是对更高的学历的追求意味着个人将把更多的时间、精力、物力、财力等投入到学校学习，不仅这段额外时间的学习占用了进入劳动力市场从事生产所能创造的经济收益，而且通过进一步投资学习仅仅是为了获得竞争优势，获得仅需要具备前一阶段学历就可以胜任的职位，也就是说进一步投资学习所产生的额外的投资并不能带来更高的收益。更加之，美国高等教育学费逐年增长。所以，这样的经济损失和教育投资并不是每一个人或家庭都可以承担的。不仅如此，以这样的方式来提高竞争优势，还会导致文凭竞争的螺旋上升，使人们展开对更高一层次学历的追逐。随着文凭竞争螺旋上升，对职位竞争的激烈程度也不断上移，这将导致能够承担继续投资学校教育的社会群体也不断上移，最终只有少数精英家庭才能负担起这样昂贵的教育支出，这也就意味着在以提高学历来增加职位力，获得职位竞争优势的方式下，最终赢得精英职位的将是来自精英家庭的个体。

其次，从学校等级来看，进入一流大学成为人们追求的目标。由于大学排名靠前的大学毕业生相对于其他普通大学的大学毕业生，他们在职位竞争中的位置序列相对靠前，具有职位竞争优势。而进入一流大学又要从进入一流的中学、小学开始，人们几乎从一出生就开始为职位竞争做准备，但是从子女出生到成人的整个过程，如果都致力于对“精英”的追求，在财力上并不是普通收入的家庭可以承受的。不仅因为精英学校各种优质的教学设施、教学资源等需要家庭支出高额的教育花销，而且因为人们对精英学校的热衷，使一流学校的学费不断上涨，特别是私立学校，学费更是相当高昂。虽然有一些家庭为了给子女一个更好的未来，不惜抵押房产、变卖家产使其子女能进入精英学校，但对于大多数普通家庭来说，致力于对“精英”追求所需的教育花销是他们根本无法承担的。

第三，提高自身的就业能力，获得比他人更多的软实力。在接受高等教育的人较少时，可以用学历的高低来衡量个人的知识、技能等生产能力。但当面对拥有同等高学历的大量竞争者时，个人还需要展示自己在判断力、创造力、人际交往能力、团队合作等方面的软实力，以获得相对于其他竞争者的竞争优势，赢得雇佣方的青睐。软实力其实变成了一种隐藏在学历、技能、知识等硬实力背后的“自我”展现。这样的“自我”展现使人作为一个整体，通过内在的思维、精神层面和外在的语言、衣着打扮、行为方式等将个人特质完全地表现出来。但是这些能力的获得是一个长期培养和熏陶的过程，与个人所生活的家庭环境、文化氛围和所接触的社交圈子息息相关，并不可能通过短期的学习、培训达到。对出生于社会经济条件好的家庭的人来说，他们正是生活在这样的环境之中，这些能力是内藏于身体之中的无意识反映；而对于出生于社会经济条件较差的家庭的人来说，他们不仅所处的家庭环境比较恶劣，而且所接触的人、事、物也因家庭的关系十分受限，他们很难拥有与企业需求相匹配的文化性情和心智。所以，企业提出的软实力，来自精英家庭的子女更容易具备,他们在职位竞争的相对位置中也就更容易领先于来自普通家庭的其他竞争者。

从以上几方面的分析来看,虽然从应然层面来说,当职位竞争激烈时,职位竞争者可以通过自己的努力,通过获得更高学历、进入一流大学、培养软实力等方式来提升自己的职位力,获得相对于其他竞争者更高的排序位置,从而获得职位竞争优势。排序的方式不仅使更多人获得高等教育的机会,也使更多人能参与到精英职位的竞争中,这样的方式也被看成是一个评判职位竞争优势、决定职位归属的公平手段。但是从实然层面来看,人是一个历史文化的产物,他在获得职位力的过程中,往往受其家庭、阶层、文化等因素的影响。从以上三方面的分析来看,不管是获得更高学历、进入一流大学、培养各种软实力等都无不与个人的家庭社会经济背景相关,而且表现为家庭社会经济背景好的个体在职位竞争中更具备竞争优势,更容易达到企业的要求,获得精英职位。所以说,当职位竞争方式由排斥向排序转变,这并没有改变职位竞争本质上的不公平,反而使教育的阶级再生产特性更加隐蔽。

所以,职位竞争是一个社会阶层因素参与其中的竞争,具有不公平性。不管是从职位力的构成因素还是从职位竞争优势的评价指标来看,其合理性和合法性都受到挑战,社会冲突的焦点再次集中到各阶层之间,而职位竞争则成为产生冲突的根源。对于倾其所有投资高等教育的大部分人来说,高等教育无法满足他们对工作、薪酬以及附加于工作之上的身份、地位等的期待。长期以来,除了对生存和未来的担忧之外,人们会倍感压力与挫败,他们不仅会反思自身的努力程度,而且会计算自己为此付出的个人成本,不仅包括时间、精力等成本,还包括自己在追求职位竞争优势过程中对个人自由和兴趣爱好漠视所造成的人生成本,这些都成为其追求职位竞争成功的代价。但当他们发现失败的根源不是自己的努力程度不够或能力不足,而是自身社会阶层的限制,而这对于他们来说又是无法改变的事实,这必然会引发中产阶级和工人阶级的反抗情绪,也将引发因职位竞争而导致的社会冲突。正如英国经济学家米香(E.J. Mishan)所说,很明显,未被解决的溢出效应(一个人获益导致的另一个人的损失)意味着这些效应的制造者和承受者之间的对立,当这些对立的群体规模很大和很容易识别的时候,利益的对抗就可能呈现出更大的社会规模,职位冲突一触即发。[①]

因此,当接受高等教育的人的规模增加时,有关精英职位的竞争并不仅仅是一个凭借个人努力和能力就能够获得胜利的竞争,而是一个由经济资本、社会资本和文化资本等各种社会资源掺杂其中的竞争。对于精英阶层来说,他们因为在各种社会资源的拥有量上远超过其他阶层,他们在职位竞争中更容易取胜。也可以说,精英阶层所接受的教育与其所获得的成功之间是充分不必要条件。他们的成功可以正向推断:拥有财富、地位等各种资本的他们大多拥有高等教育学历。但是他们的成功模式不能反推,并不是因为拥有高等教育才使他们获得了职位竞争的胜利,获得了如今的财富和地位。所以,对于各方面资源都比较匮乏的其他竞争者来说,即便获得了参与职位竞争的学历资格,但是精英职位对于他们来说仍然是遥不可及的奢侈品。这也就解释了美国高等教育大规模扩张之后,为什么只有少数的精英群体可以通过高等教育获得好工作、高工资收入,而大部分的大学毕业生并不能获得他们所期望的好工作、高工资,也就无法通过接受高等教育来改变他们自己和家庭的命运,实现社会流动。在一个以功利为目的,迎合企业招聘条件的竞争过程中,接受高等教育并不是为了个人素质的提高和能力的培养,这样的大学毕业生也就并不能满足国家对创造力和创新性人才的需求,这对于通过高等教育扩张来实现国家经济增长和国家竞争优势提升的预期也同样很难实现,并加剧了美国社会的治理困境。

① Mishan,E. J. (1970).*Technology and Growth: The Price We Pay*. Praeger Publishers.

第九章 Chapter Nine

美国高等教育回报与社会治理问题对我国的启示

高等教育向来被认为是促进社会合理流动的阶梯，被认为是中产阶层的梦工厂，也是塑造橄榄型社会结构，维护社会公平、和谐的重要平衡器。在经济发展和社会治理新常态下，高等教育对于推动合理的社会流动，摆脱“中等收入陷阱”，激发社会治理创新有着重要意义。而高等教育回报则是高等教育发挥其社会功能的重要作用机制。从人力资本理论、筛选假设理论和劳动力市场分割理论的角度看，高等教育影响社会流动的作用机制在于个体通过接受高等教育，获得更高的经济地位和职业地位，进而从社会底层跻身于中上阶层。因而，高等教育回报是否合理关系到高等教育的社会治理功能能否稳定、持续发挥，关系着国家社会治理创新战略能否实现。

第一节

WO GUO GAODENG JIAOYU HUIBAO WENTI YU SHEHUI ZHILI

我国高等教育回报问题与社会治理

一

大学生就业难成社会问题

大学毕业生的“知识失业”既可以表现为显性失业，即进入劳动力市场的大学毕业生有工作能力和工作意愿，却没有工作机会；也可表现为隐性失业，如能力与岗位不匹配的委屈就业或低层次就业所造成的人才浪费和“教育过度”；还可表现为知识青年在实际与预期具有较大落差时的自愿性失业和“这山望着那山高”随时准备获得更匹配的工作所造成的摩擦性失业等。

首先，显性的知识失业。2002—2012 年，我国城镇登记失业人口从 770 万增加到 917 万，在失业人口总量持续增加的同时，知识失业人口数量增长更为迅速，从 45.4 万猛增至 190.7 万，占城镇登记失业人口的比例也从 5.9% 升至 20.8%，远高于总体失业率的增长速度。[①]知识失业问题的出现已经成为一个不争的事实。这一问题体现的是劳动力市场上大学毕业生供求的结构性矛盾日益朝着不利于大学毕业生就业的方向发展，其必然结果就是大学毕业生的就业难问题以及起薪和相对收入也逐年下降。其次，我国的知识失业更重要的是以隐性失业方式呈现出来的。从劳动力市场分割理论的角度来看，大学毕业生在主要劳动力市场供过于求，意味着许多大学毕业生无法在主要劳动力市场寻找到匹配的工作，那么这部分大学毕业生要么沦为失业者，要么只能进入次要劳动力市场“委屈就业”，从事对教育和技能要

① 王学义，周炎炎．我国知识失业问题的制度根源分析[J]. 中国劳动, 2015(3):4~7.

求较低的工作，造成典型的"教育过度"现象或"高能低就"现象，或者暂时从事专业不对口的工作，造成典型的"教育不匹配"现象。[①]这些都会导致大学毕业生的隐性失业，进而致使高素质的人力资本闲置浪费。

不同于美国等西方资本主义国家，我国的知识失业有自身的特点：第一，知识失业主要发生在城市正规部门的求职市场上，社会保障机制相对健全、工资收入水平相对较高、企业规模相对较大的城市正规部门，形成了对高校毕业生较强的诱惑力，吸引了大量高校毕业生展开竞争。同时由于在正规就业部门的劳动力市场上，大学毕业生的社会资本和社会网络（包括家庭出身、人脉资源等）都有可能影响甚至决定其能否争取到工作岗位，而不仅仅依靠大学学历以及高等教育过程中学习到的知识和技能，可能会加剧城市正规部门"知识性失业"问题的聚集。第二，我国知识失业存在分化现象，特别是专业的分化。目前知识失业的主要对象是文科专业学生。劳动力市场供求情况表明，我国文科专业学生就业难度明显大于理工科，激烈的就业市场竞争，直接加剧了文科专业人才的"高消费"问题，特别是很多女生集中在文科专业领域和女性在劳动力市场上的不利地位，更加剧了文科专业的"知识性失业"矛盾。我国的知识失业还存在行业分化现象，总体而言，目前我国知识失业现象的确集中表现在高新技术、金融教育和技术服务等行业领域，而传统行业并不明显。第三，我国的知识失业问题更多是高等教育的投资预期目标与现实困境之间落差的结果。高等教育属于非义务教育，家庭在其中承担着主要的投资成本。一些高校毕业生在无法实现梦想和追求时，选择回避矛盾、待业在家，导致了"知识性失业"问题的产生。[②]

大学毕业生的知识失业问题会直接降低高等教育的投资回报率，同时受"学而优则仕"等传统观念的影响，民众对于读书和大学生寄予了较高的期望，从而造成大学毕业生的高等教育回报预期与现实的强烈心理落差，导致"读书无用论"重新出现，挫伤社会对人力资本投资的热情。更有甚者，"知识性失业"对社会稳定与和谐的潜在影响较大。年轻大学生的社会网络

① 吴克明，卢同庆，曾新．高等教育社会流动功能弱化现象研究[J]．教育发展研究，2013(9):42~47.

② 龙琼，曹国辉．"知识型失业"的现状、归因及其化解策略——基于高等教育大众化背景下大学生就业难问题的思考[J]．中共四川省委党校学报，2016(3):46~50.

和社会资本更发达，可组织性更强，话语权更多，一旦因失业引发不满，将会对社会形成巨大的冲击。①

二

高等教育社会流动和社会发展功能弱化

在现代社会中，社会成员的地位分层变得越来越复杂，社会分层是否合理直接关系社会的稳定与发展：合理的社会分层和正常的社会流动意味着社会各阶层成员之间资源占有与分配关系的和谐，有利于社会的稳定与发展；不合理的社会分层和失序的社会流动则导致社会冲突与动荡，不利于社会的发展。而高等教育影响和调节着社会流动和社会分层，特别是通过高等教育机会的扩张为社会弱势家庭的子女提供了更多的教育机会，培养其知识型工作岗位所需要的素质和技能，以获得更好的职业地位和收入水平，推动个人向社会上层流动，从而改变个人与家庭境遇和命运，进而就在社会层面上降低社会的不平等，彰显社会公平正义，维护社会稳定和社会发展。

个人能否如期、如愿地获得高等教育投资回报是高等教育实现其社会发展功能的关键，而个人能否获得预期高等教育回报和他能否得到与其技能相匹配的工作，能否获得高工资收入相关。人们社会地位的高低主要取决于个人的收入水平和职业类型，而收入和职业只有在人们进入劳动力市场就业以后才能获得。高等教育促进个体社会流动的实现涉及高等教育的供给与劳动力市场的需求两方面。换言之，高等教育社会流动功能的实现程度取决于大学毕业生在劳动力市场上的供求关系。②在其他因素一定的情况下，若劳动力供给大于需求，劳动者收入将减少；若劳动力供给小于需求，则劳动者收入将增加。同理，对于大学毕业生而言，如果大学毕业生供不应求，其收入水平将上升，有利于提升其社会地位；反之，大学毕业生供过于求，将降低其收入水平和社会地位。

① 姚先国．“知识性失业”的根源与对策[J]．湖南社会科学，2009(3):137~140.

② 吴克明，卢同庆，曾新．高等教育社会流动功能弱化现象研究[J]．教育发展研究，2013(9):42~47.

1999年以来，中国高等教育经历了前所未有的跨越式发展，高等教育机构的数量和规模大幅度增加。同时，大学生数量大幅度增加，大学毕业生数量也是呈现井喷之势。从高等教育扩招前到2016年，我国大学毕业生人数从83.9万已经增加到765万。但是劳动力市场对大学毕业生的需求增长得比较缓慢，导致大学毕业生供求关系日益从"供不应求"向"供过于求"转变，直接体现为大学毕业生的就业率逐年下降。随着大学毕业生就业率下降而来的是，大学毕业生的薪酬水平也不容乐观。高等教育扩张以来，尽管大学毕业生的总体起薪在增长，但是大学毕业生的相对薪酬却不容乐观，特别是大学毕业生月起薪与全国职工月平均工资的比例在不断下降。大学毕业生相对收入呈现下降趋势，甚至低于全国职工平均工资，这表明从精英阶段到大众化阶段，高等教育在提高大学毕业生收入方面的作用逐渐减弱。所以，整体来看大学毕业生并不能完全如愿地在接受高等教育和进入劳动力市场之后，获得好工作，赢得客观的收入，因而出现了高等教育回报的预期与现实之间的落差。

如前所述，获得好的职业岗位和收入水平，或者说达到合理的高等教育回报是高等教育发挥社会发展功能的关键机制。相反，如果大学毕业生没有如期在劳动力市场上找到与其投入相匹配的就业岗位，不但不能通过接受高等教育获得更好的职业机会和收入水平以获得更高的社会地位，进而改变个人和家庭的命运，反而在求学过程中加重了贫困家庭的负担。那么高等教育回报与投资预期的巨大落差会促使贫困家庭选择减少高等教育投资，从而再次减少了贫困家庭及其子女改变个人和家庭命运的机会，容易致使社会陷入阶层固化的循环，不利于社会秩序的正常运转，影响社会稳定与和谐。

第二节

KEXUE RENSHI WO GUO DE GAODENG JIAOYU HUIBAO WENTI

科学认识我国的高等教育回报问题

虽然我国尚未进入到知识经济时代，人力资本理论在我国也是21世纪以来才逐渐形成影响力，但是在我国，“知识就是力量”“科学技术是第一生产力”的口号几乎妇幼皆知。再加上世界潮流的影响和美国榜样的带动，改革开放以来，我国的高等教育事业也得到了突飞猛进的发展，特别是20世纪90年代后期开始的高等教育大扩张，使我国大学生数量一路上升，到现在每年都有七八百万大学毕业生，我国的高技能劳动力市场似乎在一夜之间突然变得拥挤起来了。昨天还被人们称为天之骄子的大学生今天一下子似乎变成了社会弃儿。大学毕业生找不到工作或找不到跟自己的学历相匹配的工作的现象日益突出，我国的大学文凭也明显贬值了。我国的高等教育是否犯了跟美国一样的“富贵病”？

首先，必须指出，尽管从表面上看，我国高等教育回报所出现的问题与美国类似，但导致这些现象的原因及严重程度却大不相同。我国的高等教育在很长一个时期内确实是一种精英教育。1977年恢复高考的第一年，全国报考的人数为570万，但只录取了27万，录取率不到5%，那时候的大学生确确实实是天之骄子。1996年高等学校开始大规模扩招，全国共录取了96万多人，1997年全国录取的大学生人数首次突破了100万，2002年突破了200万，2003年突破了300万，2004年录取了447万，2005年为505万。据国家统计局的最新数据，2014年全国在校的大学生已经达到2468万，几乎相当于1977年的100倍，高考录取率已经接近60%。大学生已经不再是天之骄子了。经过这一轮扩张之后，我国的高等教育完成了由精英教育向大众教育的转型，这对我国实现从人口大国向人力资源大国的转变具有重要的战略意义。但是，由于我国的经济结构并没有发生根本性的转变，到目前为止，我们虽然在有些领域实现了突破，已经接近世界领先水平，但总体而言，我们还是世界制造业大国，还走在成为创新大国的路上，我们还没有进入知识经济时代，还没有创造出足够多的知识型工作岗位，还无法吸纳在短时期内就急剧增加的这么庞大的知识型就业大军。再加上我们每年还吸引了大批海外留学人员以及外国专家学者回国和来华工作，这就使得国内知识型劳动力市场更加拥挤，使国内毕业的大学生的就业形势更加严峻。

但是尽管如此，我国的大学毕业生并不是真正意义上的绝对过剩。因为，与美国不同的是，我们正在由制造大国向创新大国转型，即我们正在由传统工业经济向知识经济转型的过渡时期。同时，我国也仍然处于追赶欧美发达国家的过程中，这就要求我们必须有足够的人才储备。在世界经济发展的历史上美国赶超英国、日本赶超美国、韩国赶超西欧等成功的追赶范例，已经证明国家经济的赶超一般都是以人力资本为先导的，特别是对于现代国家经济增长而言，人力资本起着关键性的作用。另外，我国的社会经济发展极不平衡，对大学毕业生的需求也极不平衡。一方面，在大中城市、发达地区和国有大企业等找一个知识型的工作岗位固然比较难，但另一方面，广大农村和偏远地区还需要大量的教师、医生、法律工作者，一大批私人小型企业需要工程技术人员。也就是说，我国目前的大学生就业难，并不是因为我国社会真的不需要他们，在很大程度上还是我们对劳动力市场的宏观调配力度不够，如果有一系列配套政策，中国的大学生还是大有用武之地的。

当然，也必须承认，20世纪90年代以来我国高等教育的大扩张，确实有一点“大跃进”的味道，扩张速度有些过快、过急。这就很难全面保证质量。特别是我们国家的财力毕竟有限。由于国家把主要资金集中投在少数“985”“211”高校之中，那些二、三流高校，特别是那些由原来的中等职业学校、师范学校升格为大学的学校，为了生存，不得不想方设法降低培养成本、扩大招生规模。于是，一些并没有多大需求、但培养成本相对较低的人文社会科学专业和理科专业的学生迅速增加，而知识经济所急需的工程技术类的学生人数则增长缓慢。从而造成了目前这种不同专业背景的大学生就业机会大不相同的局面。也就是说,我国目前的大学生就业难、大学文凭贬值的问题,部分的原因在于高等教育自身。这就使得我国在解决这个问题时至少比美国更加注重高等教育自身的改革、调整和完善。

其次,还必须指出,从短期来看,美国确实出现了一些教育过度的现象。但是,从长期的历史过程看,美国高等教育也不存在过度发展的问题。从更广泛的意义上说,人类的全部活动无非可以分为认识世界和改造世界这两大类,而且,只有认识世界,才能改造世界。如果说,在我们人类历史的早期,我们的许多活动还是出于本能,那时候认识世界的活动还比较分散、还属于自发行为、在人类的全部活动中还不特别重要的话,那么,到了今天,到了知识经济时代,在人类的全部活动中,对世界的认识已经变得须臾不可离开了。因为,它不仅决定着人改造世界的行动(即人们的社会生产活动)效率之大小,决定着生产活动的成功与失败,甚至还决定着人类社会活动的发展走向,决定人类社会的命运。而人类对世界的认识,无疑是一个持续不断、至少在目前看来是一个没有止境的过程,每一代人都必须在前人认识的基础上,才有可能把这个过程持续推进下去,而教育、特别是高等教育,其最基本的职能就是承接前人已经形成、积累起来的知识,从而不仅指导人们改造世界的行动,而且要在承接前人认识的基础上,在改造世界过程中继续推进对世界的认识。正是在这个意义上,人力资本理论学家把人看成是最重要的资本,把对高等教育的投资看成是对人力资本的投资。也正是在这个意义上,英国哲学家弗朗西斯·培根(Francis Bacon)才提出“知识就是力量”的口号,邓小平则进一步提出了“科学技术是第一生产力”的口号。

但是,从根本上来说,高等教育的基本职能只是传授知识,掌握了一定知识的大学生仅仅是潜在的劳动力。他们只有参与到改造世界的生产活动之中,才会变成现实的生产力。换句话说,大学文凭、科学技术、知识等都是生产力,但它们仅仅是潜在的生产力。只有当这部分接受过高等教育的劳动者真正进入到劳动力市场,从事与知识、技术相匹配的生产活动时,他们所拥有的知识和技能才能转化为现实的生产力。正如彼得·德鲁克所指出的那样,知识只是工具而已,要能善用工具于工作,要能产出对客户、病人、学生、同事、上司、下属有意义的价值，才是真正的智慧，拥有知识就是拥有了一切，更确切地说，以为拥有了文凭就是拥有了生命的全部价值，[①]这是对自身和社会的浪费。回到美国高等教育回报问题上来，显而易见，这里发生的资源、知识、人才浪费，责任显然不在于人力资本理论，而在于美国的资本主义经济和政治制度。

因为，虽然自1929—1933年的经济危机以来，美国的思想界、政治界不再鼓吹"管事最少的政府是最好的政府"的观点，甚至也不忌讳、不拒绝在关键时刻对社会生活进行全面干预，例如在2001年的"9·11"事件和2008年的金融危机之中，美国政府都曾果断出手，对社会政治、经济生活进行了积极调控，但是从总体而言，美国社会笃信自由主义，笃信市场机制。且由于美国最基本、最主要的生产资料依然牢牢地控制在极少数人手中，他们创造就业岗位、聘用知识型劳动力，甚至组织社会生产的全部活动的最终目的是个人或家族的利益最大化，而不会考虑国家和民族的长远的、根本的利益。这才是美国目前高等教育回报问题的根本症结。

与美国相比，我国的政治制度具有自身的优势。党的十八届三中全会虽然提出，要让市场在资源配置上发挥决定性作用，但这只是表明我们尊重市场规律，这并不代表我们会听任市场机制的摆布，更不意味着政府在事关国家与民族兴旺等长远大计上会放弃责任。在我们国家，市场毕竟只是工具，而不是主宰。例如，面对我国高等教育已经出现的类似于美国的问题，我们国家就已经出台了一系列鼓励企事业单位聘用高端人才、鼓励大学生自主创业、鼓励海外学子回国创业等政策。这些政策不仅有效地缓解了大学生就业难的问题，还成功地吸引了一大批高水平的，我国实现从制造大国向创新大国转型所急需的海外高端人才。因此，借用罗伯特·赖克的那句话来说，本书认为，在知识经济时代，国家的职责不仅在于培育、建设、打造一支高技能的、训练有素的劳动大军，而且还必须为这支大军创造出足够宽阔的用武之地。

① [美]彼得·F·德鲁克.后资本主义社会[M].傅振焜，译.北京：东方出版社，2009.

第三节

SHEHUI ZHILI CHUANGXIN XIA WO GUO GAODENG JIAOYU HUIBAO DE HELIHUA LUJING

社会治理创新下我国高等教育回报的合理化路径

我国高等教育回报的落差问题，同样是供需双方的失衡造成的。因而在社会治理创新背景下，充分发挥高等教育的社会治理和社会发展功能，引导高等教育回报趋向合理化，必须从供给侧和需求侧同时着手。

一

从供给侧提高高等教育质量

首先，高等教育发展坚持规模适度原则。在经济新常态背景下，我国高等教育发展在数量和规模上的相对过度，是出现知识失业问题的重要因素。“过度教育”尽管在我国不是绝对意义上的，但是相对于劳动力市场需求和经济结构的要求而言，我国高等教育确实存在相对过度的问题。从表面上看，我国高等教育的精英化向大众化的跨越式发展固然导致了知识劳动力规模的迅速扩张，然而经济社会转型期对知识劳动力需求的增长却相对滞后，由此导致劳动力市场上的知识劳动力供需失衡。知识劳动者供给与市场需求之间在数量上的失衡，使知识失业问题日益突出。因而，相对于经济结构和劳动力市场对知识劳动力的需求数量，高等教育提供的知识劳动力数量应当与其尽可能匹配起来。高等教育要高度重视内涵发展目标，放缓外延扩张步伐，适应社会转型期的经济发展要求。根据社会提供的各种向上流动机会和流动岗位，发挥教育的积极引导作用。

在确定和控制高等教育规模时，要考虑两方面因素：一是高校自身容量，即招生规模是否在高校师资力量、教学资源可承载能力之内，保证人才培养质量；二是大学生供给的数量是否在经济发展阶段、社会体制环境和产业结构所决定的就业容纳能力之内，保证市场竞争力。

其次，进行高等教育结构调整。我国高校的类型的分布比较集中，目前我国各类本科高校数量及其类型，理工、综合、师范、医药以及财经占比约为70%，再加上我国各类高等院校专业设置相对固定，结果是高等教育培养出大量同质人才出现在劳动力市场上，过多的知识劳动力竞争少量的知识工作岗位，使得企业在工资固定的情况下更倾向于雇佣受教育程度较高的人去做原来由受教育程度较低的人就可以做的工作，从而造成知识失业问题。

同时，我国高等教育机构的学科专业结构失衡。在经济新常态下，经济结构不断深化调整，产业不断改造升级，互联网经济、共享经济、数字经济等新经济形态层出不穷，亟需创新型人才。而高等学校的专业设置、学科建设与人才培养没有根据市场需求变化做出及时调整，导致学校专业设置陈旧、学科建设滞后、人才培养跟不上劳动力市场需求的变化。高等学校由于经费不足、设备欠缺、师资力量不足、办学水平不高等诸多因素制约，再加上本科阶段的培养周期，无论在数量上还是在质量上均不能适时适量地满足劳动力市场上新经济部门对人才的需要。而那些传统学科与专业由于改革与建设滞后、师资队伍老化、教材改革迟缓，致使培养出的人才难以满足新经济发展和产业升级的需要。因而，在既有的学科、专业结构失衡的条件下，连续多年的扩大招生规模只会越发加重与扩大知识失业。

政府要给予高等院校充分的办学自主权，一方面从宏观上鼓励不同高校间的差异化定位和发展，而不应该在类似的标准考核下使得高校越来越同质化，推动不同高校选择更适合自身情况的发展道路。另一方面从中观上，使高等院校可以根据劳动力市场的变化调整招生和专业设置计划。一旦高等院校拥有相对充分的办学自主权，就可以面向劳动力市场对专业设置展开评估，开展学生专业领域适应能力测试，提高学生的专业—能力匹配程度，采用更灵活的学分制和学位申请计划，这样，进而可以提高大学毕业生的就业质量，而且能够在很大程度上满足大学生多样化的人力资本投资需求。

再次，培养大学毕业生的创新能力。我国的高等教育回报落差问题和知识性失业主要表现为大学毕业生的结构性失业。从供给侧来看，只有提升大学生培养质量，增强大学生的创新意识和创新能力，才能提高高质量的大学毕业生的有效供给，从而成为化解知识性失业的重要手段。一方面，对于高校来说，首先要根据劳动力市场的要求，优化高校专业设置、突出人才培养特色，培养“适销对路”的大学生，以降低大学生专业结构性失业，提高大学生的有效供给。其次，要强化高校就业指导，通过开展职业咨询、提供就业信息、培养择业技能等服务，提高大学生对劳动力市场的认识，增强大学生的求职竞争能力和社会适应能力。再次，高校除了要优化专业设置、强化职业指导，将大学生培养成为满足市场需求的合格求职者，更要加强创新教育、创新实践，营造创新的氛围和环境，将创新能力作为大学生培养的重要目标，努力将大学生培养成为工作岗位的创造者，成为能够为工作岗位带来活力的创新者。

另一方面，对于大学生个人而言，需要自觉培养自身创新创业能力，形成自身在劳动力市场上的独特优势和核心竞争力。同时积极调整就业观念，顺应劳动力市场的结构性变化，寻找多元化的就业渠道。由于我国高等教育已经从“精英教育”阶段过渡到了“大众化教育”阶段，接受高等教育机会增加的同时，大学生就业竞争也日趋激烈，大学生的就业层次也应相应下移。大学毕业生应当摒弃传统的精英就业观，树立“先就业，后择业，再创业”的就业观、职业观；知识是能力的基础，能力是人才质量的内核，是就业竞争力的关键。作为大学生，要在加强理论知识学习的同时，积极、主动地参加各种社会实践，在实践中锻炼能力，培养自身的就业竞争力。

二

从需求侧增加知识型工作岗位

在高等教育大众化背景下，高等教育回报落差和知识性失业问题，首先需要解决供求的总量矛盾，最根本的任务在于努力增加劳动力市场上的知识型岗位的供给,增加经济社会对大学毕业生的需求。

近期,全球经济正在进入一个新的发展阶段,贸易保护主义日益抬头,经济增长的动力不足。与此同时,中国经济正在进入新常态,表现是经济发展正在从高速增长转向中高速增长,廉价劳动力和土地等要素驱动、投资驱动的发展方式已经乏力,依靠要素投入、需求拉动的方式对于经济增长的贡献明显下降。这不仅意味着我国经济的发展方式需要从规模速度型转向质量效率型;经济结构调整需要从以增量扩能为主转向调整存量、优化增量并举;发展动力亟须从依靠资源和低成本劳动力等要素投入转向创新驱动。在经济新常态下,要继续保持中国经济实现中高速增长,实现到2020年全面建成小康社会的伟大目标,亟需新的思维、新的模式来提升国家的创新能力。

面对我国经济新常态的新形势,党的十八届五中全会提出了创新发展、协调发展、绿色发展、开放发展、共享发展的五大发展理念,作为新时期经济社会发展的思想引领。五大发展理念蕴含着丰富的内容,而其中以创新发展为首位。党的十八届五中全会提出:坚持创新发展,必须把创新摆在国家发展全局的核心位置,不断推进理论创新、制度创新、科技创新、文化创新等各方面创新,让创新贯穿党和国家一切工作,让创新在全社会蔚然成风。而科学技术创新则是整个创新体系中的枢纽。创新发展包括理论创新、制度创新、科技创新、文化创新等内容,而科学技术创新是第一位的,是发展生产力的“第一动力”,抓住了它,就抓住了“牛鼻子”。

中国经济进入新常态,为我国的传统产业转型升级提供了强劲的推动力。一方面,企业已经意识到,靠廉价劳动力和外延式扩张不仅不可能再获得可持续的发展,而且可能导致企业被市场淘汰;另一方面,快速工业化为我国积累了大量的资金,为企业的创新提供了坚实的物质基础。2016年底,中央经济工作会议强调要着力振兴实体经济,并指出实施创新驱动发展战略,既要推动战略性新兴产业蓬勃发展,也要注重用新技术、新业态全面改造提升传统产业。这一指导政策,指明了中国企业发展的方向。未来一个时期是全球新一轮科技革命和产业变革的战略关键时期,也是我国科技创新和产业升级的战略机遇期。信息革命进程持续快速演进,物联网、云计算、大数据、人工智能等技术广泛渗透于经济社会各个领域。互联网经济、数字经济、共享经济等新经济形态层出不穷,使得信息经济繁荣程度成为国家实力的重要标志。这为中国企业创造了机遇,我们可以借助新一代信息技术,升级改造,重新构建传统产业的发展形态。一方面,通过"智造+互联网"的产业形态创新,改变企业经营模式,带动消费升级,为企业创造发展机遇。同时,我们可以利用大数据、云计算、互联网技术等新一代信息技术,改造我们的工业体系,通过自动化和智能化打造智能智造体系,获得竞争优势。

在经济新常态下,我国经济发展方式逐渐转向创新驱动的发展,无论是传统产业的升级,还是新兴产业的发展都离不开科技创新。而创新离不开高素质的人才,因为人才是创新的根基。因而需要更多的创新型人才走到相应的工作岗位上,充实到新兴产业发展和传统产业升级的过程中,积极参与科技创新和企业创新,为经济结构转型提供创新动力和智力支持。另一方面,在经济新常态下,加快经济结构调整和产业升级,才能给大学毕业生创造更多知识型和创新型工作岗位。同时,互联网与传统产业的深度融合,数字技术对传统制造的渗透改造,以及一些新兴产业、新业态、新技术的持续兴起,也为高校毕业生和在校学生的创新创业提供了极好的机遇。另外,大众创业、万众创新已成为经济社会发展的新引擎,而高校毕业生更是实施创新驱动发展战略和推进大众创业、万众创新的生力军。"双创"对缓解高校毕业生的就业压力,实现个人价值,推动经济提质增效、转型升级能够发挥重要作用。

总而言之,高等教育回报作为高等教育发挥其社会发展和社会治理功能的关键机制,需要趋向合理化,保障大学毕业生能够在劳动力市场上充分就业,获得预期回报,才能引导社会特别是普通家庭积极进行人力资本投资。在经济新常态和社会治理创新背景下,高等教育回报的合理化一方面可以通过个人回报的达成来实现社会流动的目标，维持稳定和谐的社会秩序，实现社会治理的目标；另一方面通过个人回报的实现为我国产业升级和新兴产业发展提供更多创新型人才，推动我国经济向创新驱动经济发展方式转变，促进我国经济持续保持中高速增长，顺利跨越“中等收入陷阱”，实现全面建成小康社会的伟大胜利。

参考文献

一、英文部分

(一)学术著作

[1]Adelman, I. and Morris, C. T. (1973). *Economic Growth and Social Equity in Developing Countries*. Stanford University Press.

[2]Alexis de Tocqueville. (1835). *Democracy in America.* Harper and Row.

[3]Becker, G. S. (1973). *Human Capital: A Theoretical and Empirical Analysis, with Special Reference to Education.* National Bureau of Economic Research.

[4]Berg, I. (1970). *Education for Jobs: The Great Training Robbery*. Praeger.

[5] Bourdieu, P. (1986). *Distinction: A Social Critique of the Judgement of Taste*. Routledge.

[6]Bourdieu, P. and Passeron, J. C. (1964). *The Inheritors: French Students and their Relationship to Culture*. University of Chicago Press.

[7]Bourdieu, P. & Passeron, J. (1977). *Reproduction in Education, Society and Culture*. Sage.

[8]Bowen, W. G. et al.(2005). *Equity and Excellence in American Higher Education.* University of Virginia Press.

[9]Brown, P., and Hesketh, A. (2004). *The Mismanagement of Talent: Employability andJobs in the Knowledge Economy*. Oxford University Press.

[10]Brown, P., Lauder, H. and Ashton, D. (2011). *The Global Auction: The Broken Promises of Education, Jobs and Incomes*. Oxford University Press.

[11]Burton-Jones, A. (1999). *Knowledge Capitalism*. Oxford UniversityPress.

[12]Carnevale, A.P. and Desrochers, D. M. (2003). *Standard for What?——The Economic Roots of K-16 Reform*. Educational Testing Service.

[13]Clark, W.(2000). *Academic Charismas and Theorigins of the Research University*. The University of Chicago Press.

[14]Collins, R. (1979). *The Credential Society: An Historical Sociology of Education and Stratification*. Academic Press.

[15]Cristine, M. K.(2009). *Coping Strategies of Public Univesities During the Economic Recession of 2009*. Association of Public and Landgrant Universities.

[16]Donald, M. et al.(1999). *Education in the UK: Facts and Figures*. Open University.

[17]Drucker, P.F. (1993). *Post-Capitalist Society*. Routledge 22.

[18]Frank, R.H. and Cook, P.J. (1996). *The Winner-Take-All Society*. Penguin.

[19]Golden, D. (2006). *The Price of Admission*. Crown.

[20]Golden, D. (2007). *The price of admission: How America's Ruling Class Buys Its Way into Elite Colleges-and Who Gets Left Outside the Gates*. Random House LLC.

[21]Guruz, K. (2008). *Higher Education and International Student Mobility in the Global Knowledge Economy*. State University of New York Press.

[22]Grubb, W. N. and Lazerson,M.(2004). *The Education Gospel: The Economic Power of Schooling*. Harvard University Press.

[23]Hirsch,F. (1977). *The Social Limits to Growth*. Routledge and Kegan Paul.

[24]Kane, T. J. (2010).*The Price of Admission: Rethinking How Americans Pay for College*. Brookings Institution Press.

[25]Kerr, C.(1977). *Labor Markets and Wage Determination: The Balkanization of Labor Markets and Other Essays*. University of California Press.

[26]Kogan, M. et al.(2000). *Reforming Higher Education*. Jessica Kingsley Publishers.

[27]Lipsey, R., and Steiner, P. (1969). *Economics* (2nd Ed.). Harper and Row.

[28]Michael, Y.(1958). *The Rise of the Meritocracy 1870-2033*, Penguin Books.

[29]Michaels, E., Handfield-Jones, H. and Axelrod, B. (2001). *The War for Talent*. Harvard University Press.

[30]Mincer, J. (1974). *Schooling, Experience and Earnings*. Columbia University Press.

[31]OECD (2002). *Education at A Glance*. OECD.

[32] Mishel, L., Bernstein,J. and Shierholz,H. (2009). *The State of Working America, 2008/2009*. Cornell University Press.

[33] Pencavel, J. (1991). *Labor Market under Trade Unionism: Employment, Wages and Hours*. Basil Blackwell Ltd.

[34] Piore, M., Doeringer, P. (1971). Internal Labor Markets and Manpower Analysis. *Lexington, Mass, Heath*.

[35]Reich, R. (1991). *The Work of Nations*. Vintage Books.

[36]Rosecrance, R. (1999). *The Rise of the Virtual State*. Basic Books.

[37] Rothkopf, D. (2008). *Superclass: The Global Power Elite and the World They Are Making*. Farrar, Straus and Giroux.

[38]Saxenian, A. (2006). *The New Argonauts: Regional Advantage in a Global Economy*. Harvard University Press.

[39]Scott,P. (1995). *The Meanings of Mass Higher Education*. The Society for Research into Higher Education &Open University Press.

[40]Scruton, R. (1984). *The Meaning of Conservatism*. Macmillan.

[41]Stewart, T.A. (2001). *The Wealth of Knowledge*. Nicholas Brealey.

[42]Stigler, G. J. (1966). *The Theory of Price* (3rd Ed.). Macmillan and Company.

[43]Vignoles, A. (2012). *Up-skilling the Middle*. Resolution Foundation.

(二)学术论文

[1]Abel, J. R., Deitz, R., & Su, Y. (2014). Are Recent College Graduates Finding Good Jobs?. *Current Issues in Economics and Finance*, 20(1).

[2]Adnett, N. and Slack, K. (2007). Are There Economic Incentives for Non-traditional Students to Enter HE? The Labour Market as a Barrier to Widening Participation. *Higher Education Quarterly*, 61(1).

[3]APEC Economic Committee. (2000). Towards Knowledge Based Economies

in APEC. *APEC Secretariat in Asia-Pacific Economic Cooperation*.

[4]Ahluwalia, M. S. (1976). Income Distribution and Development: Some Stylized Facts. *American Economic Review*, 66.

[5]Anell,B. I and Wilson, T. L. Prescripts: Creating Competitive Advantage in the Knowledge Economy. *Competitiveness Review*, 12(1).

[6]Archer, L. (2003). Social Class and Higher Education. In Archer, L., Hutchings, M. & Ross, A. *Higher Education and Social Class: Issues of Exclusion and Inclusion*. Routledge Falmer.

[7]Archey, W. T., et al. (2005). Tapping America's Potential: The Education for Innovation Initiative. *Business Roundtable*.

[8]Arrow, K. J.(1973). Higher Education As a Filter. *Journal of Public Economics*, 2(3).

[9]Ashley, L. (2010). Making a Difference? The Use (and abuse) of Diversity Management at the UK's Elite Law Firms Work. *Employment and Society*, 24 (4).

[10]Ashton,D.,Brown, P. and Lauder,H. (2010). Skill Webs and International Human Resource Management. *The International Journal of Human Resource Managemnt*, 21(6).

[11]Banks, A. S. (2011). Cross-National Time-Series Data Archive, *Computer Systems Unlimited*.

[12]Bambrah, G. (2005). Canadian Experiments' in Diversity: The Case of Immigrants with Engineering Backgrounds Who Settle in Ontario. *CERIS Working Paper*, No. 41.

[13]Barack Obama (2011). US Must Win Global Competition in Education. Speaking in Portland, Oregon. 2011/02/19.

[14]Barro, R. and Lee, J.W. (2013). A New Data Set of Educational Attainment in the World, 1950-2010. *Journal of Development Economics*, 104(C).

[15]Baum, S., Ma, J.(2007). Trends in College Pricing. *The College Board*.

[16]Baum, S., Ma, J., Payea, K. (2013). Education Pays 2013. *The College Board*.

[17]Becker, G. S. (1962). Investment in Human Capital: A Theoretical Analysis. Journal of Political Economy, 70(5).

[18]Becker, G. (2006). The Age of Human Capital. In Lauder, H., Brown, P., Dillabough, J.A. and Halsey, A.H. (Eds.), *Education, Globalization and Social Change*. Oxford University Press.

[19]Black, S. E. and Lynch, L.M. (1996). Human Capital Investment and Productivity. *American Economic Review*, 2(86).

[20]Brown, P. and Lauder, H. (2006). Globalisation, Knowledge and the Myth of the Magnet Economy Globalisation. *Societies and Education*, 4 (1).

[21]Brown, P., Lauder, H. & Ashton, D. (2008). Education, Globalisation and the Futureof the Knowledge Economy. *European Educational Research Journal*,7(2).

[22]Brown, P. and Smetherham,C.(2005). The Changing Graduate Labour Market: A Review of the Evidence. *National Assembly of Wales*.

[23]Brown, P. and Tannock, S. (2009). Education, Meritocracy and the Global War for Talent. *Journal of Education Policy*, 24(4).

[24]Bureau of Labor Statistics, U.S. Department of Labor, the Economics Daily, College Enrollment Up Among 2009 High School Grads.

[25]Campbell, M. et al. (2011). Social Europe guide (Volume 1)—— Employment Policy, *European Union*, 38.

[26]Card, D. (1999). The Causal Effect of Education on Earnings. In Ashenfelter, O. & Card, D. (Eds.), *Handbook of Laboreconomics*. North-Holland.

[27]Carnevale, A. P., Cheah, B., & Strohl, J. (2012). Hard times: College Majors, Unemployment and Earnings: Not All College Degrees Are Created Equal. Center on Education and the Workforce.

[28]Chevalier, A. and Conlon, G. (2003). Does it Pay to Attend a Prestigious University?. *Centre for the Economics of Education*, Discussion Paper No. 33.

[29]Colclough, C., Kingdon, G. and Patrinos, H. (2009). The Pattern of Returns to Education and Its Implication. *RECOUP*, Policy Brief No. 4.

[30]Chiswick, B. R. (1971). Earnings Inequality and Economic Development.

Quarterly Journal of Economics, 85(1).

[31]Clinton, W.(1992). They Are All Our Children. Delivered at East Los Angeles College, Los Angeles, 14th May, 1992.

[32] Commission of the European Communities. (2008). New Skills for New Jobs: Anticipating and Matching Labour Market and Skills Needs.

[33]Craig E, Thomas R, Hou C, et al. (2011). No Shortage of Talent: How the Global Market is Producing the STEM Skills Needed for Growth. Accenture Institute for High Performance.

[34]Department for Business Innovation & Skills (2010). Skills for Sustainable Growth, Strategy Document.

[35]DeNavas-Walt, C., Proctor, B. D., & Smith, J. C. (2013). Income, Poverty, and Health Insurance Coverage in the United States: 2012. Current Population Reports.

[36] Denison, E.F. (1962). Sources of Economic Growth in the United States and the Alternatives Before Us. *Committee for Economic Development*.

[37]Desrochers,D.(2006). Higher Education's Contribution to The Knowledge Economy. the Project of the Solutions for Our Future.

[38]Dowrick, S. (2003). Ideas and Education: Level or Growth Effects?. National Bureau of Economic Research, *NBER Working Paper*, 9709.

[39]Dutta, S., & Lanvin, B. (2011). The Global Innovation Index. INSEAD in Collaboration with Alcatel/Lucent, Booz.

[40]Eberts, R.W. (2007). Mapping the Promise: Critical Pathways.Presented at a Town Hall Meeting on Education & Michigan's Economic Future, Kalamazoo, MI, January 17.

[41]Eberts, R. W., Erickcek, G. A. and Kleinhenz, J. (2006). Development of a Regional Economic Dashboard. *Employment Research*, 13(3).

[42]Edwards, P. and Sengupta, S. (2010). Industrial Relations and Economic Performance. In Colling , T. and Terry, M. (Eds.). *Industrial Relations: Theory and Practice* (*third edition*). John Wiley and Sons Ltd.

[43]Elias, P., & Purcell, K. (2003). Measuring Change in the Graduate Labour Market. Researching Graduate Careers Seven Years On. *ESRU*, Research Paper No. 1.

[44]Erica, T. (2009). Obamas Budget Plan: What Does It Mean for Higher Education. *The Hispanic Outlook in Higher Education*, 14.

[45]Fitzgerald, B. and Delaney, J. A. (2002). Educational Opportunity in America. In D. Heller (Ed.), *Conditions of Access: Higher Education for Lower–income Students*. Praeger/American Council on Education.

[46]Fleischman, H. L., Hopstock, P. J., Pelczar, M. P., & Shelley, B. E. (2010). Highlights from PISA 2009: Performance of US 15–Year–Old Students in Reading, Mathematics, and Science Literacy in an International Context. NCES 2011–004. *National Center for Education Statistics*.

[47]Freeman, C. E. (2004). Trends in Educational Equity of Girls and Women: 2004. U. S. Department of Education, National Center for Education Statistics, U. S. Government Printing Office.

[48] Freeman, R. (2005). Does Globalization of the Scientific/Engineering Workforce Threaten U.S. Economic Leadership?. *NBER Working Paper*, No.11457.

[49]Freeman, R. (2007). The Great Doubling: The Challenge of the New Global Labor Market, *In Ending Poverty In America: How to Restore the American Dream*. The New Press.

[50]Fry, R. (2009). College Enrollment Hits All–time High, Fueled by Community College Surge. *Pew Research Center Publications*.

[51]Furlong, A., & Cartmel, F. (2005). Graduates from Disadvantaged Families: Early Labour Market Experiences. *Joseph Rowntree Foundation*.

[52]Carnevale, A. P., & Rose, S. J. (2003). Socioeconomic Status, Race/Ethnicity, and Selective College Admissions. *A Century Foundation Paper*.

[53]Gordon Brown. (2008). We'll Use Our Schools to Break Down Class Barriers. *The Observer*. 2008/02/10.

[54]Green, F.(2009). Job Quality in Britain, *UKCES Praxis Paper* No. 1, UK Commission for Employment and Skills.

[55]Green, F., Zhu, Y. (2008). Overqualification, Job Dissatisfaction, and Increasing Dispersion in the Returns to Graduate Education University of Kent, *Department of Economics Discussion Paper*.

[56]Hanushek, E. A. & Kim, D. (1995). Schooling, Labor Force Quality, and Economic Growth. *National Bureau of Economic Research*, NBER Working Paper 5399.

[57]Hartog, J. (2000). Over-education and Earnings: Where are We, Where Should We Go?. *Economicsof Education Review*, 9 (2).

[58]Haskins, R. (2008). Education and Economic Mobility. In J. B. Isaacs, I. V. Sawhill, & R. Haskins (Eds.), *Getting Ahead or Losing Ground: Economic Mobility in America*. The Brookings Institution.

[59]Haveman, R. H., & Smeeding, T. M. (2006). The Role of Higher Education in Social Mobility. *The Future of Children*, 16(2).

[60]Heckman, J. (2008). Schools, Skills and Synapses. *Institute for the Study of Labor*, IZA, Discussion Paper No. 3515.

[61]Heckman, J. J. & Masterov, D. V. (2004). Skill Policies for Scotland. *Institute for the Study of Labor*. IZA Discussion Paper No.1444.

[62]Heidrick & Struggles (2007). Mapping Global Talent: Essays and insights. *Economist Intelligence Unit Ltd. and Heidrick & Struggles International Inc*.

[63]Huang, F. (2003). Policy and Practice of the Internationalization of Higher Education in China. *Journal of Studies in International Education*,7 (3).

[64]Institute of International Education (2011). Open Doors 2010: A Report on International Education Exchange.

[65]Johnson,N. Oliff, P. and Williams, E. (2010). An Up Date on State Budget Cuts. *Center on Budget and Policy Priorities*.

[66]Karabel. J. (2008). The Battle Over Merit. In Ballantine. J. H and Spade. J. Z.(Eds.) *Schools and Society-A Sociological Approach to Education*. Thomson/Wadsworth.

[67]Keep, E. and Mayhew, K. (2001). Globalisation, Models of Competitive Advantage and Skills. SKOPE Research *Paper* No 22.

[68]Keep, E., Mayhew, K. and Payne, J. (2006). From Skills Revolution to Productivity Miracle: Not as Easy as It Sounds?. *Oxford Review of Economic Policy*, 22(4).

[69]Kochhar, R. and Morins, R. (2012). The Lost Decade of the Middle Class Fewer, Poorer, Gloomier.

[70]Krueger, A. B. and Lindahl, M.(1999). Education for Growth in Sweden and the World. *NBER Working Paper*, 7190. National Bureau for Economic Research.

[71]Krueger, A., & Lindahl, M. (2001). Education for Growth: Why and for Whom? *Journal of Economic Literature*, 39(4).

[72]Kusnet, D., Mishel, L. R., Teixeira, R. A.(2006). Talking Past Each Other: What Everyday Americans Really Think (and Elites Don't Get) About the Economy. *Economic Policy Institute*.

[73]Leitch Review of Skills. (2006). Prosperity for All in the Global Economy: World Class Skills. *HM Treasury*.

[74]Long, B. T. (2008). The Effectiveness of Financial Aid in Improving College Enrollment: Lessons for Policy. *Harvard Graduate School of Education Research Paper*.

[75]Lucas, R. E. (1988). On the Mechanics of Economic Development. *Journal of Monetary Economics*,22(3).

[76]Machin, S. (2003). Wage Inequality Since 1975. In Dickens, R. Gregg, P. and Wadsworth, J. (Eds.).*The Labour Market under New Labour*, Palgrave Macmillan, Basingstoke.

[77]Machin, S. & McNally, S. (2007). Tertiary Education Systems and Labour Markets. A paper Commissioned by the Education and Training Policy Division.

[78]Mankiw, N. G., Romer, D. and Weil, D. N. (1992). A Contribution to the Empirics of Economic Growth. *Quarterly Journal of Economics*, 107(2).

[79]Marin, A. and Psacharopoulos, G. (1976). Schooling and Income Distribution. *Review of Economics and Statistics*, 58(3).

[80]McGuinness, S. (2006). Overeducation in the Labour Market. *Journal of*

Economic Surveys, 20 (3).

[81]Milburn, A.(2009). Unleashing Aspiration: The Final Report of the Panel on Fair Access to the Professions. *New Opportunities White Paper*.

[82]Mincer, J.(1958). Investment in Human Capital and Personal Income Distribution. *Journal of Political Economy*, 66(4).

[83]Moreau, M. P., Leathwood, C.(2006). Graduates' Employment and the Discourse of Employability: A Critical Analysis. *Journal of Education and Work*, 19(4).

[84]Muzio, D. and Ackroyd, S. (2005). On the Consequences of Defensive Professionalism: Recent Changes in the Legal Labour Process. *Journal of Law and Society*, 32(4).

[85]National Science Board (US). (2012). Science &Engineering Indicators. *National Science Board*.

[86]Nunn, A. (2008). Restructuring the English Working Class for Global Competitiveness. *Leeds Metropolitan University Policy Research Institute,* Papers in the Politics of Global Competitiveness No. 9.

[87] OECD (1996). The Knowledge- based Economy. General Distribution OECD. *Organisation for Economic Cooperation and Development*.

[88]OECD (2006). International Migration Outlook 2006. *OECD*.

[89]Oguz, S.and Knight, J. (2011). Regional Economic Indicators with a focus on the Relationship Between Skills and Productivity. *Economic & Labour Market Review*, 2011(2).

[90]O'Leary, N. & Sloane, P.(2005).The Changing Wage Return to an Undergraduate Education in Great Britain Centre for the Economics of Education. Institute for the Study Labor. IZA Discussion Paper No. 1549.

[91]Patrinos, H.A. (2010). Private Education Provision and Public Finance: theNetherlands. *The World Bank*, Policy Research Working Paper Series No.5185.

[92]Power, S., & Whitty, G. (2008). Graduating and Gradations Within the Middle Class: the Legacy of an Elite Higher Education. *Cardiff University SOCSI Working Paper*,118.

[93]Purcell, K., Elias, P., Davies, R., and Wilton, N. (2005). The Class of '99: A Study of the Early Labour Market Experiences of Recent Graduates. *Department for Education and Skills Report*, No.691.

[94]Rampell, C. (2013).Data Reveal a Rise in College Degrees Among Americans. The New York Times.

[95] Riley, J. G.(1979). Testing the Educational Screening Hypothesis. *The Journal of Political Economy*, 87(5).

[96]Rodriguez-Pose, A.& Tselios, V.(2009). Returns to Migration, Education, and Externalities in the European Union,Working Paper 2009-15.

[97]Rollason, N (2001). International Mobility of Highly Skilled Workers: The UK Perspective. *In International Mobility of the Highly Skilled. OECD*, 327-39.

[98]Romer, P M.(1986). Increasing Returns and Long-run Growth. *The Journal of Political Economy*.

[99]Rosenzweig, M. R. (2000). The Consequences of the Agricultural Productivity Growth for Rural Landless Households. *The Pakistan Development Review*, 39(4).

[100]Ryan, C. L., & Siebens, J. (2012). Educational Attainment in the United States: 2009. US Census Bureau.

[101] Salzman, H., Kuehn, D., & Lowell, B. L. (2013). Guestworkers in the High-skill US Labor Market. *Economic Policy Institute*, 2.

[102]Schultz, T W. (1961). Investment in Human Capital. *The Amrican Economic Review.*

[103]Schultz, T.W. (1978). Investment in Human Capital. In Karabel, J. and Halsey, A. H. (Eds.). *Power and Ideology in Education*. Oxford University Press.

[104]Shapiro, R. J. (1998). The Economic Power of Ideas.In Jasinwoski, J. J. (ed.). *The Rising Tide: The Leading Minds of Business and Education Chart a Course Toward Higher Growth and Prosperity*. John Wiley & Sons, Inc..

[105]Shierholz, H., Davis,A. and Kimball,W. (2014). The Class of 2014: the Weak Economy Is Idling Too Many Young Graduates.

[106]Sicherman, N. (1991). Overeducation in the Labour Market. *Journal of Labour Economics*,9(2).

[107]Sloman, M. (2011). A Missing Link: National Economic Aspirations and Training and Learning in Firms. *Industrial and Commercial Training*, 43(6).

[108]Snyder, T.D.(1993). 120 Years of American Education: A Statistical Portrait. *National Center for Education Statistics.*

[109]Snyder, T. D., & Dillow, S. A. (2013). Digest of Education Statistics 2012 (NCES 2014-015). *National Center for Education Statistics*.

[110]Spence M.(1973). Job Market Signaling. *The Quarterly Journal of Economics*, 87(3).

[111]Spreen, T. L. (2013). Recent College Graduates in the U.S. Labor Force: Data from the Current Population Survey. *Monthly Labor Review*, 136(2).

[112]Statistics, N. C. F. E., & Washington(2011). Integrated Postsecondary Education Data System Completions Survey (IPEDS).

[113]Stiglitz, J. E.(1975). The Theory of "Screening", Education, and the Distribution of Income. *The American Economic Review*, 65(3).

[114]Stroud, D. (2001). An Investigation of the Social Construction of Labour-Markets by Students in Higher Education, *Unpublished PhD thesis*, School of Social Sciences, Cardiff University.

[115]Tate, J. (2001). National Varieties of Standardization. In Hall, P.A. and Soskice, D. (Eds.). *Varieties of Capitalism: The Institutional Foundations of Comparative Advantag*. Oxford University Press.

[116]Teichler, U.(1991). Towards a Highly Educated Society. *Higher Education Policy*, 4.

[117]Schultz, T. W. (1978). The Role of Investments in Human Capital and Agriculture. In Schultz, T. W.(ed). *Distortions of Agricultural Incentive*. Indiana University Press.

[118]Theodore, S. (1975). The Value of the Ability to Deal with Disequilibria. *Journal of Economic Literature*,13(3).

[119]Thurow, L. C.(1972). Education and Economic Equality. *Public Interest*, 27(28),N/A.

[120] Tomlinson, M. (2012). Graduate Employability: a Review of Conceptual and Empirical Themes. *Higher Education Policy*, 25(4).

[121] UNESCO. (1995). Policy Paper for Change and Development in Higher Education. UNESCO.

[122] UNESCO. (2006). Global Education Digest 2006. *UNESCO Institute for Statistics*.

[123] UNESCO. (2007). International Standard Classification of Education. *UNESCO*.

[124] United Nations Educational, Scientific and Cultural Organization. (2009). Global Education Digest 2009: Comparing Education Statistics Across the World.

[125] United States Government Accountability Office. (2014). Science, Technology, Engineering, and Mathematics Education. Report to Congressional Requesters.

[126] U.S. Bureau of Labor Statistics. (2013). Occupational Employment Projections to 2022. *Monthly Labor Review*.

[127] U.S. Chamber of Commerce. (2005). Tapping America's Potential: The Education for Innovation Initiative.

[128] U.S. Department of Education (2010). *ESEA Blueprint for Reform*, Washington, D.C.

[129] U.S. Department of Education, National Center for Education Statistics, (2000). *The Condition of Education* 2000, NCES 2000-062.

[130] U.S. Department of Commerce (2012). The Competitiveness and Innovative Capacity of the United States.

[131] U.S. Department of Education. (2012). National Center for Education Statistics2013. *Digest of Education Statistics*.

[132] U.S. Department of Educaton. (2011). U.S. Department of Education Strategic Plan for Fiscal Years 2011 ~ 2014.

[133] USA Today. (2014). Unemployment Rate for College Grads Is Highest

Since 1970. 2014/10/28.

[134] Vedder, R., Denhart, C., Denhart, M., Matgouranis, C., & Robe, J. (2010). From Wall Street to Wal-Mart: Why College Graduates Are Not Getting Good Jobs. *Center for College Affordability and Productivity* (*NJ1*).

[135] Vedder, R., Denhart, C. and Robe, J. (2013). Why Are Recent College Graduates Underemployed? University Enrollments and Labor-Market Realities. *Center for College Affordability and Productivity* (*NJ1*).

[136] Walker, I., & Zhu, Y. (2010). Differences by Degree: Evidence of the Net Financial Rates of Return to Undergraduate Study for England and Wales. *Lancaster University Management School Working Paper*.

[137] Walker, I. and Zhu, Y. (2008). The College Wage Premium and the Expansion of Higher Education in the UK. *Scandinavian Journal of Economics*, 110.

[138] Walt, C.E. et al. (2007). Income, Poverty, and Health Insurance Coverage in the United States: 2006. *U.S. Census Bureau*.

[139] Wilensky, H. (1960). Work, Careers, and Social Integration. *International Social Science Journal*.

[140] Willetts, D. (2011). Ron Dearing lecture: Universities and Social Mobility David Willetts, Minister of State for Universities and Science 17th February 2011, Nottingham University.

[141] Winegarden, C. R. (1979). Schooling and Income Distribution: Evidence from International Data. *Economica*, 46(181).

[142] Zeigler, K. Camarota, S. A. (2014). Is There a STEM Worker Shortage? Center for Immigration Studies.

二、中文部分

(一)学术著作

[1][澳]阿恩特.经济发展思想史[M].唐宇华,吴良健,译.北京:商务印书馆, 1997.

[2][德]弗里德里希·李斯特.政治经济学的国民体系[M].陈万煦,译.北京:商务印书馆, 1961.

渐开阔,研究方法也不断多样化。而他对前沿信息的敏锐力和筛选力也让我意识到把握前沿知识对学术研究的重要性。同时,我能顺利完成书稿写作,也少不了他的督促、提醒和帮助。

感谢英国卡迪夫大学的菲利普·布朗教授及其研究团队,正是他的邀请和帮助,我才有机会前往卡迪夫大学留学一年。在这一年时间里,除了与其研究团队和相关研究人员经常交流之外,布朗教授还会定期与我会谈,帮助我规划、设计研究框架,提供研究资料线索,并为我提供学习研究方法的各种途径。没有这一阶段的准备、学习和积累,我的研究也不可能这么顺利地完成。

感谢山东大学曹现强教授、王佃利教授对我书稿写作过程中的关心和询问。感谢陪我度过学生时代的诸位同窗和战友,特别是陈飞、赵彩艳在研究写作期间给予我生活和写作上的支持和鼓励,有了她们的陪伴,我的写作痛并快乐着。感谢同门兄弟姐妹对我的关心和帮助,感谢和春红师姐、赵昆师兄经常的问候,缓解我写作中的压力。感谢刘智利师姐对我研究进度的关心,她的笑声是最能舒缓写作压力的强心剂。

感谢这一路走来我亲爱的朋友们。感谢王佳英、尚平每逢节假日请我吃的“大餐”,让我感受到家的温暖,与他们在一起满满的都是爱。感谢张福磊在我研究及写作过程中的支持。感谢周勇时不时地电话问候,让我在紧张的学习中也不忘锻炼身体。

感谢我最最亲爱的家人。三十而立的我,还在让父母为我操劳、担心实属太不应该。感谢一直以来有他们的支持,这是我研究写作中的最大动力,也希望奉上我的研究成果以求他们能从中得到一丝宽慰。感谢姐姐、姐夫,主动承担起家里家外大大小小的事情,才让我毫无顾虑地开展我的研究。感谢两个可爱的外甥女,她们的童真童趣给我带来无尽的欢乐,也消解了研究的疲惫。

至此,本书即将付梓出版,这既是一个结束,更是一个全新开始。我希望以此书来感谢一直以来对我给予关心和帮助的所有人。